明治の文人が語った「江戸の名残」

江戸の記憶編集工房 編

芙蓉書房出版

はじめに

江戸はもともと武都として誕生したが、諸国から入ってきた商人や江戸根生いの人々の活躍により、町は大きく発展していった。江戸は日本最大の消費都市となったが、江戸で生活する誇りと自覚を持つようになった下層町人たちを称して「江戸っ子」という言葉が生まれた。

江戸人の識字率の高さは世界で最も進んでいたのではないかと言われている。そして江戸中期以降、大衆文化が大きく開花し、下層町人までが文化活動に積極的に参加していった。

明治国家は、「文明開化」の名のもとに江戸期の風俗習慣、文化の切り捨てを図ったが、大正・昭和初期には、忘れ去られようとしていた「江戸」を回顧し、再生を願う機運が高まり、江戸文化の研究雑誌類が数多く発行された。

昭和初期以降も「江戸ブーム」と呼ばれる現象は何度も見られたが、令和のいま、江戸への関心が再び高まっているように感じる。「めまぐるしい社会変化と科学技術の発達に翻弄される現代人がそれとは無縁の江戸に憧れた」とか「江戸三百年の平和への憧れから起こった」とか言われるが、江戸研究の著しい進展によって、江戸の社会システムや伝統など、これからの社会像を考える前向きのヒントが出てきているといえる。

本書を編集するにあたり、大正・昭和初期の雑誌類を中心に論稿を収集した。この時期の文献を中心にしたのは、江戸の暮らしや文化の実態を直接見たか、あるいは親兄弟から聞いたなど、「当事者」に近い明治の文人たちが書いたもの、話したものには、とりわけリアリティがあると考えたからである。

実際の文献収集は、政治・行政、経済など広範な分野に広げておこなったが、紙数の制約もあり、江戸人の暮らしと文化に関するものを精選して一冊にまとめた。

また、内容の理解の助けになるよう、当時の版本類から収集した図版を挿入した。具体的なイメージをつかむ参考となれば幸いである。

明治の文人が語った「江戸の名残」❖目次

3 花見は一大イベント

83

4 盛り場・芝居・見世物 123

凡例

・収録した論稿は、主として明治～昭和戦前期発行の雑誌、単行本類から採っている。
・各論稿の末尾に底本文献を記した。また巻末に底本文献の概要を紹介しているので参照されたい。
・読者の読みやすさを考慮し、各論稿の漢字表記は常用漢字体とし、かなづかいは原則として現代かなづかいに改めた。ただし、史料引用については原文の表記のままとした。
・各論稿に付いていた小見出しは原則としてそのままとしたが、一部新たなものに付け直したところもある。
・図版について。図版タイトルの末尾に☆マークが付いているものは底本文献に掲載されていたものを示す。☆マークがないものは今回新たに付したものである。

1

江戸のおもかげを観る

明治以降の東京各地に残っていた〝江戸〟を写真や絵を交えて紹介した「目に見えた江戸の名残」、と各地の年中行事を月ごとにとりあげた「年中行事に残る江戸のおもかげ」の二編は、〝江戸学の祖〟とも称される三田村鳶魚の作品です。

隅田川（大川）を取り上げた小品を二編。「大川の水」は芥川龍之介の短編。「自分」を通して、なぜ大川を愛し東京を愛するのかを描いています。「おきつねさま」は、高見順が口入稲荷の今戸焼の狐を語ります。

目に見えた江戸の名残

三田村鳶魚

江戸の名残、それについて耳の底に老輩から聞いた言葉が止っている。明治の十年頃まではそここと、変わったところを話して、江戸と東京の違いが知れた。未だ何と云っても目新しく見えるものが少なかったのである。その後の十年、明治も十年となっては、段々と古い方が目立つ。大体は新しくなってきたが、回顧するふた昔、江戸が懐しい過去であったというほどでもない、支那との戦争が済んで三十年巳後となっての形勢は凄じいものだった。全く探さなければ江戸の名残は見付からないほどになってしまった。

この大都市は随分急激な変化を蒙ったようではあっても、東京にあって既に六十余年になるので見れば、推移の跡を逐うのに忙しい心持はするものの、静かに眺めて見ると飛行機の飛ぶほどの早さもなく、うるさもない。仮令《たとえ》江戸時代には想像されない建築土木の大工事が頻々として行われても、また噂にもしなくなった安政度の地震火事を、東京が更にその被害を拡大して請取らなければならなかったにしても、人心の変遷移動に比較すれば、物質の方は地上に一物を剰さないと云ったところで遙に軽少だと云えよう。とは云え八年前に能く片付けられた上に、地形にまで更革が加えられて、真に新しい東京が出来た。これでは今日を経界に明治大正の東京を旧東京として見なければなるまい。その旧東京の中過に探し物にした江戸の名残を、新東京に尋ねるのは、仇討の旅立でもする気でなければなるまい。余程立派な時代錯誤だと思う人もありそうだが、新東京だって出し抜けに飛び出したのではないのだから、思い出なしにも済まされぬ。それどころか江戸ツ子の切った痰火《たんか》の極《きま》り文句、金の鯱鉾《しゃちほこ》を横目に睨んで、水道の水を産湯に遣って、オギャアと生れた兄さんだとくる、滅金《めっき》にもせよ光る鯱鉾の江戸城に輝いていたのは、明暦大火の前の話で、その後にはオキアセの国まで往かなければないが、水道の水なら承応二年以来、玉川の水を飲んでいるのだ。しかもいつからか陶樋になっていたのを老中秋元但馬守興朝が木樋に改めると、間もなく元禄十五年の大地震に毀れなかったので、鉄管になるまで昔の姿であった。大道のところどころにあった水道の桝というのが共用栓、呼び井戸というのが専用栓、変わったようでも相変わらず二百七十八年、毎日汲んで飲んでいるのは、憚《はばか》りながら松平伊豆守信綱の仕立てた玉川上水なのだ。これほど親しい江戸の名残はないのに、却って心附かずにいるのも妙なものである。

二重橋は早く明治の初から東京名所に算えられた。忝《かたじけな》くも皇居に定められて無限の光栄を得たが、そこは江戸の名残というよりも、幕府の名残と云いたい場所で、慶長十三年に天下の大大名と知られた黒田、鍋島、毛利、島津、伊達等十五家が渠の濠《あ》岸の築立工事を負担した。二重橋は江戸城の西丸の大手であって将軍の隠居様か相続人かが住う所になっていたのだ。仮皇居になった西丸の建造物は明治六年に焼失し、その後に皇居御造営があって、御模様も変わったけれども、第一地形が昔のままだ。ここで何程江戸が偲ばれるか、下手なことを書くより挿画で御目に掛けるがいいと思う。

昔ながらの和田倉門、桜田門と来ると御同様であるべきはずなのに、誰も知った本郷の帝国大学の赤門（加州侯の御主殿門）や上野の帝国博物館の黒い門（法親王の御座所である寛永寺御本坊と呼ばれた圓頓院の正門）とは違って、御手入れ過て屋根やら壁やら様子が、大分旧観を逃してしまった。とにかくに旧観を保ちながら、その位置形容と共に変遷を見せたあの勧業銀行の横腹のところに押立っている黒門（薩州侯装束屋敷の表門）がある。この門の位置は南にあったのを西へ移して、日比谷公園と向い合っている。これは最近まで華族会館の表門であったが、その前は井上馨さんの欧化政策の根本道場であった鹿鳴館であった。そこでの夜会舞踏に何程噂やら議論やら世間を騒がせたろう、そうして江戸時代には、琉球からの使

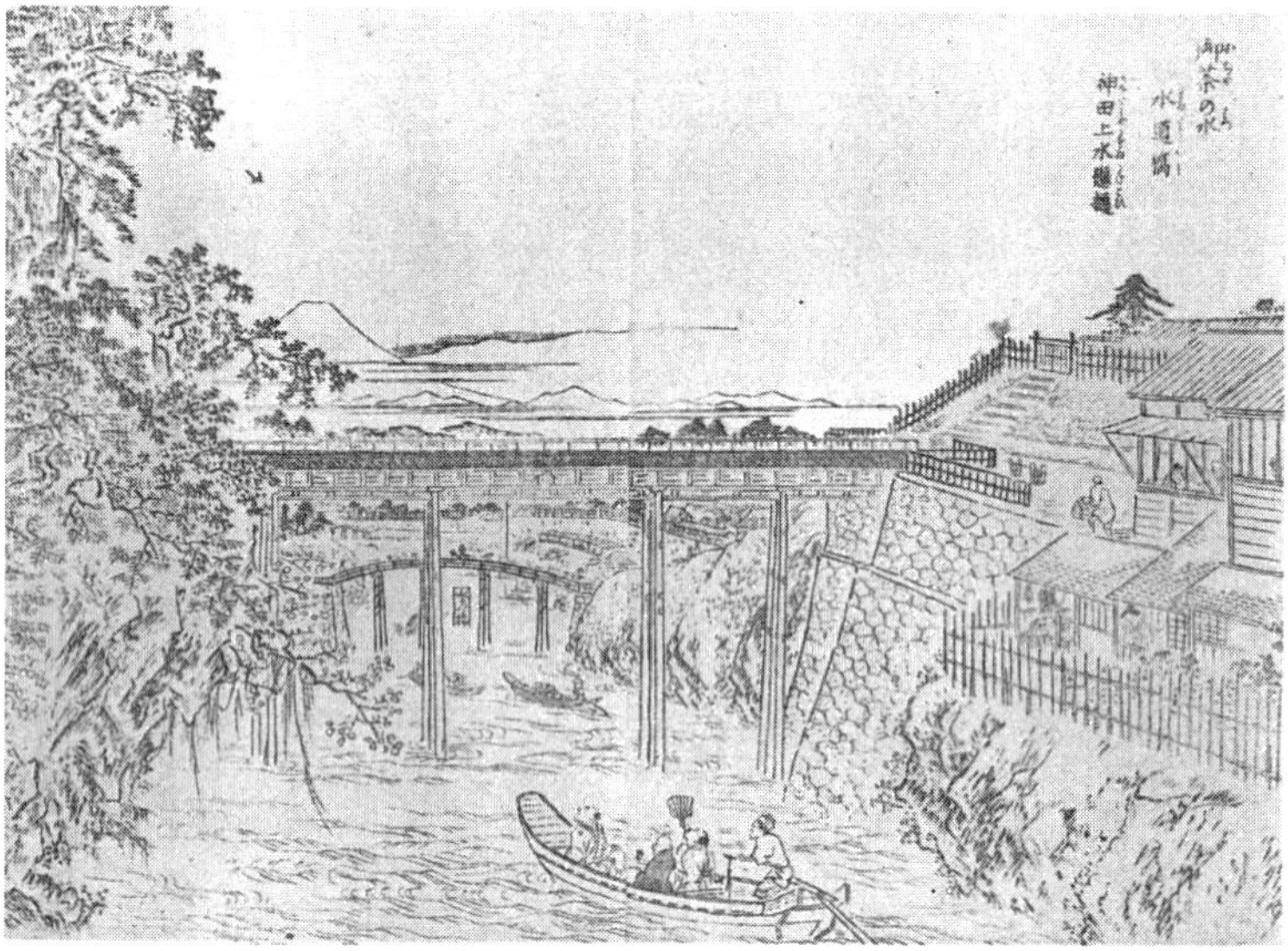

御茶ノ水水道橋（『江戸名所図会』）☆

明治初期の二重橋
☆

東京帝国大学赤門☆

明治初期の牛ヶ淵☆

明治初期の田安門☆

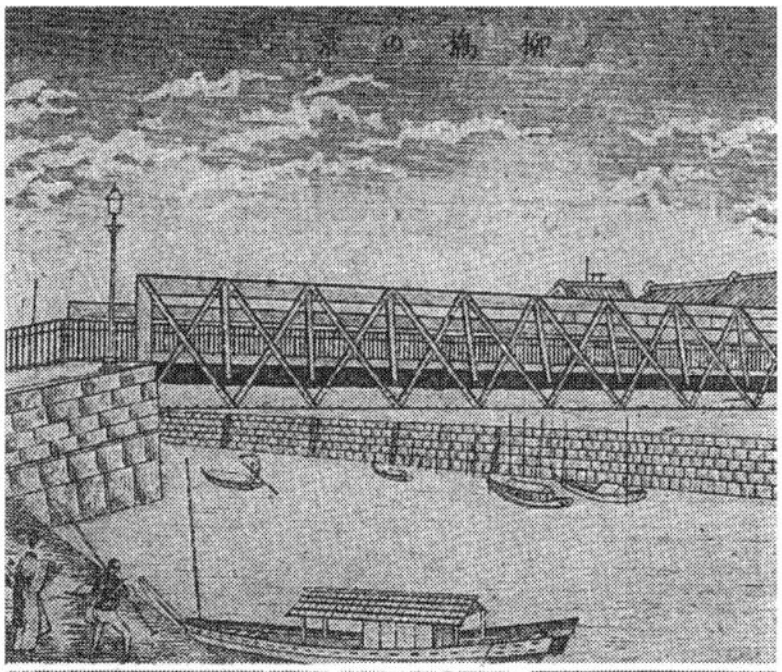

明治20年頃の柳島☆

江戸末期の柳島☆

明治27年頃の柳島☆

者が将軍の代替り、国王の代替りの度毎に来て薩州侯に率いられて参賀謝恩の儀を行う、その琉使の旅館だったので名高かったのだ。天主閣のない江戸城には、三層に聳《そび》え立った富士見櫓は唯一の景物である。これが又一番手附かずの有様であるのは珍重に思われる。

段々目立たなくなって、せっかくの存亡も忘れられがちになる田安門は、その位置も動さずに九段坂牛ヶ淵の上にあって、今日では近衛聯隊の裏門になっている。この門外は田安の台と言って下町を見晴し、房総の山々も一眺めにした、江戸有数の展望地点とされた。目の下の牛ヶ淵は水の色も薄暗く、昼もなお物凄かった。九段公園に濠端を奪われ、家居も建込めては何ともないものになってしまった。それよりも激しい変遷が見えるのは九段坂で、昔は石段だったというから、無論荷車の通行はない。明治の三十年頃でも、ストライキ節で「牛込の九段坂、車力がつらいね」てなことをおっしゃいましたのである。九段と並んだ中坂は、男坂と女坂と云った心持であったのに、今日は女坂の積りであった中坂の方が九段坂よりも嶮しい。それに引替えて延び延びとした様子を見せている半蔵門外、渠《あ》のお濠の有様は浮世をよそにしたとも云えよう。水鳥がフワリフワリして、冬も夕日を受けた土手の紆曲《うねり》の緩に、黄ばんだ芝に枯野の趣を止めた、江戸見坂が東京見坂にならずに見えない坂になってしまったのを思えば、半蔵門に向って右手の眺めは、三宅坂までの僅かな距離ではあっても、何だか神経衰弱の妙薬でもあるようにのみ思われてならぬ。

町の名は往々変替された。まして新しいのが出来るから、昔ながらの名を耳だけに取留めようとするのに骨が折れる。橋々には新しいのが多くなるけれども、名だけは江戸の名残を止めた三大橋と云われた両国、永代、新大橋、名前は変わらないが位置も動き、型式も欄干がないの擬宝珠《ぎぼし》がないのという詮議は全く置き去りになって、木橋石橋さえない世間になった、それでも小橋は文化の恵みに外れたのがある。文化も忙しいから大分飛ばしもするらしいのだが、流石《さすが》に江戸芸者の本場だった場所だけに、新しい柳橋の架設型式に不平を鳴らして、風致論などを振廻した御愛嬌もあった。如何にも殺風景な橋に相違もない、しかし橋梁は風致の為に架ける訳でないのだから、風致論だけでも押切れまい、だが思い切れないのもお察し申せないでもない。爰《ここ》へは手短い柳橋の挿画を二つ三つにして乙な気持の多分にあった三谷橋、三谷堀の今昔を比較したら柳橋だけが虐げられたのでないのが得意されよう。屋根船が人力車に替っただけでも、この辺りの様子がウンテンバッテンなものになるのは、三、四十年前に予知されるはずだ。

　花嫁さんが姑ババアになるのみならず、変化は時間次第であるのは、江戸の子供も承知していました。その時も物騒千万な大砲を打って昼飯を喰うのに慣れた明治年代の人間が、病人でなくって仕合せだが、渠《あ》の大唸《うな》りで正午と合点するのは間が抜けたように思われる。と言って強い物音の絶えない今日の東京に人を助ける身を持ちながら何故か夜明の鐘撞くのも、釣り合わない。夜夜中も賑かなところは銀座だけでなく、馬糞の中にしをらしかった新宿さえ、ゴォーンと響いて無情を感じはしません。けれども浅草寺と上野とは江戸の名残の鐘を撞いている。

　江戸時代には石町三丁目の外に浅草寺、本所横川町、上野、芝切通、市ヶ谷八幡、目白不動、赤坂田町の成満寺、四谷天龍寺と都合九ヶ所で時の鐘を撞いたが、今日では僅かに二ヶ所になった。家という家に時計のない家はないので見ればというのが、時鐘の廃滅する理由になっている。そうならドンもウーも無用なはずだと論じて見たって可笑しくもない。その理由の内か外か知らないが、上野浅草の時鐘は正しく江戸の名残を止めた。殊に上野の鐘楼、これは浅草も同様で昔ながらの構造だが、鐘撞男の部屋で時計もあるのに線香で時間を測っているなどは、嬉しがる理由を欠いているかも知れない、嬉しいから嬉しいという。一秒々々に刻んで往くとは荒っぽい云い方で、大昔から刹那生死と言い古している、そうだのに時は金だという、生命と金との釣り合い、馬鹿らしいことを利口らしくいつまでも異人から請売りする、貨幣を目当てに息の詰まるような時間騒ぎ、騒いでいる間に時が立つ、忙しいとて二階から落ちて、落ちたそのあと閑になるから、江戸の名残を探すような人間もあるのだ。

落着く為に時間を知ろうではなく、何だかセカセカする為に時計を持出すようだ。時計を見て慌てて駆け出すようなのを不覚者といいましたよ。だがそれほど慌てたいならヂャアンとぶっつける半鐘が御誂えだ。半鐘を釣った高い高い火の見櫓、寛政度からは町々の火の見櫓は梯子になったが、大名屋敷や十人火消（官設消防隊）の高い火の見櫓は現在の消防署にある鉄骨の展望楼と構造が似ている。ただ木造でないだけの違いだ。綿密な比較には相違しても概括して同様だとは云える。渠《あ》の火の見櫓を仰いでは江戸の名勝だと思えてならない。もし床場の親方が調髪士、取揚げ婆が助産婦、という系統を立てるなら、立派な系図が出来、子々孫々血筋を引いているだけに、容貌風采の争い難いところはある。

百年とは持たない人間にさえ七十八十の爺さん婆さんは、天子様の御慶びに五十銭頂戴するのも珍しくない程なので見れば、モット持ちの好いものなら江戸と東京との六十余年ぐらいは訳なしに残っているはずだ。それに不思議がないとすれば五十頁百頁、江戸の名残を書き立てるの困難ではなかろう。まして物件を離れたところに、大きな名残もあるのだ。地震も火事も糞を喰え、新しがりの異人メッキのザマを見やがるのも、物知らずから発生するのだ。

（『日本地理大系』第三巻、昭和五年）

年中行事に残る江戸のおもかげ

三田村鳶魚

江戸年中行事の書き残されたのは、貞享・元禄以降で、それから嘉永・安政度までには、大分の出入りがある。東京年中行事にしても、明治二十年前後からで、この変遷代謝は実に甚しい。気候によるものは、太陰暦で行い来ったのを、太陽暦でやるのだから、元日が春でなかったり、桃の節句・菊の節句に、その花がなかったり、秋にならないのに七夕を祭るといったような、狂いが出てきて、取り繕いたくも仕方のないのが多い。月見・花見にしても、場所が違ってくる。顔見世がなく、春芝居がないのは、各劇場の規定が変り、年中月次に打ち続けるので、格別な仕向をしないようになったのだ。暦の相違から、時日の変更はあっても、とにかく江戸の名残りと思われるのは、何々であろうか。

正月

初子の大黒参。伝通院内の福寿院、上野の護国院、嘉永度には十ヶ所あった大黒詣が、今日はただ二ヶ所に過ぎぬ。

初卯の妙義。亀戸。

亀戸妙義初卯詣の図
（『東都巡覧年中行事』）☆

初巳の弁天。文化度には百弁天などといったが、江戸の末にも十三、四ヶ所を算えたのに、今日は不忍が独占めのありさま。

初庚申の帝釈。これも四、五ヶ所あったのに、今は柴又だけになる。

七福神詣。向島の方は、淋しいながらも忘れられはしない。谷中の方は、覚えていない人が多い。

初寅の毘沙門、初申の山王、初亥の摩利支天《まりしてん》は、御無沙汰がちである。

初酉の聖天は、景気立ちはしないが、真乳山《まっちやま》へ参詣する者はある。

五日の水天宮。四月の大祭よりも、初詣の賑わうもおもしろし。

七日の若菜。七種《ななくさ》で覚えられてはいても、俎《まないた》の上で七種の菜類をたたいて囃しもせず、従って七種粥を喰う者もない。

十日の初金毘羅《こんぴら》。江戸中に百金毘羅を算えたこともあるのに、現在では虎ノ門一ヶ所。

十六日の閻魔《えんま》。新宿大宗寺が一番盛んらしい。その外のは一向聞えない。

二十五日の鷽替《うそかえ》。初天神はあまり賑やかでもない。亀戸だけが、この神事で聞えている。

二十八日の初不動。深川、目黒。

角力の春場所。日取は一定していなかった。けれども回向院を本場所とすることは、百五六十年の仕来りであろう。

二　月

初午《はつうま》。多いものを、伊勢屋稲荷に犬の糞、といったほどだ。従って稲荷祭は盛んであったが、明治・大正とだんだん不景気になってくる。

四日の義士忌。翌月へ繰り越してはいるが、相変らず、赤穂四十七士の法要を泉岳寺で勤める。学生が隊伍を組んで出掛けるだけは、昔にない図だ。

十六日の琵琶会。盲人が集って、本所一ツ目の弁天で催す。中絶したのを復興した。形ばかりではあっても、懐しいものの一つだろう。

月末から梅見。大分遠くなった、蒲田の梅屋敷のほかは、江戸末の場所はほとんどない。

節分は陰暦では十二月だが、陽暦では今月になる。従って豆撒きもおくれ、寺社の追儺式《ついなしき》も順送りになった。江戸では亀戸天神・浅草寺などであったのが、近来は一年ごとに寺社の追儺式執行がむやみに殖える。

三　月

三日の雛。上巳の祝儀という方は忘れられても、雛遊びはお祭りと間違えられながら、御無沙汰にはされぬ。

十一日の下谷神社祭礼。これは五月に振り替る。

十五日の梅若忌。木母寺にて大念仏修行。

十九日浅草三社祭。

前月より御詠歌の稽古をなし、彼岸前後に掛けて、御府内八十八ヶ所巡りする爺婆、随分若いのもある。一番の二本榎正覚寺から、八十八番の白金台町高野寺まで、里程二十里余といわれている。この西国八十八ヶ所写しの弘法大師巡拝は、昔のように全然歩行するのではないが、一々例の御詠歌を上げるので、一巡詠するには四五日も掛るらしい。それが六阿弥陀や三十三所の観音回りがほとんど曠廃した中を、宝暦以来続けているのは、思いのほかである。

四　月

三日の九品仏《くほんぶつ》。交通の便を得て、年々に行楽の群を誘う。

八日の灌仏。寺々の景気を一手に日比谷の花祭が引受けたらしくもあれ、甘茶貰いの子供は各寺院に絶えず。

潮干。この月になる。花見、上野・飛鳥山・向島・小金井、いずれも江戸以来である。土地の盛衰は同じからず、小金井のほかは、概して旧観を保っておらぬ。

五　月

端午。雛ほどではなけれど、往々鯉の吹流しを見掛ける。

同日の勝守《かちまもり》。自金の清正公より。

同日の赤裸祭。府中六社明神の祭礼、神輿渡御の間は、氏子町々の燈火を滅す。

十八日の千部。雑司ヶ谷鬼子母神にて修行、これも久しく忘れたようであったのが、近年は賑やかになったという。

二十一日の大師祭。川崎・西新井には、正、五、九月に群参、わけて気候もよろしきこの頃参詣多し。

堀切の菖蒲。入園料を取られるだけが違う。

六　月

八日御蔵前天王。

十五日日枝祭。神田明神と隔年に大祭を行う。江戸二大祭といわれた中に、日枝神社は将軍様を氏子に持つので、天下祭と言い囃したものだ。この日に赤坂氷川神社、浅草三社、橋場の天王などの祭礼もあった。

十八日四谷天王。

苗売り・金魚売りの売り声は、郊外でなければ聞かれない。いかにも伸び伸びした快いものであったが、だんだん少なくなり、珍しいようになるのみならず、苗売りの文句には、洋種のものが多くなって、語呂

小金井（『江戸名所花暦』）☆

が悪くもなり、節がおもしろくなくなる上に、声の濁みてくるのが残念だ。

七　月

七日棚機《たなばた》。

九日四万六千日。浅草寺に限ったことではなく、観音を安置した寺々は、賑わしかったというが、今日では、浅草寺だけのように思われている。

十二日草市。これも浅草だけになってしまった。しかも頗る淋しい。昔は、吉原仲の町・深州櫓下・小石川伝通院門前・本所四ツ目・根津門前、翌十三日には、日本橋南北・京橋伝馬町・尾張町・両国広小路・人形町・今川橋北・筋違御門外・神田松下町・上野広小路・浅草茅町・同駒形・同雷門前・本所中ノ郷・深川森下町・本郷通り・白山・牛込通り寺町・市谷谷町・麹町・四谷御門外・同天王横町・飯田中坂・麻布四ツ辻・本芝・品川・青山。草市は精霊棚を飾る材料を売るのである。それがこれほど多数の売場があった。

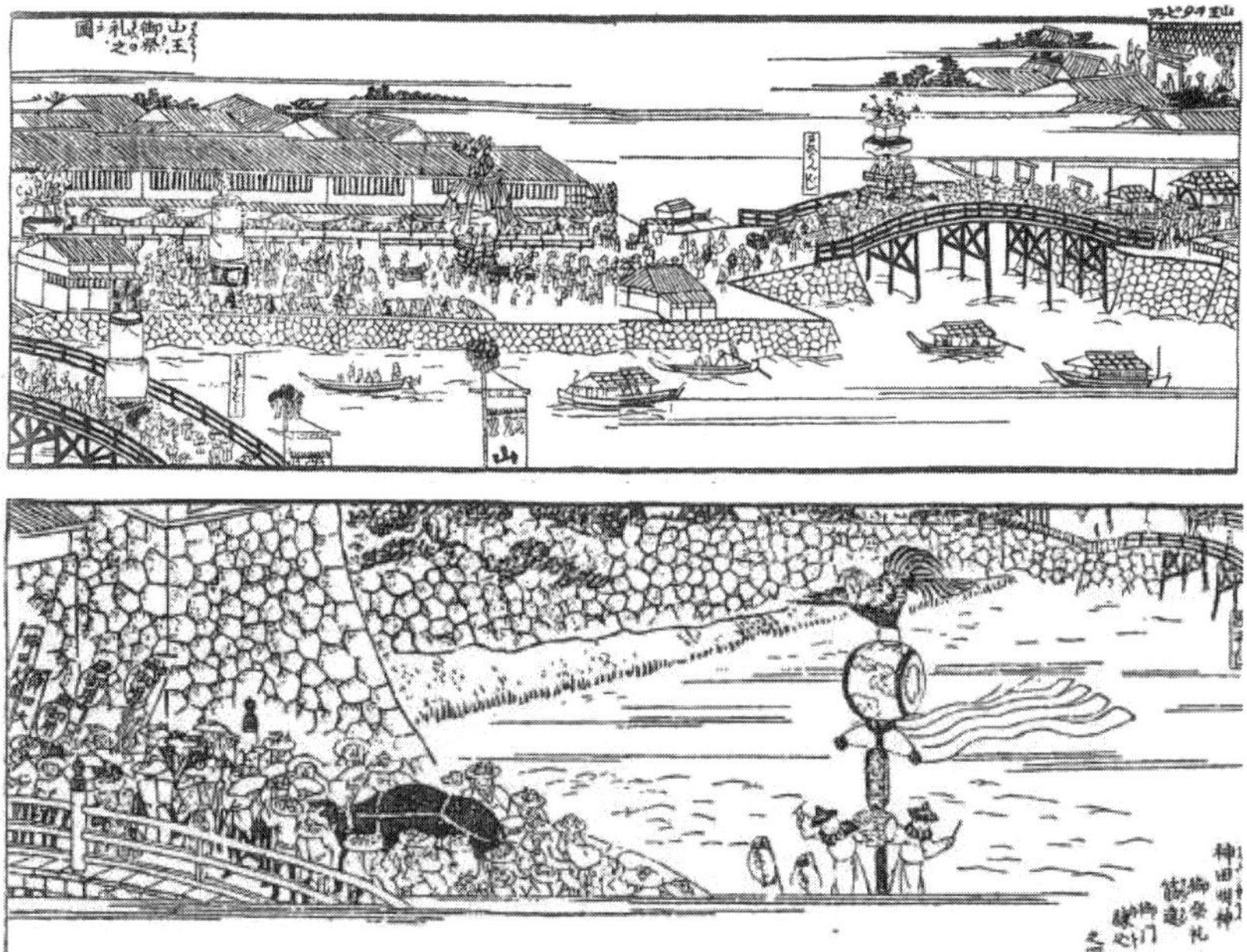

日枝神社（上）と神田明神（下）の祭礼（『江都近郊名勝一覧』）☆

十三日盂蘭盆会《うらぼんえ》。草市のばかに多かった昔に比べて、この仏事の名のみになったのも考えられよう。

十五日中元。音物の贈答だけに残る。それも虚礼だと叱られる。そこで緊縮するのに、大いに都合がよい。物を人にくれる快味を知らぬ奴がだんだん殖える。

十六日の閻魔。

二十四日六地蔵詣。法華宗の炮烙灸《ほうろくきゆう》、六地蔵は元禄度に建立したのと、享保度にこしらえたのと、銅仏が二通りある。享保の地蔵が、今日も巡詣されている。場所は一番品川品川寺、二番四谷大宗寺、三番巣鴨真性寺、四番山谷東禅寺、五番深川霊巌寺、六番同永代寺（これは回向院へ引越す）。炮烙灸は炮烙を患部にあて、灸を据える。日蓮宗の寺院では、そこここでやっています。

七夕（『四季遊覧年中行事』）☆

八　月

両国の花火。大略この月最後の土曜日になる。梅も桜も日曜日が見頃になるように咲く世の中なのだから、花火の日取りなどはこうあるはずだが、昔も川開きは五月の二十八日だから、月末であった。田舎では陽暦一月おくれのところが今日もあるが、東京の真中で、花火だけ二月遅れなのはおもしろい。

富士登山もこの月からだ。これは田舎並みに一月おくれである。

蓮見は払暁から出たものだが、この頃は渠の清香を嗅いで喜ぶ人もあるまい。けれども、不忍の池、増上寺内の弁天の池には咲いている。

十二日王子の田楽。

十五日八幡祭。芝・牛込・市ヶ谷・蔵前・深川など、すべて九月なのを繰り越している。

十八日堀ノ内千部会。妙法寺にて執行。

九　月

月見には展望よき高地に群集した。芝高輪・品川・築地海岸、深川洲崎・湯島天神・飯田町などが賑わしかったが、それも昔話になってしまった。

彼岸の中日に、増上寺・浅草寺の山門を開けて、諸人の登臨を許すことは変らないが、世間では知らずにいるようだ。

十一日の生姜《しようが》市、芝神明。

十　月

五日達磨忌。

六目お十夜。深川霊巌寺・目黒祐天寺など、浄土宗各寺にて。

十二日会式。池上本門寺・堀ノ内妙法寺。

十九日ベッタラ市。大伝馬町。

二十日夷講《えびすこう》。

十一月

初子の日大黒詣。

酉の市。この月の酉の日ごとに賑わう。三の酉のある年は火事が多い、などと言った。鷲《おおとり》大明神は、吉原田圃の長国寺と、葛西花又村の正覚院だけのようであったのが、所々で酉の布を始め、そ

月見(『四季遊覧年中行事』)☆

れぞれ繁昌している。
二十七日の千体荒神。品川。

十二月

十三日煤《すす》払い。家々で日を定めて行うのみか、神社仏閣でもこの日に煤払いをする。三田魚藍観音などは、煤払いの開帳というのをした。

年の市。十四、五日の深川八幡、十七、八日の浅草観音、二十、二十一日の神田明神、二十三日の芝明神、二十四日の芝愛宕は日取りが変わらない。二十五、六日の平河天神は二日だったのが二十五日一日だけになった。

見渡したところで、江戸の俤《おもかげ》らしいものは、まずこのぐらいでもあろうか。

上半よりも下半において、多分に古いのがなくなっている。概してお祭りは零落して、あるかないか知れないのが多い。

鶯谷という所は、小石川、谷中の両所にあったが、その地名さえ怪しくなった。笹鳴きも初音も、今日は聞かれない。

杜宇《ほととぎす》は山の手に多く、白山の辺りから鳴き初めるといったのも、話にさえならなくなった。

螢も、王子・谷中螢沢・高田落合・目白下・目黒は、見物に出る人もあったという。

浅草寺年の市(『四季遊覧年中行事』)☆

水鶏《くいな》は、橋揚玉姫稲荷の辺り、佃島・根岸・亀戸の名物であった。紅葉は、上野山内・滝の川・品川東海寺・同海晏寺・目黒不動、根津権現、牛島秋葉と数え立てた。物数寄《ものすき》の嬉しがった千鳥、陰暦十一月末から十二月中の聞き物で、今戸・橋場・中川海岸・洲崎・品川が名所とされていた。

また雪見と枯野とがダメになった。大抵な物は、公園設備で無理にも埋合せが付こうが、何とも融通の出来ないものが上記の通りである。

(『日本地理大系』第三巻、昭和五年)

大川の水

芥川龍之介

自分は、大川端《おおかわばた》に近い町に生まれた。家を出て椎の若葉に掩はれた、黒塀の多い横網の小路《こうじ》をぬけると、直《すぐ》あの幅の広い川筋の見渡される、百本杭《ひゃっぽんくい》の河岸《かし》へ出るのである。幼い時から、中学を卒業するまで、自分はほとんど毎日のやうに、あの川を見た。水と船と橋と砂洲と、水の上に生まれて水の上に暮してゐるあわただしい人々の生活とを見た。真夏の日の午すぎ、煆《や》けた砂を踏みながら、水泳を習ひに行く通りすがりに、嗅ぐともなく嗅いだ河の水のにほひも、今では年と共に、親しく思ひ出されるやうな気がする。

自分はどうして、かうもあの川を愛するのか。あの何方かと云へば、泥濁《どろにご》りのした大川の生暖い水に、限りない床しさを感じるのか。自分ながらも、少しく、其説明に苦しまずにはゐられない。唯、自分は、昔からあの水を見る毎に、何となく、涙を落としたいやうな、云い難い慰安と寂寥とを感じた。完く、自分の住んでゐる世界から遠ざかつて、なつかしい思慕と追憶との国にはいるやうな心もちがした。此心もちの為に、此慰安と寂寥とを味ひ得るが為に自分は何よりも大川の水を愛するのである。

　銀灰色の靄《もや》と青い油のやうな川の水と、吐息のやうな、覚束ない汽笛の音と、石炭船の鳶色《とびいろ》の三角帆と、―すべて止み難い哀愁をよび起す是等の川のながめは、如何に自分の幼い心を、其岸に立つ楊柳《ようりゅう》の葉の如くおののかせた事であらう。

　此三年間、自分は山の手の郊外に、雑木林のかげになつてゐる書斎で、静平な読書三昧に耽つてゐたが、それでも猶、月に二三度は、あの大川の水を眺めにゆくことを忘れなかつた。動くともなく動き、流るゝともなく流れる大川の水の色は、静寂な書斎の空気が休みなく与へる刺戟と緊張とに、切ない程あわたゞしく、動いてゐる自分の心をも、丁度、長旅に出た巡礼が、漸く又故郷《ふるさと》の土を踏んだ時のやうな、さびしい、自由な、なつかしさに、とかしてくれる。大川の水があつて、始めて自分は再び、純なる本来の感情に生きることが出来るのである。

　自分は幾度となく、青い水に臨んだアカシアが、初夏のやはらかな風にふかれて、ほろほろと白い花を落とすのを見た。自分は幾度となく、霧の多い十一月の夜に、暗い水の空を寒むさうに鳴く、千鳥の声を聞いた。自分の見、自分の聞くすべてのものは、悉《ことごとく》、大川に対する自分の愛を新にする。丁度、夏川の水から生まれる黒蜻蛉の羽のやうな、おののき易い少年の心は、其度に新な驚異の眸《ひとみ》を見はらずにはゐられないのである。殊に夜網の船の舷《ふなばた》に倚《よ》つて、音もなく流れる、黒い川を凝視《みつ》めながら、夜と水との中に漂ふ「死」の呼吸を感じた時、如何に自分は、たよりのない淋しさに迫られたことであらう。

　大川の流を見る毎に、自分は、あの僧院の鐘の音と、鵠《くゞひ》の声とに暮れて行く伊太利亜の水の都―バルコンにさく薔薇も百合も、水底に沈んだやうな月の光に青ざめて、黒い柩に似たゴンドラが、其中を橋から橋へ、夢のやうに漕いでゆく、ヴエネチアの風物に、溢るゝばかりの熱情を注いだダンヌンチョの心もちを、今更のやうに慕はしく、思ひ出さずにはゐられないのである。

　此大川の水に撫愛される沿岸の町々は皆自分にとつて、忘れ難い、なつかしい町である。吾妻橋から川下ならば、駒形、並木、蔵前、代地、柳橋、或は多田の薬師前、うめ堀、横網の川岸―何処でもよい。是等の町々を通る人の耳には、日をうけた土蔵の白壁と白壁との間から、格子戸づくりの薄暗い家と家との間から、或は銀茶色の芽をふいた、柳とアカシアとの並樹の間から、磨いた硝子板のやうに、青く光る大川の水は、其冷《ひややか》な潮の匂と共に、昔ながら南へ流れる、懐しいひゞきをつたへてくれるだらう。あゝ、其水の声のなつかしさ、つぶやくやうに、拗ねるやうに、舌うつやうに、草の汁をしぼつた青い水は、日も夜も同じやうに、爾岸の石崖を洗ってゆく。班女と云ひ業平と云ふ武蔵野の昔は知らず、遠くは多くの江戸浄瑠璃作者、近くは河竹黙阿弥翁が、浅草寺の鐘の音と共に、其殺し場のシユチンムングを、最も力強く表す為に、屢々、其世話物の中に用ゐたものは、実に此大川のさびしい水の響であつた。十六夜清心《いざよいせいしん》が身をなげた時にも、源之丞が鳥追姿のおこよを見染めた時にも、或は又、鋳掛屋松五郎が蝙蝠《こうもり》の飛交ふ夏の夕ぐれに、天秤をになひながら両国の橋を通つた時にも、大川は今の如く、船宿の桟橋に、岸の青蘆に、猪牙船の船腹に懶《ものう》いさゝやきを繰返してゐたのである。

　殊に此水の音をなつかしく聞く事の出来るのは渡し船の中であらう。自分の記憶に誤がないならば、吾妻橋から新大橋までの間に、元は五つの渡しがあつた。其中で駒形の渡し、富士見の渡し、安宅の渡しの三つは次第に一つづゝ、何時となく廃れて、今では唯一の橋から浜町へ渡る渡しと、御蔵橋から須賀町へ渡る渡しとの二つが、昔のまゝに残つてゐる。自分が小供の時に比べれば、河の流れも変り、蘆荻《ろてき》の茂つた所々の砂洲も跡方なく埋められてしまつたが、此二つの渡しだけは、同じやうな底の浅い舟に、同じやうな老人の船頭をのせて、岸の柳の葉のやうに青い河の水を、今も変りなく日に幾度か横ぎつてゐるのである。自分はよく、何の用もないのに、此渡し船に乗つた。水の動くのにつれて、揺籃《ゆりかご》のやうに軽く体をゆすられる心ちよさ。殊に時刻が遅ければ遅い程、渡し船のさびしさとうれしさとがしみじみと身にしみる。──低い舷の外は直《すぐ》に緑色の滑《なめらか》な水で、青銅のやうな鈍い光のある、幅の広い川面は、遠い新大橋に遮られるまで、唯一目に見渡される。両岸の家々はもう、黄昏の鼠色に統一されて、其所々には障子にうつる灯《ともしび》の光さへ黄色く靄《もや》の中に浮んでゐる。上げ潮につれて灰色の帆を半、張つた伝馬船が一艘、二艘と稀に川を上つて来るが、何《ど》の船もひつそりと静まつて、柁《かじ》を執る人の有無さへもわからない。自分は何時も此静な船の帆と、青く平に流れる潮のにほひとに対して、何と云ふこともなく、ホフマンスタアルのエアレエプニスと云ふ詩をよんだ時のやうな、云ひやうのないさびしさを感ずると共に、自分の心の中にも亦、情緒の水の叫が、靄の底を流れる大川の水と同じ旋律をうたつてゐるやうな気がせずにはゐられないのである。

けれ共、自分を魅するものは独り大川の水の響ばかりではない。自分にとつては、此川の水の光が殆、何処にも見出し難い、滑さと暖さとを持つてゐるやうに思はれるのである。

海の水は、たとへば碧玉《ヂヤスパア》の色のやうに余りに重く緑を凝してゐる。と云つて潮の満干を全く感じない上流の川の水は、云はゞ緑柱石《エメラルド》の色のやうに、余りに軽く、余りに薄つぺらに光りすぎる。唯淡水と潮水とが交錯する平原の大河の水は、冷な青に、濁つた黄の暖みを交へて、何処となく人間化《ヒユーマナイズ》された、親しさと、人間らしい意味に於て、ライフライクな、なつかしさがあるやうに思はれる。殊に大川は、赭《あか》ちやけた粘土の多い関東平野を行きつくして、「東京」と云ふ大都会を静に流れてゐるだけに、其濁つて、皺をよせて、気むづかしい猶太《ユダヤ》の老爺のやうに、ぶつぶつ口小言を云ふ水の色が、如何にも落付いた、人なつかしい、手ざはりのいゝ感じを持つてゐる。さうして、同じく市の中を流れるにしても、猶「海」と云ふ大きな神秘と絶えず、直接の交通を続けてゐる為か、川と川とをつなぐ堀割の水のやうに暗くない。眠つてゐない。何処となく、生きて動いてゐると云ふ気がする。しかも其動いてゆく先は、無始無終に亘る「永遠」の不可思議だと云ふ気がする。吾妻橋、厩橋、両国橋の間、香油のやうな青い水が大きな橋台の花崗石と煉瓦とをひたしてゆくうれしさは云ふ迄もない。岸に近く、船宿の白い行燈をうつし、銀の葉うらを翻す柳をうつし、又水門にせかれては三味線の音のぬるむ昼すぎを、紅芙蓉の花になげきながら、気のよわい家鴨《あひる》の羽にみだされて、人気のない厨の下を静に光りながら流れるのも、其重々しい水の色に云ふ可らざる温情を蔵してゐる。たとへ、両国橋、新大橋、永代橋と、河口に近づくに従つて川の水は、著しく暖潮の深藍色を交へながら、騒音と煙塵とにみちた室気の下に、白く爛れた目をぎらぎらとブリキのやうに反射して、石炭を積んだ達摩船や白ペンキの剥げた古風な汽船をものうげに揺ぶつてゐるにしても、自然の呼吸と人間の呼吸とが落ち合つて何時の間にか融合した都会の水の色の暖さは容易に消えてしまふものではない。

殊に日暮、川の上に立こめる水蒸気と次第に暗くなる夕空の薄明《うすあかり》とは、この大川の水をして殆、比喩を絶した、微妙な色調を帯ばしめる。自分はひとり、渡し船の舷に肘をついて、もう靄の下りかけた、薄暮の川の水面を何と云ふ事もなく見渡しながら、其暗緑色の水のあなた、暗い家々の空に大きな赤い月の出を見て、思はず涙を流したのを、恐らく終世忘れることが出来ないであらう。

「すべての市は、其市に固有なにほひを持つてゐる。フロレンスのにほひは、イリスの白い花と埃と靄と古の絵画のニスとのにほひである。」（メレジユコウスキイ）もし自分に「東京」のにほひを問ふ人があるならば、自分は大川の水のにほひと答へるのに何の躊躇もしないであらう。独にほひのみではない。大川の水の色、大川の水のひゞきは、我愛する「東京」の色であり、声でなければならない。自分は大川あるが

故に、「東京」を愛し、「東京」あるが故に、生活を愛するのである。（一九一二、一）
其後「一の橋の渡し」の絶えたことをきいた。「御蔵橋の渡し」の廃れるのも間があるまい。
（原題「大川の水（ＡＲＳ）」『心の花』一八巻四号、大正三年、発表時の筆名は「柳川隆之介」）

おきつねさま

高見　順

東京で「江戸」を感じさせるものが残っているといったら、やっぱり隅田川の周辺でしょう。川は臭くてよごれて、もう、どうしようもないけど、沿岸には、あんがい人に知られていないものが、まだあるんですよ。

そうだ。「おかえるさま」「おたぬきさま」「おきつねさま」ってえのを話しましょうか。東京っていうか、江戸の人は、こういうのが好きなんですねえ。

カブキの幸四郎さんの嫁さんのおとっつぁんというのは、死んだ吉右衛門さんですが、この一家は三社《さんじゃ》さまの氏子で、だからこっそり浅草の「おたぬきさま」もおがみにいっていたんじゃないかしら。旧名区役所通りをいってドスンとぶつかると、伝法院の入口がある。そこを六区の方にちょっといくと、露店の間にちょっとあいているところがある。その奥に「おたぬきさま」がデンといらっしゃるんです。いまは落ちぶれたかもしれないけれど、もとは「おたぬきさまのお姿」っていうんですが、そのお姿をくれましてね。それをうちへもってきて、朝晩、ポンポンと、芸ごとなんかの上達をおがんだものなんですね。この「おたぬきさま」っていうのは、浅草寺の縁の下に古ダヌキが住んでいて、こいつが住職の夢に現れて「観音さまを守っているんだ」というんですね。それじゃおまえに位をやろうって、それで「鎮護大使者」という位をもらって、伝法院の一隅に祭っていただけるようになったんです。

六代目菊五郎は「おかえるさま」の方だったのか、おかみさんの料亭「三島」の玄関に焼きものの大きなイボガエルがいて、願いごとがかなうと、座ぶとんをいただくんだなあ。三つ四つぐらい重ねた座ぶとんにすわって、にらんでましてね。浅草の「おかえるさま」は日限《ひぎり》のお祖師さまの境内にあって、「三島」のカエルとはちがって、ヘソなしのおなかが白くあいている。願がかなうと、その白いとこに名前を書いて納める。もとはそのお姿が山をなしていたが、今日どうですかな。

一番ご利益があって、あらたからしいのは「おきつねさま」なんです。「涙の別れの泪橋」から吉原の方へ行くのと反対側の方に、路地へはいっていくと、裏も表もドヤ街ですが、そこをちょっと行くと玉姫神社があって、その境内に「口入稲荷」というのがある。社務所で、「お姿」を売ってるんですが、このお稲荷さんに、お返しのお姿がいっぱいいますよ。主に花柳界の女の人が多い。芸者さんが、いいダンナがほしいときに、おがみに行きまして、帰りにメスのお姿をうけてくる。メスとオスと夫婦になってお姿がいらっしゃるんですよ。

そのメスのお姿をおうけしてきて、「お前さんが夫婦になりたかったら、私にいい男を連れてきておくれ、願がかなったら、お前さんも夫婦にしてあげるから」って、おがんでると、おきつねさまが、かけずり回っていいダンナをみつけてくれる。すると「おきつねさま、よくやってくれた」っていうんで、オスのおきつねさんと一緒にして神社に返すんです。そのお返しのお姿が神社の中に山をなしているんですよ。

最近はどうなったか知らないけれど、オスのお姿を冗談半分にもらってきたことがありますが、みるとそれが今戸焼なんですよ。今戸焼は江戸時代から、カワラなんかを焼いていたんだが、このおきつねさまは手造りの民芸品としても非常にいいもんです。男ギツネは羽織なんか着て、ゾウリをはいていやがってねえ。

大体、雑種の東京人ってえのは、そういうものをバカにするんですね。インテリなんかが、こういうものを軽べつするから、むかしのいいものがどんどんなくなってしまうんですよ。桜もちの長命寺ってのが隅田公園のとこにあるでしょう。あそこに柳北の碑があるんだが、その碑に彫ってある柳北の顔のハナが欠けているんです。ずっと気になっているんだが、ボクなおしたいんですよ。

それから、私は前から「山谷泪橋」というのを書きたくてね。戦前から考えているんだ。題だけできているんですよ。いつになったら書けるかなあ、そのうち、町名変更とかなんとかいって、山谷も泪橋もなくなっちゃうかもしれんねえ。

ボクは隅田川をもう一度書きたいんだ。隅田川がきれいになって都鳥が帰ってきたら、って思ってるんですよ。

(『隅田川』、昭和四〇年)

2

江戸っ子の心意気

本章では、江戸の人口の一割ぐらいいたと言われる〝江戸っ子〟についての論稿を集めてみました。

根生いの江戸町人が他国者と張り合い〝江戸っ子〟という個性的な存在が生まれ、独特の文化を創出したといえます。日銭を得られるようになった町人たちは「江戸っ子は宵越しの銭は持たない」という啖呵を切る、「浅慮で、向う見ずで、喧嘩ッ早い」とも言われますが、はたしてどうでしょうか。

江戸ッ子の話

三田村鳶魚

容易ならぬ捜しもの

江戸ッ子の話というのでありますが、まず江戸ッ子とはどういうものであるか、ということから申上げたい。江戸ッ子ということ、これは江戸子ではいけないので、どうしてもツの字が中に割込んでいないと工合が悪い、東京ッ子でもいけない。鶏が鳴くように聞えるからいけないのじゃないので、江戸を背負って生れた若い者、という意味にならないからです。大分御年輩の方もおいでのようですから、申上げるまでもないかも知れませんが、明治のはじまりには、トウキョウとは申さないで、トウケイと申しました。これは古い小説や仮名のついた古い新聞、昔は少しましな新聞には仮名がついていない、今日でいう大衆向きなものでないと仮名がついておりませんが、そういうものを御覧になれば、皆トウケイと書いてあります。

私などの先輩で、大分世話にもなりました饗庭《あえば》篁村《こうそん》、この人の書いたものには、よほど後までトウケイと書いてあります。これはどういうわけでそうなったか、この心持はどういうものかと申しますと、西京と並ぶのが厭だったのです。西京がもとから向こうにありまして、サイキョウというところから、こちらはわざとトウケイといった。あちらではケイトとは申しません。キョウトという。こういう僅かな名称の上の毛嫌いもなくなりまして、今日はトウキョウでもトウケイでも、そんなことは字引に任しておけばいいという時勢になっております。この僅か一字だけで考えましても、江戸ッ子も東京ッ子もなくなってしまった時に、ふりかえって江戸ッ子とはどんなものであるか、ということを尋ねるのは、実に容易ならぬ捜しものだといわなければなりません。

その捜しものの緒口《いとぐち》がどんなところにあるかと申しますと、今日の女の子達が使っている言葉の中から見つけ得られるように思います。明治になって女学校が出来まして、女の子に本らしい本を読ませる事を始めましたのは、何と申しても跡見花蹊さんでしょうが、この跡見というお婆さんは公家の青侍の子供でありますす。この人が東京に於て新しい女の教育を始めた。その御利益《ごりやく》の最も顕著なものは、女の子の名前に子をつける、キナ子にアン子にウン子といったような調子で、遂には芸者の名にまで子をつけるようになった。これはどういうことかと申しますと、公家の方ではどんなおかしな女の子でも、または身分の低い者でも皆子をつける。それからはじまった話で、これがそういう風に広がったのであります。それまでは武家では何女、町家でも女なら妻であると娘であるとを問わず、皆何女と書いて来ている。その中へ持って来て、新しい教育を授ける女学校が、キナ子にアン子にウン子流儀で、東京を構いつけないで、どしどし西京風を振り廻した。

その御蔭を蒙りましたから、末派末流の女学校からはとんでもない者が出て来る。人の女房であれば誰でも奥さんで、豆腐屋の奥さん、洗濯屋の奥さん、車屋の奥さんという風に、誰でも構わず奥さんにしてしまった。そのくせ亭主の方は殿様じゃない。昔は奥様といわれるほどの人の亭主は必ず殿様に限ったもので、ただ一つ、これに外れていたのは八丁堀だけです。八丁堀の与力は妻女のことを奥様といい、亭主のことを旦那様といっておりました。それが今日では片端から奥さんになってしまったんだから、恐ろしく女権が拡張されたわけだ。ですから女房が亭主の事を何といっていいかわからない。「宿《やど》」というのもあれば、「手前ども」というのもあり、名字をいうのもある。そういう風に、身分も職業もわからないようにたたき壊して来た、その中に一つ面白いものが残っております。それは女の言葉の「だわよ」というやつで、これを大人がいうんだから、私などにはびっくりものですが、これが実は江戸の名残で、西京や中国九州あたりには無い言葉なのであります。

それではこれは江戸のどういう場所にあった言葉かというと、そんな詮議などはしない、キナ子にアン子流だから、生れ場所や、意味や、調子合などを考えることは少しもない。御年輩の方は無論御存じでしょうが、これは裏店《うらだな》の女の子に限った言葉であります。元来は「そうだわ」というのと、「いいよ」というのとは別だったが、近頃は「わ」と「よ」とが負《おぶ》さって一緒になっている。その言葉がどうしてそんなにひろがったかといいますと、こういう裏店で育った娘が下地ッ子に出て、大きくなっても子供らしく見られたい心持ちから、こういう言葉を使う。それがペンペンの連中にひろがってきた。ところへ持ってきて、キナ子やアン子の連中は、昔のことなどは知りませんから、パクパクと鵜呑みにして用いる。それが女学生間に広がり、女学生が大きくなって、主婦となり母となっても、依然として「わよ」をきめ込んでいる、という有様であります。

変な江戸ッ子の食物

かつて私どもが幼年の頃には、口にしたことの無かった蜜豆などというものが、お品ぶった方々に売れている。相当なお方がそれを食べて平気でいられる、というようになってから、もう二十年近くなったろうと思います。そうすると近頃は又菓子屋の方でも、黒砂糖を盛んに用いて、黒光羊羹《ようかん》なんてものまでこしらえている。黒砂糖がうまいかどうか、そんなことは考えない。以前は洟《はな》ッたらしの、じゃんじゃら髪の子供等が、よく鉄砲玉といって真黒な玉をしゃぶっていたものです。今のキャラメルみたいなわけだが、一文菓子屋といって、一文持って行って買って来る。明治になってからの話ですから、それより前はもっと安かったでしょう。或は豆ネヂといって、犬の糞の固まったような菓子がある。そういうものに黒砂糖が使ってあった。そんなことで舌の下劣になっている人間どもが、その昔を忘れずに黒砂糖を珍重する。そこでとんでもないことになって、化物の羊羹がお座敷へ出るようになる。こんな手合は、駿河屋の羊羹なんぞ喰ったってわかりゃしない。舌も口も下劣になっているから、うまいものを食うことがむつかしくなりました。

ここでこんなことを申したら、或は剣突《けんつく》を食うかも知れませんが、牛鍋より外にうまいものは無いように心得ている人がある。一体鍋へ直《じか》に箸を突込んで食うなどというのは、下司《げす》な話でお話にならない。鍋などというものは以下物といって、武家でも町人でも、主人の前へは出さないはずのものである。私なども実は蛤鍋を食いおぼえましたが、あれもヤタ一といって、縄暖簾《なわのれん》の中で、片足を持上げて、醤油樽の上へ渡した板へ腰掛けて食うもので、旦那とか殿様とかいう人は知らないものです。その穴を行く牛鍋なんぞを喜んで、これよりうまいものが無いと思うようでは、食物の話はとても出来ない。

それから又鮪《まぐろ》の鮨を途方もなく有難がって、それを食わなければ江戸ッ子でないように思っている。一夜鮨というものさえ、上等な食物でないのに、鮨でありながら酢の気の無いものを食うというのは不合理な話だ。この鮪の鮨というものは、天保三年二三月に、江戸の近海で鮪が非常に沢山取れたことがある。一本二百文位だったといいます。鮪ですから一本といえば随分大きい。それが二百文ぐらいでも使い切れないので、肥料にするといって方々へ送り出した。その時如才ないやつがあって、身をそいで鮪の鮨をこしらえた。何しろ値段が安い。刺身を食う心持からいうと、安くもあるし、見たところが綺麗だから皆食ったので、そのはじめはといえば、一番安い食物だったからです。然るに近頃はテッカ巻などというものまでこしらえて、鮪のどっさりついているほど気が利いているように、近来の江戸がりは心得ている。天保の時分鮪が馬鹿に安かったからはじまったものだなんてことは夢にも御存じない。鮨は醤油をつけて食うべきものかどうか、そんなことも知らない。

蕎麦の食い方だって知らない。どんなのが馬方蕎麦で、どんなのがいい蕎麦か、そんなことも弁えない。

あのツユのだぶだぶあるやつが馬方なんで、江戸汁といって辛いやつに、ちょっと先だけつけてスルスルと食う。尤もスルスルと食おうと思ったたって、近頃の蕎麦は団子みたいだから、食いきらなければ食べないような始末ですが、それでも蕎麦さえ食えば江戸ッ子らしい顔をしている。

これは今日の人達がそうであるばかりじゃありません。本当の江戸ッ子もそういうものを食っていたので、あまり通人がって行き過ぎるのも困ったものですが、江戸ッ子連中の食物には、うまいなんてものは無い。変なものを食っていたのです。第一この人達というものは、表通りには住んでいない。皆裏通りに住んでいたので、これを裏店《うらだな》と申しました。裏店という言葉も今日ではわかりにくくなっておりますから、御年寄の方々には御免蒙りまして、ちょっと申しておきます。

長屋と裏店とは差別がありまして、長屋というのは建て連ねた家ですから、どんな場所にもあった。水戸様の百間長屋などというのは、今の砲兵工廠のところにあったので、その他大名衆の本邸にも、囲いのようにお長屋というものがあって、そこに勤番士もいれば、定府の者もおりました。長屋の方は建て方から来ている名称ですが、裏店の方は位置から来ている名称なので、御存じの方も沢山おありだろうと思います。木戸がありまして、両側にズーッと建っている。この節だと随分小言の出そうなものです。裏店というのは商売の出来ない場所で、ここに例の熊さん八さん、落語の中に罷り出る代物が陣取っている。この人達のお嬢さんが、前申した「わよ」の先生なので、熊さん八さんとはいうけれども、実は熊五郎だか、熊吉だか、八太郎だか、八三郎だか、そんなことはわからない。手習いしたことも無いし、名前も書けないという程度の人物で、よく落語家が、大家といえば親も同然、店子《たなこ》といえば子も同然、といいますが、この大家が今日で申せば差配人です。その頃の言葉では家主《いえぬし》と申しました。真面目な書類などには、何町誰店の誰という風に書いてありますが、これは店借人なのです。

今日は借家人にもいい人がありますけれども、昔の借家人は多く裏店で、家賃は日掛で払うなんていう連中がいる。家主というのは地主の使用人で、町の役をつとめますから、町役人でもあります。地主は自分が町用をしなければならんところを、使用人の家主にやらせるので、この家主たるものは、落語とは振りきれない間柄ですが、店子どもに対しては非常な勢力を持っておりました。地主はその町の旦那様で、今日でも、地面を持って、そこに住んでおられる方は、実際力んでもござるでしょうが、昔はなかなかそんなものじゃない。この地主が威張ったことだけしゃべっても、三十分やそこらは大丈夫かかるだろうと思います。

何の代表者でもない江戸ッ子

ここで町人という言葉から考えますと、武家の住っている屋敷地に居らぬ人、市街地に住んでいる人をすべて云いそうなものなのに、町人といえば商人に限るようになっているのはどういうわけですか。これは都会の自治制の単位が一町々々になっておりまして、町の万端は地面を持ったものだけがする。地面を持つにはそれだけの資力のある人でなければなりませんから、自然と銭のある商人が権利を得て、銭のない地面のないものはそこから除外されることになる。従って町人と云えば商人のことになって、町内費用の相談などという時にも、第一が地主寄合、その次が町内寄合、これは地面を借りて家作をした人、という風になっております。

とにかく凡ての町内費用は表店の人が出すので、裏店の人は何も出すわけじゃない。八さんや熊さんはどういう負担をするかというと、釣瓶《つるべ》銭とか、鍵銭とかいうようなものです。鍵は木戸口の鍵で、これは滅多に壊れるものじゃありませんが、釣瓶縄が切れたとか、縄を替えるとか、そういう費用を出す。井戸替は皆で申合ってやるから、その費用は無い。お祭で揃いの浴衣をこしらえるなんていっても、買う、買わないは御勝手次第だから差支えない。地主がお祭に赤飯を炊いて祝う。そうすると皆やって来て、ただ飲んだり食ったりしていいお祭をする。若い者の中に入っているやつは、更に集め銭をして、翌日飲む銭まで地主さんのお世話になる。こういうことは弊害もあるには相違ありませんが、ある方面から見ると面白いところもある。この地主と店子についても、かなりお話があります。とにかく銭のあるものが、銭の無いものに銭を振り撒いてやるということは、世の中をよくする方のことだから、まあ結構な話です。そうやってお世話になりながら、べらんめえで威張るような店子も、昔だってなかったわけじゃない。だから私も弊害を認めないわけではないが、こんなことはあった方が面白いというのです。

そういうわけでありまして、この裏店の連中は租税さえ無い。今日でいえば地方税、そんなものも無い。そういうところにいるのはどういう人達かというと、日傭取、土方、大工左官などの手間取、棒手振《ぼてふり》、そんな手合で、大工左官でも棟梁といわれるような人、鳶の者でも頭になった人は、小商人のいる横町とか新道とかいうところに住んでおりますから、裏店住居ではない。この新道や横町に住んでいる手合が、江戸ッ子の音頭を取るので、裏店の江戸ッ子の頭分《かしらぶん》に当るのです。そういう連中は、知識の上から申しましても、資力の上から申しましても、有力者でないのはわかりきった話で、その江戸ッ子なるものが、八百八町の人の心持を代表するように考えられて来たのは、よほど不思議なことなのです。

得意で威張る連中

それではこの「江戸ッ子」という言葉は何時頃《いつ》からいうようになったかと申しますと、寛政七年に出ました洒落本の『廓通荘子』というものにあるのが一番古いようです。或はもう少し古いのがあるかも知れませんが、私の見たものではこれが一番古い。「江戸者」という言葉はもっともっと古くからありますが、どうも江戸者では何だか不景気で、江戸ッ子というようなわけには参りません。尤も寛政以来ズーッと江戸ッ子といっているわけでもないので、為永春水の書きましたもの、これは天保度でありますが、これには「東ッ子《あずま》」といっております。東っ子でも引立たない。元禄頃にいった「吾妻男に京女」というような気持になって何だか間が抜けている。そこでとにかく寛政以来、江戸ッ子という言葉が浮いて出ておりますが、この江戸ッ子という言葉が気が利いているように、「おらア江戸ッ子だ」と自称する者の多くなったのは、文化以来のことであります。この模様を書きましたものは、『飛鳥川』という随筆の中に、近来は棒手振の肴売りや野菜売りが馬鹿に力み出して威張っているが、それがよっぽどおかしい、ということが書いてある。その他のものにもっと長く書いてあるものもありますが、いづれにも何の代表者でもない江戸ッ子が、独力味で威張っているけれども、誰も相手にするものは無い。いさみとか、きおいとかいう風な様子をして、今にも喧嘩でもしそうな様体に見える。どうしてそんな馬鹿な調子が出るようになったかというと、今日の言葉で申せば、自由労働者の増加からこういう勢いを生じたのであります。

武家も町家も奉公人の割合がだんだん悪くなっている。これは権力の固定といいますか、或は凝結とか、凝塊とか申したらよろしいか、とにかく固まって動かない。資本も同様でありましたから、腕前を振って給金を取ることがむづかしくなった。一口に申せば割が悪くなったので、番頭は番頭、下男は下男という風に、給金が凍てついてしまった。その上に武家も町人も算盤づく勝手づくで、続いて永年に人を使うということがなくなりまして、一時雇が多くなった。世禄世襲である君臣の関係、一生奉公という主従関係が衰えて参りまして、そこから開放された人間が日々に多くなる。これが自由労働者の増加したわけでありますが、この変徴によりまして、元文の頃から彼方へ雇われ此方へ雇われして、一定の主人を持っていない、江戸中の白壁は皆旦那だというようなやつが多くなった。そうなりましたから、武家の方にも人入《ひといれ》というものが発達して来ますし、町家の方では桂庵《けいあん》がだんだん盛んになって、いい商売になるようになって来た。

それからまた町火消、昔は手子《てこ》の者とか、鳶《とび》の者とかいっておりましたが、町火消という者が出来て、各町内に火消人足がいるようになった。つまり一町々々に抱えるので、誰が抱えるというんじゃない、町で抱えるのです。これも今までの君臣主従の関係からいえば、よほど自由な訳であります。この町火消は数も多うございましたし、各町内の入用のうちでは一番多いものでありましたので、今日の町村の有様で申せば、先づ学校入用ぐらいに当りましょう。もっと大きい例で申したら、軍事費ぐらいに相当するもので、且つ減らすことの困難なものであります。この多くの人間を引続いて使って往く。町火消の如きものは、町についていて一定の主人を持たぬ形式を取っておりますが、この連中は各町に鳶の頭というものがありまして、大きい店などになりますと、それが店附といって、きまった出入先としている。纏《まとい》とか梯子《はしご》とかいう役付の連中にも、それぞれ出入先があって、旦那の年礼に皮羽織を着てお供をするとか、湯治場《とうじば》へお供して行くとかいうようなことをやる。店の混雑する時には取締をしたりすることもある。鳶の末派末流になりましても町内の棟上《むねあげ》から泥溝《どぶ》の掃除までするので、こういう場合に決して他町から人を入れない。町内中で保護するようになるのです。そうやっているうちに、派手な旦那の贔屓《ひいき》を受けて、余計に金の貰えるようなやつが男を売り出して、講釈の種になるようなことをする。これらはその当時には出入場がいいからといわれていたらしゅうございます。大工左官も、一面からいえば自由でありますが、やはり出入先は持っている。それから江戸の市街が次第に開けて参りまして、裏店が殖えた結果、棒手振が商売になるようになって来た。塩とか、菜とか、大根とか、八百屋ではない、一品売りの商売です。こういう連中が江戸ッ子として、最も得意で威張っておりました。

江戸ッ子をものにした芝居

文化文政と申しますと、大御所様といわれた家斉将軍、江戸の黄金時代であるように後からは考えられる時でありますが、この時水野出羽守という、馬鹿に如才ない、滑っこい政治家が出て来まして、貨幣の改鋳をやりました。文政二年に小判が改鋳されて、草文小判といい、一歩判も同じく改鋳されて、草文歩判と称されております。文政三年には丁銀も改められ、十一年には又二朱銀も改められました。いつでも徳川時代に鳴らした将軍、綱吉に致しましても、吉宗に致しましても、又家斉に致しましても、皆この通貨改鋳をやっております。そうして改鋳のたんびに通貨は悪くなっておりますが、一時は通貨膨脹ということで景気が立つのであります。家斉が近来で贅沢な、羽振りのいい将軍だったということも、実はこの通貨膨脹のためなので、この点は綱吉と同じことです。通貨が膨脹すれば、あとは悪くっても、一時だけは効能がある。その景気のいいところへ乗掛けましたから、江戸ッ子連中が頭を持上げることになったので、夜さえ明ければ金が取れる、金は身体にある、というような考えが起って来た。この頃は交通が不便でもありましたし、各藩に各々制度がありまして、出稼ぎ人を出すことをしませんから、江戸が景気がいいからといって、労働者を吸収するようなことは無い。前からの人数の上に景気がよくなるのですから、今のような思想が起るのも尤もなのです。

またその上に江戸名物の火事、これが頻繁にありました。「火事は江戸の花」というのもこの頃の言葉で、近来では大分皆から小言をいわれているようですが、江戸ッ子と称する連中のためには、火事は結構なものだったのです。昔は金持が焼け出されると、今日のように火災保険などというものはありませんし、全く箸も持たないことになるのですが、江戸ッ子のスッテンテン先生の方は、家作は人のものだし、ろくな道具は無いし、身体だけ逃げればいいんだから、火事の被害は怖くない。その上火事があれば労銀は高くなるので、江戸の花であったかどうかわかりませんが、たしかに江戸ッ子の花であったに相違ない。だから明日の心配も要らなかったし、宵越しの銭は持たないという気持にもなれたのですが、その裏をもう一つ考えて見ますと、まことに気の毒なもので、彼等はいくら骨を折ったところで、依頼するに足るだけの資力を集めることは出来ない。仮に集め得たにしても、火事で焼ければそれまでのものである。宵越しの銭を持たないということは、持てない方からも来ている。幸いにそれでも飢えない、凍えないから、銭の無い方を自慢にする。財布に何も無いのを、「流れ川で尻《けつ》を洗ったようだ」なんていう怪しからん言葉を作り出すことにもなるのであります。

江戸ッ子というものは浅慮で、向う見ずで、喧嘩ッ早い。ただそれで他のものに比べると、どこからも羈絆されることが少ないから、それが嬉しかった。この私どもが見ては甚だつまらない江戸ッ子を、ものにしたのは芝居です。芝居だと江戸ッ子が如何にも活躍する。彼等が得意の啖火《たんか》を切るということも、芝居で聞けば面白いが、実際の江戸ッ子にはあれだけの弁舌がありません。それはよく落語の中に残っていて、皆さんが寄席へ行ってお笑いなさる道具になっているのでも知れております。「金のしゃっちょこを横眼に睨んで、水道の水を産湯《うぶゆ》に浴び、おがみつぎの米を喰って、日本橋の真中で育った金箔付の江戸ッ子だ」というような、気の利いたらしい台詞《せりふ》は実際彼等に云えやしない。皆狂言作者がそういう風にこしらえて役者に云わせたのです。滅法界な悪対趣味、妙な言葉ですが、あの悪対も芝居の方で申すツラネの中にあるので、やはり芝居で吹聴したものです。明暦以前は知らぬこと、金の鯱鉾《しゃちほこ》なんていうものは、江戸中どこを捜したって見られやしない。名古屋へ行かなければありゃしません。その頃は自動車も無かったし、自転車も無かったから、いくらか暢気《のんき》ではありましたろうが、日本橋の真中で子供が育つなんてことは思いもよらない。こんなことを彼等は自分で云えやしませんが、彼等はこんなことを云いたいんだろう、と狂言作者に想像されるような様子をしていた馬鹿者である。そういうものを芝居が何で取持ったかといいますと、小田原町というものが芝居町のいい御華主《おとくい》なので、それに附合ってしたものだろうと私は思っております。

江戸の人口の一割ぐらい

それとはうって替って小説—滑稽本などを読んで見ると、江戸ッ子がさんざんに書かれている。「膝栗毛」「浮世床」「浮世風呂」「八笑人」「七偏人」というようなものに出て来る江戸ッ子のざまがどんなものか、またどうしてそういう小説は江戸ッ子の悪口を書いたかというと、江戸ッ子というのは前申したような手合ですから、本を読むなんていうことはない。いくら悪く書いても大丈夫だから、遠慮なく書いてのけたのです。小説でも読む人達は、多少銭のある人達ですから、自分と世界の違った連中が、とんでもないことをするのを面白がって見る。今日江戸ッ子を面白がるのも同じことで、江戸ッ子というものがなくなった後になればなるほど、そういう眼で見ることになります。諸君も御自分の境涯に御引較べになって、江戸ッ子というものを面白いと思われるかも知れませんが、いよいよ本当の江戸ッ子がやって来たら、多分諸君は逃げ出されるでしょう。「あんなやつは困るから、留守だといえ」ぐらいなことを云われるかも知れない。その心持が小説の上によく現れております。ここに挙げたのは皆いくらもある本ですから、お若い方はおひまの時に御覧になれば、江戸ッ子の様子がよくお判りになるだろうと思います。

江戸ッ子に対して感心するのも、面白がるのも、皆この小説の読者の階級の人で、「自分達と違う連中が面白いことをするな」といって見ている。遠国他国の人は、江戸にはそんな人間がいるか、といって面白く眺める。よく見れば厭になるが、ちょっと見ると面白い。つまり小説だから面白いのです。近頃の文士でも身辺小説といいますか、いろいろ自分の周囲のことを材料にして書く。あれも小説だと気が利いたように見えるけれども、当人のやっていることを見ると、そう面白くもなさそうだ。徳田君だとか、近松君だとかの書いているものも、小説だから面白く読めるが、実際だったら困るでしょう。あの心持が当代で江戸ッ子を鑑賞した心持、後世から振返って江戸ッ子に感心する心持に通じているように思います。

もう一つ明らかに江戸ッ子を語っているものは半纏着《はんてんぎ》という言葉です。半纏着では吉原へ行っても中流以上の店では上げない。江戸ッ子というと、意気で気前がよくって、どこへ行ってももてそうに思われるが、半纏着だと、銭を持っていても女郎さえ買えないんだからひどいものです。この連中は普通の人の着物を長着《ながぎ》という。羽織は見たこともない手合だから、長着は持っていない。持っているのは半纏股引《ももひき》だけだ。もし長着があるとすれば単物に三尺くらいのものでしょう。

この他、言語の訛《なまり》なんかについて申上げておりますと、そればかりでも大分の時間になりますから、今日はお預り申すことにしまして、まわり中で変なことをする江戸ッ子を眺めておったとすれば、その数はあまり多くってはいけない。一体江戸ッ子はどのくらいおったかといいますと、そう多くはなかつた。大概江戸の人口の一割ぐらいで、その他に斑《ぶち》―交雑したものが三割、それからあとが他地方から来ている人で、これが六割、こんな割合になっております。江戸の人口と申しますと、武家や坊主は除けられておりましたから、町奉行の支配に属する町家だけで、五十万人と見積られておりました。その一割なら五万人で、大づもりで五万人ということになるわけですが、江戸ッ子は三代かかるといいます。父母が江戸の人で、他国の人を交えずに三代続かなければいけないという、馬鹿に系図を広げ込んだものです。尤も親代からこの大家さんだとか、この地主さんには幾代御厄介になっているというような、江戸ッ子の貧乏やけしたのがありましたから、随分三代以上のものもおりましたろう。武家の方で申せば、先祖が三河からお供して来た連中が沢山あって、江戸ッ子の方では、「万歳の国から出て来やがった三ピンが」と思ったでしょうが、これは他のものと通婚しませんから、先祖は三河出にしろ、幕末まで来ないうちに、もう六、七代はたっているが、ごく少々の禄しか貰っていない、廿俵乃至十俵、二人扶持、一人扶持というような家でも江戸ッ子ということは申しません。資格はあったかもしれませんが、云わなかったのです。町家でも一軒の御主人はもちろん、番頭や小僧に至るまで、江戸ッ子だなんていっていては商いが出来ない。真面目に三代たった人がありましても、これは江戸ッ子の中へ入らない。それですから江戸の戸籍の上で、交りの無い江戸ッ子が一割あっても、こういう人達は除けなければならないのです。

経済事情の生み出した愛敬者

それに文化文政の江戸はひろがっておりました。江戸という名称は下町のことで、下町というのは城下町の意味ですから、千代田城の前のところ、新橋から筋違《すじかい》見附まで―筋違見附というのは今日では少し曲っておりますが、まず万世橋のところです―が江戸で、その外は江戸じゃない。芝へ行けば芝ッ子、外神田なら外神田ッ子で、浅草だの本所深川は無論江戸じゃない、場違いの方です。また江戸前という言葉があって、よく手ばしっこいようなことにいいますが、この江戸前というのはどこかというと、両国から永代までの間、お城の前面をいうのであります。文化文政の江戸には本所深川も入っておりましたが、こういう場違いの江戸ッ子を引きまして、本場物ばかりですと、まず二万五千ぐらいの数にしかならない。二万五千の熊さん八さん、べらんめえの手合は他の五十万の人達にとって、丁度いい見物《みもの》でありましたろう。如何にも見物気分で、テニハの合わない連中を見るのに工合がよかったろうと思います。

ところでこの手合の生活はというと、三匁乃至五匁が手間なので、雨降風間を引きますから、一箇月に廿五六日しか働けません。一匁と申しますと、江戸では百八文に計算します。上方は銀相場でいろいろ違うのですが、江戸では百八文ときめてしまった。この収入はどのくらいになりますか、御ひまの時に御勘定を願いたいと思います。この先生達が初鰹を食うといいますけれども、初鰹は二朱、時には一分もしますから、算盤《そろばん》をはじいて見れば容易に口へ入らない。そこで着物を質に置くとか、家財道具を売るとかして、それで食う。明日の金が入るという見込のある時分にはそれも出来た。少なくとも文化文政から天保のはじめあたりまでは、どうせ初鰹といったって一本買うわけじゃありませんから、買って食べたわけであります。

前にも申しました通り、江戸ッ子というものは、江戸では誰も相手にするものがないだけに、田舎者が来ると威しつける。ここだというわけで気前を見せる。気前を見せるには銭が要ります。そこでまず自分の身のまわり、手拭の新しいの、足袋の新しいの、褌《ふんどし》の新しいの、下駄の新しいのという風に気をつける。これは皆あまり高い物じゃありません。褌なんぞはいくら新しくったって知れたものです。足袋も今日の福助足袋のように安いものはないが、そう高いものではない。丁度今日の学校を出た若い人達が、何とか運動をして職にありつくと、急に金縁眼鏡をかけて金時計を下げる、というような心持で、足袋や褌の新しいのを自慢にする。こういう意味に於て、今の学生上りのひょいひょいした人達の様子を見ていると、私には甚だ意味深長に見える。江戸ッ子の種はなか〳〵尽きません。そこへ田舎から出て来た人が、つぎの当った足袋を穿いて番茶色になった褌でも締めていようもんなら堪らない。さんざっぱら悪くいう。殊に京坂となると、向うがいいところだということを知っているだけに、目の敵《かたき》にする風がある。然るに天保の半ば頃になると、だんだん悪口が少なくなって、上方の人のものいいは優しい、というようなことを云い出した。これは銭の実入《みいり》の少なくなったためで、足袋や褌の新しいのが買えなくなったから、そうなったのです。

これが天保の改革の有難味でありまして、江戸ッ子は前のような勢が無くなった。それでもまだ安政の頃までは江戸ッ子の玉子の青二才が途中で夕立に出逢うと、草履でも足袋でも脱ぎすてにしたもので、話といえば女の噂、切見世の評判や稽古所入りを得意にしていたのが、もう慶応になりますと、そうは往かない。雨が降って来ても、草履は腰へ挾んで、足袋はふところへ入れる。脱ぎすてなんぞはしない。前には悪くいった上方者と同じことになってしまった。稽古所入りの話などもしません。年が明けたらどうしようとか、女房はどんなのを貰ったら世帯向がよかろうとかいうことになって、疢火《たんか》も切れなくなった。そういう風になりましたから、だんだん本所深川の方へ屏息してしまって、今度は江戸ッ子とはどんなものか、考えて見なけりゃならんようなことに立ち到りました。

まずざっとこんなことだけかいつまんだところで、江戸ッ子と称するべらんめえの兄ィ達も、その時々の経済事情が生み出してくれた愛敬者《あいきょうもの》であることを、皆さんにお考え願いたいと思います。

(『江戸ばなし7市井の風俗』、昭和三二年)

いわゆる「江戸っ児気質」

斎藤　隆三

町人は已にその多寡こそあれ、何ずれも黄金という実力を握って、世間に於ける実際勢力の中心となった。その位置を得たる所、又概して実際上の生活に於てもおのずからなる向上を見たのであった。さりながら、何といっても町人は武家ほどの修養を経て居らぬ。武家の府に生を得た江戸町人は元来純粋の商業都会である大坂町人などに比しては相当違った所を持って居ったのではあるが、それでも彼等自身の間にも武家ほどの節制はなかった。又節制を社界的に強いられても居なかった。そうした比較的自由な境地に在ったものが、今卒然として富を擁する身となったとすれば、そこにおのずから金のあるがままに、自儘に勝手に、他に顧慮する所なく、在るものを散じて欲するものを求めようとする気分の湧き至るのも寧ろ当然とすべきであろう。換言すれば、此に浪費に傾く要素が与えられたものであるともいわなくてはならない。

特にその有する金とても、一たび上から御用金などという拒むことの出来ない命令の降下するに於ては、その大部分をさえ持って往かれる危険の伴う世の中であった。之を蓄うることが多ければ多いほどに、亦危険も不安も多くあると言わなくてはならなかった。是に於てか町人の富は、それは己れの有ではありながら、必ずしも永久に安全に之を己れの手に保持し得ぬものであるという所に帰着した。それのみならず一朝罷り間違えば、闕所などいう刑罰もあって、理由というほどの理由も示されずに全財産の没収さえされることもある。又こうした人為的な強制的なもの以外に於ても、江戸には江戸名物とまで謳われた火事がある。而して瞬間にして一切のものを挙げて無にすることも彼等の屢々目撃し、又体験した所であった。かくして金は之を溜めたにしても、結局する所、それは自分のものながら、必ずしも自分のものとして保証を得られる代呂物《しろもの》でもないというような事にもなる。特にそれ等の金とても、元来は三つ目錐《きり》一本を手にして火吹竹《ひふきだけ》に孔をあけて歩いても世は渡れるというほどの大江戸を舞台として、何の雑作もなく贏ち得たものである。一朝にして之を失うとしても再び之を得ることはさして難いものではない。難い事もなかろうが、難くないもののように思い得られた所であった。よし富というほどのものは得られぬまでも男一貫手足さえ満足にあらば、その身一つ、或は妻や子の両三人は養うてその日その日を支うる位の事はさして難事とはせない。商と工とを問わず、大なると小なるとを分たず、江戸の町人に概して財産の執着の少ないのは斯うした所から来たのである。「金は天下の廻わり持ち」とは彼等の等しく唱えた所であった。
この気持の発揮したものが遂に清廉を尚ぶ美風ともなり、貪婪を卑しむ潔癖ともなり、更にあるがままに身勝手に愉快を求めて遣い果そうことに心を行る浪費の弊風ともなったのである。

江戸っ児の生れ損ひ金を溜め

これ実に当代の江戸っ児が、当代江戸っ児の象徴である短詩形川柳を仮りて示したる当代江戸っ児の意気であるとせなくてはならない。

銭の遣ひやう大坂知らぬなり
金づくでそるもの江戸にやありやせん

更にこの二句は、金に執着を持つものや又金を有りがたがるものの、江戸っ児の間に在り得ざることをいったもので、

金持《かねもち》を見くびつて行く鰹売り

の句に至っては、即ち江戸っ児の極度に賞美する初鰹を売る魚商の、遂に江戸っ児に在り得ない金持を蔑

視して過ぎ行くことを詠みたるもの、各句皆同巧異曲、所詮金持は江戸っ児になく、江戸っ児は又独り貪婪を排斥するばかりでなく、金持をさえ江戸っ児の体面を害ねるものとして卻くるに急であった一面の消息を描出したものとする。

江戸は将軍家の御膝元である、天下政令の中心である。三百諸侯朝集の府である、日本第一の大都会である。生を此地に享くるものは人生の至幸を得たものでなくてはならぬ。この考が因をなし果をなして、遂に江戸っ児をして極端なる処自慢江戸自慢の気風を馴致せしめた。

何事も広い事を武蔵野のやうだといひならはしたは昔にて、八百八町建てつまり……大湊大芝居大叶大小問物大蕎麦と何でもかでも大の字を冠りて、今は気の大きなることを武蔵野の如しといへり。

（『諸道聴耳世間猿』）

とは即ち江戸っ児が江戸の大を誇負する意気を写せるもの、

江戸に生れ男に生れ初鰹

の句に至っては、即ち如何に江戸っ児が江戸に生れたことを自ら喜んで天に感謝せるやを言明せるもの、称して大江戸八百八町というのも処自慢江戸自慢の揚言なら、「タレダと思ふツガモネー」も亦江戸っ児の自負でなくてはならぬ。江戸一番は即ち天下一番の標幟、箱根から東にコケと化物《ばけもの》は居らぬというも、上方を侮っての江戸自慢、唐土《から》まで響いた役者は外にござらぬという市川團十郎に、常に江戸根生《ねそい》を冠して珍重するのも、亦江戸ならばこその処自慢からの事。

癩病数千人の中に……江戸出生のもの唯一人あり、その余は皆他国の出生……今時乞食等に此病にて臭穢のもの折ふし見れども、江戸産かつてなし、蝮蛇、江戸四里四方といへど六七里の内は絶へて生ぜず、六七里の外には生ずること多し。（『塵塚談』）

癩病でも蝮蛇《まむし》でも、苟も人の嫌やがるほどのものは、江戸に在らぬといい、亦爾かく信ぜる所に一面の江戸っ児の無邪気さも窺われる。

極度に江戸を尊重し誇負する所、延いて極度に田舎ものを卑しめ他国者を蔑視するの風をも馴致した。

出すまじき所で浅黄武士を出し

ぶくづいた小袖で浅黄士手を行き

浅黄というのは当代に田舎者を象徴した言葉、前の句は浅黄紋付の布子《ぬのこ》を着たる田舎武士（必ずしも浅黄ものを着ぬにしても）が吉原の遊廓に登楼して、その不待遇に立腹し、武士を笠に着て威張り出した野暮さを嘲りしもの、後の句は同じく田舎武士が不恰好の小袖を着て、吉原堤を往くその柄《がら》にあらざる所を嘲りたるもの、共に吉原を我等が専有として江戸以外のものを嘲弄した所を窺知し得らるる。

百の女郎も過ぎますと伊勢屋いひ

ひり〳〵からいが伊勢屋の鰹なり

発句にもならぬ鰹を伊勢屋買ひ

伊勢屋は遙に伊勢国から出て来って、江戸に店舗を開き商に従事するもの、開府以来その数極めて多しといわれながら、江戸に在りて堅く国風を持し、堅実勤倹苟も浪費を慎みて切々蓄積に力めて居った。それが常に江戸っ児の嘲りを受けて遂に此くの如き句となって表われるに至ったものとする。

江戸を最大最上の境地と信じ、江戸に生れたことを至幸至福の身と喜び、他国を侮り田舎者を嘲った江戸っ児は、亦この至上至幸の地を極度に擁護し苟も之を傷けざらんことを力むることから、延いて極度に面目を重んじ何事にも人に負くることを嫌うの気質をも助成した。親分と立てられる侠客町奴輩の間に行われる達引《たてひき》から、小なるは市井の熊公八公の大工左官の喧嘩に至るまで、争闘の起る所十の七八は面目損傷或は体面擁護に因を発し、利損のことから起るものの少きに見ても之を知るべく、

産土神の渡り祭礼に斎戒して出づべきに、無慚に妻子を売って衣服をこしらひ祭礼に出づるものあり

（『甲子夜話』）

とあるように、江戸の大祭りといわれる山王や神田の祭礼には身に一銭の有なき市井の誰れ彼れも、晴れの場処に相当する扮装なくして、あたら引けを取る不面目を苦慮しては、何の他愛もなく妻や子を遊里に売って金を得、之を以て緋縮緬の褌《ふんどし》を装うて己れの面目保持を得たるに満足するといった類の事を記したもので、当代に敢えて珍とせない事実であり、妻子たるもの亦その夫の為め親の為め己れの身を犠牲にすることをさして苦にせなかったことを知るべきものである。是等は面目保持を穿き違いたる甚だしいものではあったが、亦江戸ッ児の一面の意気を窺うには充分とすべきであろう。（後略）

（原題「江戸の町人―所謂江戸ッ児気質の保持」、抄録、『江戸のすがた』昭和一一年）

宵越しの金を持たない江戸気質

宮武　外骨

「江戸者の生れそこない金をため」とか「二代目ものろまで金の番をする」とか云って勤倹力行の良民を罵った江戸ッ子気質、宵越しの金を持たぬという事を誇りとして居た。

抑も此江戸ツ子気質たる「其日ぐらし」の根性を馴致するに至ったのは、何に原因するのであろうかを考えて見た。これは要するに江戸の地理が江戸在住の無学な市民に其特性を発揮せしむるに至ったもので、所謂風土心理の一現象であると思う。

地理の影響とは如何、曰く、空ツ風が吹いて大火災を起し易く、地震地帯とて屢々ないふり、大川の洪水、品海の津浪、昨の大厦高楼は今の灰儘、朝の紅顔は夕の土左衛門、人生無常の悲観で、自暴自棄、刹那的快楽主義に陥るのは、無教育者に有勝の共通性、そこで売女に陶酔して家を忘れ、借金を質に置いて初鰹に舌鼓を打ち、お祭り騒ぎのエッチャッエッチャッで、圧制政治を苦ともせず、口に皮肉をいい、通を衒い、侠を装い、忍耐持久の精神なく、他を嘲って自ら得たりとするに至ったものであろう。

そして此特性たる江戸ツ子気質の一部分、即ち神経過敏の習癖が、偶ま文事ある者の奇警性皮肉性と成って、ここに冷笑冷罵的の柳句に化したのであると見てよい。

（『変態知識』大正一三―八）

江戸ッ子の鼻ッ張

三田村鳶魚

武士当たりの悪い江戸

江戸ッ子の鼻ッ張、向う意気が強いのは、何も理屈があるわけではありません。ただその鼻ッ張や向う意気で、むやみに喧嘩《けんか》をする。それがずっと後の世まで持ち越しまして、東京人になってからでも、ものの二三町も往来を歩けば、一つや二つの喧嘩の無いことはない。喧嘩と酔倒れの多いことは、たしかに江戸の名物でありました。喧嘩といったところで、突当ったとか、足を踏んだということからのが多いので、それも大したことをするのでなく、大抵殴り合いぐらいのものである。喧嘩に馬鹿げた元気を見せるようなものの、大怪我をさせるとか、打ち殺すとかいうようなことはほとんどない。もちろん支度をしてかかるわけでもないのですから、大きなことのあろうはずはありません。フランス人は喧嘩をする時に、「クーラージュ、クーラージュ」といってやりますが、江戸ッ子の喧嘩には「クーラージュ」も何もない。が、何かそこのところに似寄ったところがあるような心持ちも致します。その場で引けてはならぬ。卑怯《ひきょう》らしくないように心がける。喧嘩をしないでは勇気が足らぬように、思いもすれば思われもする。行き掛かって喧嘩をしないでは外聞が悪い。見栄にも喧嘩をしなければならないのです。

尤も、大きな喧嘩というものも鳶《とび》の者の方にはありました。誰でも知っているのは芝神明の喧嘩で、相撲取を相手にして大きな喧嘩をしたのですが、それだけではありません、いくつもありました。また火事場で鳶の者同士が喧嘩をする。それが翌日、翌々日に持ち越して、大きな喧嘩があったということは再三再四あります。鳶の者には組々がありまして、自然団体を成しているので、その団体と団体とが喧嘩をするのですから、大きいのもあるし、喧嘩の支度も出来ることになりますが、そういうもののない、全く個人の喧嘩には、大して大きなのはありません。

中ッ腹ですぐ喧嘩腰になってかかる風がありますために、江戸ッ子の鼻ッ張は凄まじいもののようにも思われておりますけれども、実をいうと大したものではない。文久の頃になりますと、例の浪人達―あの人達はお互いに「馬鹿」と一言いう時には刀の欛《つか》へ手をかけていなければならないほど、気が立っていました。そういう浪人達が江戸をあばれて歩く時分には、江戸ッ子はもう何の景気もない。鼻ッ張ということを字に書けば反撥で、それは世にも凄まじいことのように思われますけれども、それだってやはり同じことなので、江戸ッ子なんていうものは、平生家主に頭が上がらない。まして地主となればもう形なしである。その外にまだ出入場なんていう関係になると、さっぱり意気地はない。全く掛け障りのない人間を相手でなければ、啖呵《たんか》を切ることも出来なければ、威張ることも出来ないのです。

江戸ッ子の世界は市街地でありまして、武士とは掛け障りがない。大家さんも地主様も町人です。出入場の旦那も武士ではありませんから、彼等は御託《ごたく》を並べるのに都合のいい相手、立派な見栄《みば》えのある相手としてリャンコに対する。武士はあたかも彼等のためには安全地帯の如きものでもありました。だから「士がこわくっては焼豆腐は食べない」と陰口を聞いたり、「リャンコ」といって馬鹿にするので、面と向えば御武家様、旦那様だけれども、肚の中では馬鹿にしている。時によっては随分口へ出して無体なことを云い、シグサの上でも失礼なことをやらかしましたが、無礼討《ぶれいうち》であるとか、慮外者の処分とかいうことで、武士が斬ることをしない。元禄以来は如何なる理由がありましても、町人などを斬ったりすれば、それが一生の疵《きず》になって出世の邪魔になる。また諸侯の家来で江戸へ出ている者などは、幕府へ憚《はばか》って、江戸で何か事の起らぬことを専一にしていましたから、なるべくそういうことを避けるようにしております。士というものは素刀抜をしない者、斬らない者となっていましたので、安心して馬鹿なことが出来ました。

彼等は何故に士を馬鹿にするか、これは士のすることがギゴチない、野暮ったいというようなことや、勤番士なんぞの国から出て来た者は、なりふりも随分おかしい。その辺から馬鹿にするのかといいますと、それだけではない。大体士というものは、渡舟の渡し銭も払わなければ、橋銭も払わないというくらいで、銭を落さない。一向銭を遣わない、銭に汚い、と思うのです。町人になりますと、湯に入ろうが、床場へ往こうが、何につけ彼につけ、心付だの祝儀だのというような散財をする。これは旦那賃、旦那様といわれるために出す銭でありまして、物を貰うのはただより高いということは、この旦那賃から来ている言葉なのですが、士はそんなことはしない。何だかあたじけない。そのために江戸ッ子どもが馬鹿にするのです。それですから田舎の士などは、江戸へ出たならば市中のつまらぬ者などをなるべく相手にしないように、立腹するようなことがあっても、決して争いを生じてはならぬ、ということが、古くから諸藩の掟に

もなっておりました。これはいろいろ書いたものにもありますが、天明八年に書きました「夢語《ゆめがたり》」に、

今の風俗、江戸にては武士たるものをも軽きものの畏れずして侮る風に成行きし。

とあり、また寛政度に書いたと思われる「近世諸家美談」の中にも、

江戸にて氓と士をおそれては佳居ならぬといふ事有、当世は遠国武士も此古語をよく合点して至極柔らかになりたり。

などと書いてあります。天明、寛政の頃になっては、江戸市民の武士当りが余計悪くなって来たのでしょう。それから以後は更に一層悪くなっておりますが、武士という武士が皆この心得を以て相手になっていますから、何の事件も起っておりません。それがまた江戸ッ子なるものをいい気にさせるわけでもありません。

鼻ッ張の限度

けれども江戸ッ子の鼻ッ張もなかなか侮り難いもののように云う人もある。そういう人が第一の例に挙げるものは「元正間記」の記載です。これは元禄十六年二月、赤穂義士が切腹をした時に、日本橋に掛けてあります御制札、その第一番に、

一　忠孝をはげまし夫婦兄弟諸親類にむつまじく、召仕之者に至る迄憐愍を加うべし、若《もし》不患不孝の者あらば可為重罪事

という文句がある。赤穂浪人は忠義を励ましても切腹させられたんだから、こんな制札は譃だというわけで、この文句に墨を塗った者がある。厳しく詮議をされたけれども、何者の所為であるか、さっぱりわからない。そこで御制札を書き改められると、その晩のうちにまた「忠孝をはげまし」のところに泥をうちつけて消した者がある。これも犯人がわからない。仕方がないので、また新しい御制札を掛けると、今度は夜中にその制札を引外して川の中へ抛《ほお》り込んでしまった。それればかりでない、品川、千住、四谷等の江

戸の入口に掛けられた御制札も、同じように忠孝云々のところだけ、墨や泥を塗りつけてしまう。けれども誰の仕業か更にわからないので、諸役人も持て余して、前の文句を、「親子兄弟むつまじく」云々と書き替えた。それからはもうどこの御制札にも手をつける者がなかった。こういう所行をした者は、ごく下々の者、鳶の者や日傭取のような命知らずの輩が、こういう悪戯《いたずら》をしたのだろう、というのであります。

この記載によると、そういうことをするやつは、政治の批判をしたわけなのですから、江戸っ子の鼻ッ張がそういうところまで持って廻れるとするならば、成程彼等の鼻ッ張も馬鹿に出来ない。けれどもこれは大譃でありまして、日本橋の高札というものは寛永以来時々文言を替えております。この「忠孝をはげまし」云々の文句は、天和二年五月に改められたもので、都合六箇條あるうちの第一條なのです。将軍が替れば御制札の文句も多少改めて掛替えられるのが、例のようになってもおりました。前の文句を、

一　親子兄弟夫婦を始め諸親類にしたしく、下人等に至迄《いたるまで》、是をあわれむべし、主人有輩は各其奉公に精を出すべき事

と訂正されましたのは正徳元年六月のことで、赤穂浪人が切腹してから九年も後のことになります。この時は寛永六年に家宣が新たに六代将軍になりまして、制札の文言を改めたので、家宣は先代綱吉のしたことを殊更にいろいろ改めてもおります。そういうわけでありますから、「元正間記」にある制札の文句は如何にもその通りであり、改めたということも事実なのでありますが、これは赤穂浪人が切腹した後、直ちに前のようなことがあって改められたのではない。つまり「元正間記」の記載の方が間違いなので、江戸ッ子の鼻ッ張は決してそんなところまで往くものではないのであります。

延享二年五月十一日に、お玉ケ池の旗本藤掛式部という人の邸宅へ、市民が四、五百人も集まって来まして、悪口を云うやら、石瓦を投げるやら、表門を打ち壊して、玄関の戸障子まで敲《たた》きこわした。主人の藤掛式部はその時家におりましたから、家来どもに命じて、もし門より内に入って来るようなら斬ってし

まえ、ということでありましたが、中へは入って来ない。併しなかなか長い時間あばれていたので、町奉行へ訴えて二三人の者を捕え、捕えられた者は遠島の処分を受けました。

一体藤掛式部は何で市民の襲撃を受けたかといいますと、この人は御先手頭という役をつとめておった。御先手頭は加役と申しまして、火付盗賊改めというものをつとめる例になっている。今日で申せば憲兵のようなもので、軍人の警察なのでありますが、軍人を取締るのではなくて、火付と泥坊との取締をする役目である。式部は前年の九月廿八日からこの役をつとめて、この年の五月十一日に免職になった。この人は如何にも厳しい人で、過酷に咎め立てをするために、市民も随分困りましたが、幕府の方への首尾も悪うございまして、免職されたのです。そうするとこれを聞いて市民が襲撃して来た。まことに前代未聞の話だといって、江戸では非常に珍しいこととしております。以後もそういうことはありません。幕府の役人に対して市民が乱暴するということは、これまで例が無かったのですから、皆驚いたけれども、これも政治批判などというところから来てはいないので、意地悪く咎められたり、縛られたりしたことに対する腹いせであります。松崎観瀾はこの時にキホヒ組が参加して、暴動の主位に立ったことを指摘し、彼等の不逞を懲らさなければ、乱世に導くことともなると云っております。

市民の降らす瓦礫の雨

それから天明四年四月七日、殿中で佐野善左衛門に斬られた若年寄の田沼山城守の葬式がありまして、神田橋の屋敷から駒込四軒寺町、只今で申すと蓬莱町ですが、彼処の勝林寺まで送る途中で、やはり石瓦が降った。葬列が本郷へかかりかけるところで、厄病神送りをするというわけで、大勢の市民が囃《はや》し立て騒ぎ立てて押掛けた。何か知らんがやたらに騒ぐ。ほとんど通行も出来ないような有様でありましたから、そのうちの数人を捕えて町奉行へ引渡しましたが、勝林寺へ着く頃には、もう梛《ひつぎ》も何も壊れて、えらいものになっておりました。

一方、寺に着くのを待っていましたのが乞食のかたまりで、大勢の乞食が集まっている。いろいろ制して見ても、何分大勢のことで制しきれませんから、家来達が気を利かして銭を遣《や》りましたが、少しの銭では悪口を云ってなかなか承知しない。仕方がないから、乞食と妥協しまして、一人に銭二百と白飯《こわめし》一盆を与える約束で、漸くこの葬儀を済しました。こういうことも江戸には二度とない事件で、この時がはじめてだったのです。これはどうしたわけかというと、田沼さんの政治を批判するというようなことから来ているのではない。それは相手方の佐野善左衛門を「世直し大明神」と云っているのでも知れております。それがこの時米の相場が非常に高うございまして、その最中に田沼父子は米の買占めをやっている。それが江戸中の評判になっておりましたから、その意趣返しをやったものであります。

もう一つは天保十四年閏九月十三日の夕刻です。老中水野越前守忠邦が御役御免になって、西丸下の御役屋敷から三田の中屋敷へ引取ろうとする時、武士体の者もあれば町人体の者もありましたが、それが数百人も集まって来て石瓦を投げる。遂には辻番所を敲きこわすような騒ぎになった。その時の落首に「寒む空に辻番こわすむこうみず」というのがありますが、これも政治批判から来たかどうか。水野さんの改革は随分市民を恐れさせましたし、町奉行の鳥居耀蔵なども水野の手先になって、大分江戸の市民を困らしたから、そういう方から来ております。けれどもこれは藤掛や田沼の時とは違って、この暴行にはよほど不純なものがあるのです。

もう天保になりますと、幕閣の様子も大分変って参りまして、政権を争うことが大分あらわになって参りました。この時水野忠邦の下に筆頭でありましたのが土井大炊頭利位、それから堀田備中守正睦がおり、真田信濃守幸貫がおります。このうち堀田は外交関係で、水野より二、三日前にやめましたが、水野の評判が悪いし、堀田もうまい首尾でないところから、土井はこの両人を排斥して、取って替るような心持ちがありましたので、真田を誘っていろいろな運動をしております。それですから水野の屋敷であばれさしたなんていうことも、この土井の運動を助ける者どもの指金《さしがね》であったかも知れません。どうも一般政治上の事柄から、江戸市民が憤激したの、慷慨したのということは、江戸時代にはありませんで、役人に向ってあばれるというようなことも、その根元は政治ではなくて、米の買占めだとか、或は無理なひどい目に遭ったとか、そういうことが原因をなしているように思われます。

差迫った暴動挑発

それでは政治批判から来ていない方の向う意気はどんなであるかといいますと、これも団体でない方が多いので、団体的の行動はまことに数が少ない。享保十八年二月に本船町の米問屋高間傳兵衛のところへあばれて往った事件がありますが、これは当時の御用商人でありまして、幕府は米価の安いのを調節するために、二十万石の米を買上げた。勘定奉行の細田丹波守の指揮で、江戸への入津米を高間に買わせたので、来る船も来る船も皆高間が買ってしまう。それですから相場はどんどん上って来た。米価の調節の方は調子よく往きかけて来ましたが、それではまた江戸市民の方がおさまらない。この高間へ押掛けたのは、麹町あたりの者の発起だといいますが、一町々々に幟を立てて、山の手、下町、芝、本所、下谷、浅草、江戸中総出というような有様で、高間の家へ押掛けて敲きこわした。この暴動が珍しく団体的に纏《まとま》ってやれたのは、あたかも町々から御救い米を貰いに町奉行所へ出頭した帰りがけを機会にやったからです。そういう機会がなければ団体的暴動はやれません。この時は高間のところ一軒だけでありましたが、これが高間騒動といって後々まで話に残る市民の一揆です。

その次が天明七年五月十九日の朝、大門通の米屋へ一人の大工体の者が米を買いに来て騒ぎの種を蒔きました。それはこの米屋の店先に、十九日の何時《なんどき》から何時まで白米の廉売をする、と書いた紙が貼ってあった。米屋の方では覚えのないことですから、貼札を見つけると直ぐそれを取除けてしまいましたが、買手の方では承知しない。今まで貼ってあったんだから廉売をしろ、と云う。この大工が云い募って喧嘩になりまして、店の者が殴って追返した。ところが夕刻になりますと、五十人ばかりの人数で、今朝ぶたれた男を連れて来まして、是非安い米を売れ、と云う。店の方では云掛り者だというので追払おうとすると、その五十人の者どもが店内に乱入して、亭主を敲き殺し、家財器具をぶちこわして引揚げて往った。これと同時に永代橋際の米屋が一軒、やはり貼札から買いに来て喧嘩になるという同じ順序で敲きこわされました。

それ以後はそういうことなしに、いきなりあばれ込むのですが、廿日の朝に赤坂御門の外の米屋が一軒、南伝馬町三丁目で一軒敲きこわされた。夜になって赤坂から一ツ木、田町、あの辺のところの米屋が七、八軒敲きこわされた。廿一日には伊勢町、小網町、小船町、鎌倉河岸、下谷、浅草、小石川辺の米屋、もう問屋も小売店も構わない、どんどんこわす。米屋ばかりじゃない、酒屋も質屋もこわすという風でしたから、町奉行が与力同心を率いて鎮撫に往きましたが、なかなかしづまらないのみならず、町奉行の同勢に向って悪口する、という勢でありました。

その晩から廿二日の明方にかけては山の手が大分こわされまして、麹町から四谷へ出て淀橋の水車に到る間、市谷の方は田町から牛込揚場通、筑土、伝通院、水道町、御箪笥町、という方面までずっとあばれた。角筈、千住、小塚原方面は廿一日にかけてやられた。廿三、四日になってもまだ騒動はしづまりませんから、市中の商店は皆戸を締めておった。廿五日になって漸く店をあけるようになったけれども、この時の被害は八千軒以上あった按排で、六日間に亘る騒動でありました。押寄せた人数は五千人ほどもあったといいますが、それが廿五組になってあばれ歩いたのです。米の高いことはその後も度々あって、騒動が起りかけては治まり、起りかけては治まり致しまして、途に暴発することはありませんでしたが、団体的にあばれたのは、これらが主なものであるようです。

町人の風を真似る武士

そういうことはとにかく問題があることでもありますし、数もまた少ない。何時も鼻ッ張とか、娑婆ッ気とかいうのよりは、話も大袈裟であり、被害も大きいのでありますが、江戸ッ子の身柄に相応したとでもいいますか、個人的にあばれるやつ、それに就いては文政十二年に書いた「世事見聞録」の中にこういうことがあります。

店借《たながり》の倅どもも、有福な町人が我儘勝手なことをして、自然不行儀になって来た。無理な借金をして親の身上《しんしょう》を潰し、家族や親類にも難儀をかけ、その果ては悪者になって、喧嘩をしかけて人を殴ったり、徒党を組んで人の家をこわしたり、仲直り酒を買わしたりするようになる。これは自分の身上がよくなくって、思うように小遣いも使えないから、自然そういう悪いことをするようになるのである。町人の有福な者が我儘勝手な贅沢をして見せることがなければ、そういうこともないのであるが、お手本が出ているからいけない。殊に祭などがあると、若い者が元気立って、金持の町人のするのに負けない気で張合って、痩せ我慢を出して、手許に構わず祭の衣裳などをこしらえる。飛んでもない程の行装をするのですから、どうしても大金がかかる。親に難儀をかけるのみならず、親類や何かへ押借をしたり、姉妹や女房や娘を女郎に売ったりする。それでもまだ始末がつかないで、祭が済むと直ぐに駈落をしてしまう。それからあとは泥坊をしたり、騙りをしたりして、一生もとのところへ帰って来ることが出来ない者さえある。

そういうことは金持町人が悪い贅沢をして見せる、その景気に浮れて仕出かすので、今日の若い者はよくよく律儀愚鈍で一人前に足らぬ者でなければ、親の傍などにはいない。人並の息子であれば、まだ若いうちから放蕩をはじめて、勘当されるか、自分の方から家出するかして、無宿となり、居候となる。そうして方々から江戸へ集まるあぶれ者と一緒になって、立派な悪党になって悪いことばかりしている。強請《ゆすり》に往くとか、喧嘩に往くとか、人の妻や娘を騙し賺《すか》して物を取ったり、引張り出して女房にしたり、それからまた手切金を取る。そうでなければ売り飛ばしてしまう。悪所、盛り場のようなところへ往って、いろいろ邪魔をして、銭を出さずに済む酒や肴を飲み食いし、その上に売女を慰みものにして、まだ足らないで難題を吹掛けて金を取る、というような悪い風に今はなっている、といって指摘しております。

この本は武家の手に成ったものでありますから、どうも町人憎みの風がある。これは一部の悪少年の模様を書いたもので、大体はもっと罪のないものだったのです。この時分には町人の金持が非常に目立って参りまして、この町人の真似をすることが武士の仕癖にもなる程でありました。江戸に悪少年が出来るのは、金持町人の我儘、贅沢が見本になるのだ、といって指摘しておりますが、武士の風俗を町人に似せているのも同じことでしょう。何故武士が町人の真似をするかといえば、その資力が豊かであること、生活が自由であること、すべて勝手なことが余計に出来るからなのでありまして、武士の方は大名をはじめとして、年々の収入にもきまりがある。従って金を遣うことも思うようにはならない。町人の方は何程というきまりがないので、儲け次第、従ってまた遣い次第であります。

それからまた大名はもちろん幕府というものがあり、大目付などというものがあって、それぞれの取締をする。一般武士としては、頭《かしら》支配というものがある。今の言葉にすれば所属長官でしょう。一定の規律があって、窮屈千万なものである。武士の取締ということについては、幕府は陣中の制度から持って来たやつですから、ぎしりとした締りがある。然るに町人の方にはそういうものがない。どうも町人の方が自由で、そうして資力がある。自然羨しくなるから、これを真似るようにもなるので、それもこの頃では、もう肚の中で思うだけでなく、形の上に現れるほど烈しくなって参りました。それもそのはずで、実際に武士は町人のために利益を搾られているように感じていたのです。大名にしたところが、蔵元というものがある。これがその国で取れるところの米を引取って、金融をつけてくれるわけのもので、また臨時の金についても金主を捜して来る。この方の働きが鈍ければ、諸大名の金方役人はつとまらない。つまり蔵屋敷というものは諸大名の遣繰《やりくり》事務所で、随分苦しい遣繰もしたのであります。

町人憎みの気持

それですから身上のいい大名といわれる人は、一万両借りるのに五百両、貧乏大名といわれる家では、千両借りるのに二百両かかった。これは御馳走をするとか何とかいう振舞の費用で、借出しの費用がどうしてもそのくらいかかる。もちろん利息の外の話です。その上にまだ利息まで取られるのだから、町人に締め上げられるような気がしたのでしょう。貧乏でもない、金持でもない、何方かといえば身上のいい方に数えられた芸州侯などでさえ、暮に押詰ってから金方の役人がいろいろ金策をする。いづれ借出しに大坂へ行くんだけれども、その方の調達がしっかり出来るか出来ないか、それがわからないために、三十日になっても、金方役人の家では松飾をしない。漸く調達の話がまとまり、工夫がついて、夜が明けて家に帰ると、もう元日である。それからはじめて松飾をしたということもあったそうです。大坂町人の「畏りました」という一言を聞かないために、芸州侯の御金役人が、春を迎える支度も出来ない、というほどの有様でありました。

これはほんの一例に過ぎませんが、貧乏な大名でもないのに、そういう状態であった。また旗本衆などになりますと、仕送用人なんていうものがありまして、これが一切家計を引受ける。仕送用人の働きによって、町人と程よく対談して暮し向きを立てる。これはなかなか手腕家でなければ出来ないことで、佐藤病院をこしらえた佐藤泰然のお父さん、今の郷男爵のお父さんなんていう人達は、皆この仕送用人だったのです。もっと低い御家人衆になりますと、質屋の使を出入の町人に頼む、というようなことがあり、もっと下の御家人になれば、内職の取引先まである。内職をしなければ食えないのですから、内職を出してくれるところ、無論町家です、そこで前借をする、というようなこともある。それですから、とても町人に頭が上りません。

山の手や本所辺の屋敷になると、御用聞の逃げる屋敷がよくありました。酒屋も肴屋も何も入らないから、欲しい時には現金を持って買いに往かなければならない。そういうところになると、また自分で出て往って、「何々が欲しい、代は屋敷へ取りに来い」では品物は渡せません。それで売ったら、屋敷へ貰いに往ったところで、決して取れっこない。だから現金買より外に出来ないような有様でありました。たまに騙《だま》し賺《すか》すようにして御用聞から酒を取ったり、または店から借りて帰ったりする。そのくらいのことにしても、よほど御世辞でも使わなければ借りられないので、町人に頭が上らないのですが、貸倒れは随分あっても、まだ町人には相当の利益が挙り、商売が成立って往くのを見ると、どうも町人がうれしくない。憎らしい。そういう心持から、「町人憎み」というものがあって、町人を征伐したいような心持があったことは、随分いろいろなものに出ています。「世事見聞録」はそういう人達から眺めたものでありますから、江戸の若い者の話もよほど選択をして聞かなければならないわけである。併しながら、それでは「世事見聞録」に書いてあることは悉く「町人憎み」から来たものであるかというと、そうでもない。全くの事実もあります。それがどこまで事実であるかということを、詮議しなければなりません。

買被られた鼻ッ張

江戸の人は大体に土地自慢の風が甚だ強うございまして、江戸ほどいいところは日本中にないと思っている。それは土地柄がいいとか、人気がいいとかいうことからではない。その心持は将軍様の御威光というものを笠にきているのでありまして、然もその笠にきていることさえ知らずにおります。「養心談」というものの中に、江戸者は江戸が政治の出所である故に、江戸が日本の根本である、江戸が手本である、定木《じょうぎ》である、江戸でいいといえば日本中でいいといい、江戸で悪いといえば日本中どこへ行っても悪いものだと思う気味がある、どの国へ行っても、その国の風の江戸と違うところを直してやる心になるのが江戸者の風である、江戸者は己れが定木の気になっているから、他から直されることを甚だ嫌う、人の直しを受ける気がないから、仰ぐということがないのである、と書いてあります。これは将軍様の威光を笠にきているので、江戸というところは政治の出所であって、その政令が全国に行われるということから来ている。そうしてそれを江戸の土地柄だと思っているのですが、これは江戸の庶民だけではない、士の中にもそう思っていた者もあったのです。

それですから「稽古談」というものには、こんなことが書いてある。江戸の民というものは、人の云うことを聞くのを厭がるので、智慧が殖えぬわけである、ただ気が強くて、人の云うことをはね付ける、これは御入国の節から、頻りに武風が行われて一寸も引かぬ、ちっとも人に負けぬという風から生じた風と見える、戦争がはじまって、毎日甲冑を着て合戦をする時にはこれでよろしい、腕節が如何にも達者で、剛気なのが勇士であるが、今の世は戦争はなし、こういう人が入用だという世の中ではない、武家のことであるから、武備はなければならぬが、備への外は武風に及ばぬことである、江戸の風は武風であるから、民にもこの武風が移って皆気が強い、民は武備をしなければならぬというものではないが、一統に武風であるから、民が云うことを聞かない、情がこわく、人が右といえば左、左といえば右と云って喧嘩を買うのは、やはり昔の男達《おとこだて》風が残っているのである、男達も戦争当時の風で、今になって見れば、甚だ無体、狼戻なる悪風である、江戸は民までがこの風であるから、諸国へこの風が移って、城下々々の民はとかく江戸風の男達の風になる、政治が右ならば民は左と出る、政治が左ならば民は右と出る、上の威と闘って勝つ気なので、この悪風が諸国へ移ったものである、というのです。

これは著者の海保青陵が江戸の人でありますから、徳川氏を高く買っている。徳川氏が覇業を江戸に開いて、丁度この本を書いた文化文政度まで、二百年近く続いて来たということから、大変江戸者の風儀を高く買っております。江戸者の風儀を高く買うというよりも、徳川氏の御利益《ごりやく》を高く買っているように思われる。江戸の人民が気が強く、向う意気が強いということは、坂東武者の遺風でありまして、徳川氏が入国したから、それだけで鼻ッ張が強い、武士風になったというのではない。早いところで頼朝が鎌倉に覇業を興したのも、尊氏が京都へ攻め上って室町幕府をこしらえたのも、皆坂東武者が全日本を圧倒したので、坂東武者の骨節の御蔭でありますし、北條早雲が上方から関東へ出て来て、関八州を取って上方を威嚇したというのも、また坂東武者の力でありました。

そういう人気でありますから、秀吉の小田原征伐の時に敲き壊されたからといって、それが俄かに全くなくなってしまうということはない。秀吉が関東の城々を攻め破ってしまったので、統帥というものが無く、団結というものがなくなりまして、纏まった権力や資力からは離れてしまいましたが、それはやがて士豪となり、士族となり、泥坊となり、博徒となって残って来た。そのなぐれの端が江戸ッ子である。坂東武者の気を享けた者どもであって、この伝来は決して一朝一夕のものではありません。ただ統帥を得ないし、団結がないから、ひとりでに大きな働きも出来ず、個々の者になって勢力を失ってしまった上に、権力や資力からも離れておりますので、だんだんに伝来の気が薄くなって、度胸のない、腰の弱いものになってしまったのであります。ですから徳川氏の入国で武士の風を江戸に伝えたなんていうことは決して云えない。けれども徳川氏が武士の都をこしらえた、それが無影響だというのではありません。下地があったので、京大坂と違っているのはそこです。大したことは無論出来ませんが、上の威光、即ち政府に対し、また大名旗本その他身分の上な者に対しても、鼻ッ張が強いというわけにも参りません。

併し代々の将軍には御大礼能というものが大概五日ずつありまして、そのうちの一日を町入能というものに充てられます。午前と午後と二分れにして、江戸の名主以下の町役人どもに能を見せるので、御能拝見と称して、江戸中の公吏が出て往った。これは御本丸の大広間の南庭の舞台で、表御能と称したのでありますが、この時正面に御簾を垂れて将軍がおられる。それから下段の方に御三家、御三卿、老中、若年寄というような人達がいる、という風に、一人一役の人がずらりと並んでいる。町奉行などは殊に世話役でありますから、場中の立働きをしなければならなかった。当日は老中以下の人々は皆式服で、堂々としてその座に臨みます。

町から入って来た公吏どもは、脇正面の白洲で見物するのですが、何分大勢のことですから、押重るようになって詰込まれる。これは昔からのきまりで、無礼があっても差許される例でありましたから、町方の者も勝手な事を云ったりしたりする。若年寄が出て来て、楽屋に向って「始めませい」と声をかける。そうすると能が始まるのですが、同時に上段の御簾が上って、将軍のすがたが見える。それをきっかけに「やあ大将、親玉」といった工合に、将軍のことをすらいろいろ掛声をして褒めるのだが、冷かすのだからわからないことを云う。老中、若年寄になりますと、「何の守しっかりしろ」とか、「禿」「白髪頭」とかいう調子で、顔の造作から一挙一動に至るまで、雑多な批評を加える。町奉行に至っては、「間抜、馬鹿」というような罵声さえ浴せられる。そういう悪口を将軍が聞かれて笑い草にされるというようなことでありました。

こんな時には大いに元気を見せるようですが、これは一方で無礼を許されているから、そういうことをやってのけるので、刑罰を以てこれに臨む場合には、それをうち踰えてまで悪口することは出来ない。それですから海保青陵のように「上ノ威ト闘テ勝ツ気ナリ」などというのは甚しい買被りで、そんな意気地はありはしません。ちょいとした負けぬ気だけの話で、徹底した元気があるんぢゃない。この根性を最もよく現しているのが半彫の刺青であります。墨だけ入ったり、手足だけ彫ったり、江戸ッ子なるものの刺青には、すっかり出来上っているものが甚だ少ないので、江戸ッ子の根性はよく刺青の上に現れている、と云いたいところです。これは銭が続かなくって彫りきれてないのもあり、苦痛に堪えないでよしてしまうのもある。

（『江戸ばなし7市井の風俗』、昭和三二年）

江戸っ児無学

赤堀又次郎

「茶人文盲、門徒もの知らず」と古来相場が定っている。之に今一つ江戸っ児無学と云う事を加えたい。無学なくせにエ張りちらしている。盲人蛇におじずと云うが如くに、無学なるが故に二百五十年の永い間エ張って通した。物を知ってはああはエ張れなかったであろうが、末路の失策も一は無学からおこる。

毎朝説教して聞かせて、その果てが物知らずに仕上げられる。一箇の欠け茶碗に万金を費して惜しまない。古書画、古器をふかく愛して、しかも文盲とはよく出来たもの。文化の中心にいてしかも無学。共に感心なもの。各皆エ張る事に於ては同じ有様をなしている。

江戸っ児のエ張る第一としては、その親方が、征夷大将軍右大臣従一位淳和奨両学院の別当源氏の長者というが如き長い肩書をまずほこる。そのほこる肩書が実は何にもならぬもの。葛西の背奈の権兵衛、太郎兵衛、町内の木工左衛門乃至は売笑婦の大夫、義太夫かたりの摂津の大椽などとほとんど同じもので、平沼専蔵の従五位ほどの価値は無い。その手下の勝安房守、遠山左衛門尉。林大学頭もまた同じこと。之を売薬にたとえて云えば、看枚だけで、能書も無く、丸薬も鼻クソも無いに同じき有様。越後女の毒けしにも、越中の反魂にも劣ったつまらぬもの。

そのつまらぬものと云うとは、恐れ多くも東照宮御在世のおり、二条関白殿下と相議して、勅裁を蒙りて天下に頒布あそばされた公家法度の中に、武官の官位は公家当官の外たるべき事と一ケ条が明に規定せられている。文意が明かでないが、武家の金看枚にする官位というものは非公式のものと云う程の意である。

更に之を記録で証明すると、京都の『公卿補任』という職員録に、武家の官位は登録して無い。かの公家法度頒布の時までは登録してある。それで、その前後に甚しい相違のあることがわかっている。

更に之を事実に徴すると、三代将軍御参内などと称えて、大仰《おおぎょう》な行列をしたものであったが、それは御所の御勝手へ這入っただけのもので、御座敷へ通ったのではない。小御所という非公式の建物へ通るだけのもの。たとえば八百屋、酒屋の御用聞が車を引いてきて、御勝手口へ這入ると同じ程度である。

更になお云えば、右大臣と云っても、左大臣と云っても、安房守でも左衛門尉でも、その官職に伴う事務政務は一度も執ったことはない。盲判も押したことはない。葛西の権兵衛、衛門の勤務をしたことがないと同じである。平沼専蔵はあれでも五位だけの礼儀はつとめた。二百五十年の間に、高位高官に列していても御即位の式に一度も参列したものは無い。家康はその式場を物かげから潜にのぞかせていただいた趣が、『御実記』に書いてある。

然るに今の歴史では、公式のものの如くに書いてある。江戸っ児もそれを公式のものの如く間違えていたから、種々な間違がおこる。この間違のもとを知るという事が、江戸の生活研究には最も大切なこととおもわれる。

なおその非公式のものたることを説明すると、売官の一種である。将軍宣下の式場で現ナマの大判幾枚と直に取引せられる。海防費献金で専蔵は従五位を買った。京都では、余程古くから売官が盛に行われていて、濫売したものであった。征夷大将軍も、安房守も、権兵衛、太郎兵衛もつまりはそれである。但し売官と云う単語は決して使用していなかった。事実は盛んに行われていた。

其親方の肩書はじめ、自己の肩書が如何なるわけのものかを知らずして、二百五十年エ張って経たとは、太平の世に枕を高くして夢を見ていたのである。その夢から更に夢をみることにもなっていた。

江戸っ児の親方は、その実力で天下を取った。その肩書は、売薬の看板にも劣るものにすぎぬ。

（原題「江戸児無学」『彗星　江戸生活研究』一―四、大正一五年）

江戸っ児貧乏

赤堀又次郎

江戸っ児と云うものは、如何にも貧乏であった。聞けば聞くほど、読めば読むほど、見れば見るほどその証跡が現われてくる。公家の貧乏はもとより有名である。

夫そこに豆腐の声が聞ゆなり、おきよ出て呼べ行きすぎぬ間に

御屋敷の御台所門からおきよが出て呼んでも、豆腐屋はかけ足で逃げて行った。もし見付かって、御用と仰せ下されると、豆腐を差上げぬわけにはいかぬ。御代をと申上げると追って下げると、恐多くも御詞をかけさせられる。もし年久しく忠勤をぬきんずれば、薩摩守などと受領をもゆるされる。それまで忠義のつとまらぬ商人は、御殿の近くでは、無言で、こっそりとかけぬけたと言い伝えている。

武士は、同じく貧乏でも働きがある。切取り強盗武士の常と憲法が定っていたから、長いやつをぶっこんでかせぎに出た。三百年の長い間、八万騎が勢をそろえて捹《かせ》ぎに出たわけではない。それほどにせずとも、少し賢明なものは博奕打の宿をして、寺銭をあげる。侍屋敷へは、警察権がたやすく及ばぬから、最少の労力で、最多の報酬が得られた故、都合がよい、之が侍の内職であった。但し八万騎の御屋敷が悉く

それになるほどには博奕も盛んでは無かった。

今は日比谷公園にあるツツジ。もとは大久保の御家人の屋敷にあったもの。あれを親木として、その枝を採ってさし木にして、金を儲けていた。

鈴虫をそだてる事。金魚を飼う事。鶯などの小鳥を鳴かせる事。朝顔、菊、桜草、花菖蒲、万両などを植えて銭もうけする事も亦盛んであった。

紙捻《こより》細工からはじまって、根付の彫刻、木版彫り、木版摺り、筆ゆい、筆師の用いる真鍮の櫛の製造、その他千種万様その手に成ったものは挙げきれない。その真鍮の櫛は江戸製がカタクして仕事に宜しかったとその道の人は云う。

館林のさしこ、加納の傘、福井の海栗《うに》ねり、米沢、南部などの織物、各藩共に盛んに御侍が内職をなされたが、その中でも名古屋の細工ものは粗製を以て今なお高名が通っておる。糊付のたんす、糊付けの箱火鉢の如き、世界広しと云えども名古屋のみにて出来し得る。江戸っ児は、はなはだ不器用で、すべてが岩丈に出来ている。京に於ける織物が細かに分業になっている如く、江戸の細工も分業になっていたものの由。

木版摺りなども、尋常のものでは工賃が安い。例の輪印は賃銭が高かった為に、勇み進んで之に精力を尽したものと、御家人のなれの果から聞いた。

江戸出来の官撰愚書。『御実記』、『寛永系図』、『地誌』、『武家名目』、『武家補任』その他が、特に紙数を多くしてある。多くなるようにしてある。之はみな御直参の厄介ものに筆耕料をかせがせんが為を経済的の理由とした故。政治的理由は別にあった。


世の中にかほどおかしなことは無い　アルヘイとりてマツカゼにする

明暦大火に江戸城の天守が焼けて再興に至らなかった。江戸城の土手の上の塀を取払って、跡に松を植えられたのが八代様の時。之も倹約の故。

如何に節約するかとは、工事の度毎におこる問題であった事は、勘定所に勤めていた向山栄五郎、後の黄村先生から親しく承ったことがある。

蔵前の札差の事跡が、江戸っ児貧乏の事実をよくあらわしている。ここには述べきれない。之に似たことは各藩共にある。

かの安政の継嗣問題なども、物を主として冷やかにみると、欲のふかい奥女中はじめが、江戸城を売ったこととみられる。貧乏の豚一には買われなかった。有福の長福丸がとうとう買った。薩摩が大いにほしがって、早くかいにかかって、手づけまで入れて思うにまかせず、最後に武士の奥の手を出したこととみられるが如何か。

金座関係よりみれば、寛政以前から毎年約二万両での食い込み。

和宮東下のおりに、尾張領を御通過になって、尾州家の御取替が約二十万両。これはとうとう踏み倒されてしまったと聞き及んでいる。

最後に江戸では銀券を出した。上方はチャラ金。明治元年は銀券とチャラ金との争い。

江戸っ児を貧乏ならしめた特殊の原因は火事。大名も火事の為に貧乏した。公家は火事が稀であっただけ、ゆたかであった。

御家人の一人、岡本縫殿之助保孝は深く感じて、畢生おかゆを食べて金をのこした。昌平学校の督学にもなったほどの学者で、多く書を蔵していたが実用を主として、虫くい本をもいとわなかった。細字を専ら書いたのは紙の節約の為。その弟子が大木喬任、木村正辞。岩崎弥太郎や重野安繹などもその講釈を聞いた方であろう。

その暮しむきが節約ではあったが、御家人だけに下女下男はいて、それには薬代として、金を若干ずつ、

給金の外に与えたものの由。流石に行とどいている。保孝をして感憤せしめた句に曰く、

　大晦日の病は常の不養生

その岡本の屋敷の跡が、今の壱岐殿の南側の小学校の地。この句のことは、その自筆の随筆の中に見えている。

　貧乏の将軍様の御台所、一日に千両。魚河岸のあきなひも日に千両。

（原題「江戸児貧乏」『彗星　江戸生活研究』一―五、大正一五年）

江戸の町人

岡本　綺堂

即ち江戸っ児というものは、諸国の移住者によって一種の気風を作られ、それがだんだん純化されたもので、一々元を洗いただすと真の江戸っ児というものはほとんど一人もいないだろうと思います。

徳川家康の入府以前には、江戸の城下も、ろくに人家というものもなく、ただ野水、荻洲の間を縫って僅かに漁家、農家が点在していたに過ぎなかったのです。当時の村の名には、平川村（竹平町付近）、霞ケ関付近に桜田村、本芝付近に柴村、三田に三田村、大手町付近に神田郷芝崎村、小石川に小石川村、湯島本郷に湯島本郷村、下谷に下谷村などが見えますが、いずれも芦や萱原《かやはら》の中にある淋しい村なので、ほとんど人家という人家もないくらいに荒寥たるものであったそうです。

それが天正一八年八月昨日、徳川家康の入府と共に、市街の開拓に着手し、諸国の商人を勧誘して、江戸に移住せしめたので、蘆荻《ろてき》いたずらに秋ふかく、そぞろに行人をして、江上の都鳥に哀れを催さしめた隅田川の畔も、漸次に繁華な都会となり、享保年間には、人返し（帰農）の令を出して、市街の拡大を制限するまでに発達したのです。

　移住者の最も多い地方は、伊勢、三河、近江、京都、堺などですが、各自に自分の生国を屋号として店前の暖簾《のれん》に「伊勢屋」の三字を染め出したものが、ほとんど全市の半分以上もあったということで、「伊勢屋、稲荷に犬の糞《くそ》」という諺までできたのです。伊勢屋に次いで多いのが、近江屋、三河屋などでした。

　このように江戸へ諸国の町人が集まって来た理由というのは、単に移住を勧誘し、移住者を優待したというだけではありません。江戸の商売は非常に利益が多かったのです。由来、徳川家康が天下を取ったのは、一つには金の力ですが、江戸の金、即ち徳川で鋳造の金は非常に性目《しょうめ》〔編者註／正味と同じ。入れ物を除いたほんとうの中身〕がよく、同じ一両の小判でも、他では一両一分くらいに通用するので、ただその金を他国へ持って行って両替しても儲かったということです。そこで利害の打算に敏なる上方者は、蟻の甘きにつくように、江戸に蝟集《いしゅう》したものですが、初めはまったく一時的のつもりで、少しも土着の意志などはなかったらしいのです。それが知らず知らずの間に土着して、江戸っ児というある気風をつくるようになったのです。今でこそ、上方贅六《かみかたぜいろく》などといって、上方者を嘲罵していますが、それを悪くいう江戸っ児の祖先という者の多くは上方出身であったのです。上方贅六でも、近江商人でも、伊勢者でも、江戸に三代続いておれば、立派に江戸っ児の資格ができたのです。

　江戸の町人が諸国の寄合であるということは、江戸の町名を見れば直ちに判ります。居住者の生国を町名としたものには、長崎町、小田原町、室町、伊勢町、堺町、浪華町、大阪町、駿河町などがあります。駿河町は真正面に富士が見えるのでかく名付けたと、言い伝えられていますが、実は駿河の者によって開かれた町なのです。

方角による町名には、麻布善福寺の西にある西町、浅草三社の西にある西町などで、職業による町名には、桶町、大工町、鍛冶町、畳町、紺屋町、大鋸町、具足町、弓町、鞘町、木挽町などの類です。

商品による町名には、炭町、塩町、油町、箪笥町、肴町、竹町、石町、材木町などで、役名によるものには、納戸町、払方町、大番町、徒町、鷹匠町、隼町、二十騎町、同心町、代官町というようなものがあります。

名主名による町名には、宗十郎町、五郎兵衛町、源助町の類いがあります。地形によるものには、浜町、田町、谷町、坂町など。所在の樹木の名によるものには、柳町、榎町などがあります。土地の開拓者、または居住の大小名、旗本、著名人士の姓氏によるものには、飯田町、佐柄木町、右京町、左門町、内藤町、安針町などがあり、社寺の称によるものは、天神町、八幡町、聖天町、西応寺町などがあり、旧地名を用いたものには、平川町、日比谷町、三田町などがあります。

〔後　略〕

（原題「甲字楼茶話　江戸の町人」、抄録、『木太刀』一五巻一一号、大正六年）

江戸の詞

赤堀又次郎

江戸と云う大都会が現われ、巨万の人が四方から集まる。そこに一種の江戸詞《ことば》と云うものが出来た。四方の人が集まったのであるから、詞の系統も亦四方から集まったものではあるが、その中の有力なものは、何と云っても三河武士。三河詞が即ち初期の江戸詞の根幹をなしていたことと推察せられる。ちょうど今の海軍における薩摩詞の如きものであったろう。

夫が次第に陶冶せられ、洗練せられて変化し、転訛し、乃至新しい語も出来てきた事は、一般の例から推測せられる。之が江戸生活研究の重要な部分を占めることとおもわれる。

家康公の御詞

その三河武士の中心、江戸における最上の位置に居らせられた家康公は、御自身の事を何と仰せられたか。このことはどうも慥《たしか》にわからぬ。もっとも相手により場合によりて御詞を使いわけられたことと察せられる。

ワシという代名詞が今の三河には広く行われている。ワシ、ワシラなどと仰せられたかどうか。「征夷大将軍右大臣淳和奨学両院の別当、源氏の長者従二位」とか何とか云うが如き資格を以て参内あらせられ、或は関白に応対の節にワシガ、ワシラハでは、東夷の舌だみてとあざけられて、刀の手前も捨ておきがたき次第。故にさる場合には堂上詞でマロがと仰せられたであろうか。

江戸へ帰り、駿府に居て、打ちくつろぎて、天ぷらでも召上るときには、恐らくオイラと仰せられたのでもあろうか。之は江戸っ児の御説を承りたい。はなはだ恐縮の次第ながら。

オイラ、オイラン

オイラと云う詞が、近世の御直参の中では、頗る権威のあった自称の代名詞の由に聞くが、権威の程度の感じは田舎者のあわれさには、とんと未だ呑みこみ得ないは残念。これは男の用いたもの。女は何と云ったか。

オイランという吉原詞については種々な説があるが、小山田与清は、之をオイラにンを添えたものと書いている。その「ン」は吉原詞特有のン。アリンセンなどのンと同じ例であると。この小山田氏の著書の中の記事は、余が記憶には存しているが、原本は東大で焼けた。複本の有無を知らぬ。

イとエ

我儘にして自らほこる事高きは、江戸っ児の特色の一であって、乍憚《はばかりながら》如何にも無学文盲なものとも奉恐察っているが、その江戸詞というものを聞くと転訛が多い。転訛が即ち江戸詞をなす所以。しかも上方ものは、之を東夷の特色とみさげる点になっていた。その一には、イとエとのなまりが、著しく耳だつ。

ハイル　ハエル　這入
カイル　ケエル　帰
マイル　メエル　参
イエバ　イイバ　云
エ　ナ　イ　ナ　胞衣
イバル　エバル　威張

この東《あずま》なまりのイの字を七字円形に組みあわせて胞衣会社とやらの商標にしてあるは、証拠としてその確実なもの。江戸っ児がエばる度にそれを実は心ひそかにおかしくおもう。「コイぞつもりて大家よろこぶ」もこの一例。

シュとシ

シュの音が江戸には欠けていて、シとなっている。出役をシツヤクと云う。この事は、字音の研究者が古く云っている。

ヒとシ

オヒドリと鴛鴦の事を江戸っ児は云う。之はオシドリの転訛。このヒシのなまりもなお他にあろうが、今其例をおもい出さぬ。
尤も訛りの多いは、下等社会で、上流は必しもそうではない。将軍様はやはりオシドリ、マイルなどとイバって仰せられたのであろう。

出頭

出ると云う意味に、今御役所では出頭という詞を用いるが、之は江戸詞とおもう者もあるがそうでは無い。長州詞という人があるが、未詳。

（『彗星　江戸生活研究』一―三、大正一五年）

軽口・洒落・落語

綿谷　雪

秀句が、文学上の作物から抜け出して所謂民衆の口の端に実に容易に上るようになったのは、既に述べたように、『醒睡笑』の表われた元和以前からであったろう。尤も当時に於ては、後世江戸の民衆が言ごとに駄洒落に駄洒落を重ねて洒落のめしたのとは幾分その性質を異にしていたかも知れない。さりながら民衆は不学であったと云え、とまれ泰平の生活がもたらす雰囲気と閑暇が、人間の気分を面白く可笑しく浮き立たせた。そこに日本人特有のユーモラスな天性が結び付いたのである。俳諧が普及したのも勿論かかる環境の賜であった。同時に俳諧の普及はさらに民衆に知識を吹き込む動脈となったもので、後来の前句・川柳狂句・語呂万句等、変態韻文の普及に対する大いなる背景を為していることは争われない。

世に軽口といい洒落というもの（例えば近松の『心中天の網島』に「あはうの癖にかるくちだて……」、『娥歌留多』に「女中なかまは仮りそめの、しゃれも男の噂なり」云々）、その意義の一半は、この秀句を包含しているのである。即ち古来知識階級のみに亨有せられていた秀句の世界が、徳川泰平の時代には民衆の世界にまで拡張さるるに至ったことは否めない事実であった。当時の小咄の大半もまた、この軽口であり洒落であった。大体、小咄・軽口の下《さ》げには、考え落ちと秀句落ちの二種類があるのであるが、後世駄洒落気分の増加は、追々秀句落ちをして考え落ちを撃退せしむるの勢に至らしめた。落語の下《さ》げに付ても同様のことが言い得られる。山崎美成曰く、「抑々この落ばなしといふものの起源をおもふに、昔の秀句など、その初めなりけむ（金杉日記）」。

こうした歴史的過程の後にこそ、実に秀句の勢いは、どうしてもここに一つの遊戯として独立するの徹底味をさえ見せるに至るのである。

（『言語遊戯考』抄録、昭和二年）

江戸っ子の駄洒落

宮武　外骨

十返舎一九の『東海道中膝栗毛』や式亭三馬の『浮世風呂』などが世俗に囃され、又川柳が狂句に化して時好に投じ得たるが如き事が因を成したものか、文化後の江戸では駄洒落が大流行であった。

恐れ入谷の鬼子母神　　そうで有馬の水天宮

どうした門だ広徳寺の門だ　　片足や本郷へ行くわいな
その手は桑名の焼蛤　　そうか越ケ谷千住の先
北がなければ日本三角　　蟻が鯛なら芋虫は鯨
何か用か九日十日　　そこもあれば蓋もある
お寺の引越で墓が行かない　　七月の鎗で盆やり
北国の雷できたなり　　唐人の尻でからけつ

など云う数百の駄洒落語は、皆この江戸末期の産物である。尚考え落ちの笑話が地口落ちに変り、正調の狂歌が語呂合せに化したのもまたこの時代の堕落を語るものであろう。

（『奇態流行史』抄録、大正二年）

3

花見は一大イベント

花見は平安時代から貴族の間で行われていましたが、豊臣秀吉の吉野、醍醐の花見は有名。江戸時代はまず大名が楽しみ、そして次第に庶民に広がっていきました。

上野は桜の種類も多く長い期間花見を楽しめましたが、王子の飛鳥山、品川御殿山、隅田川堤などの桜の名所にも人々は集まり、酒を飲んで踊り楽しみました。また、郊外の小金井堤まで足を運ぶ風流人も少なくなかったようです。

江戸のお花見

三田村鳶魚

正保四年の三月といえば、今日からは三百年ほど前のこと、家光将軍は久世大和守を召して、きょうは十五日であるから、隅田川梅若の大念仏、並びに浅茅ヶ原妙喜尼の縁日で、昨夜から参籠するものも多いよしである、よってその賑わしい様子を見てまいれ、しかし大勢でまいって見分すれば、折角に諸人花見の妨げになろうから、小人数にてひそかに見てまいるように、と命ぜられました。

命を受けまして久世大和守は、辰の口から小舟に乗り、御蔵前から陸へ上り、それから木母寺へ行ってみますと、堂の前に群集しておりますのみか、大船小船が、水面の見えないほどに浮かんでおり、その船は笛・太鼓で拍子を取っているのもあり、琴・三味線・尺八で小歌を唄っているのもあり、男女打交りで踊っているのもあり、なかなかの景気であるのを、大和守は暫時見物いたしまして、橋場を渡って総泉寺へまいりました。ここでは花毛氈《もうせん》を敷き並べ、その上での酒宴、唄いつ、舞いつ、その賑わしいことは夥しい。

なお金竜山の聖天、浅草寺境内をも巡見いたすと、これまた参詣人が充ち満ちて、江戸の春を楽しむ花見気分が、この一帯の地域に横溢しております。大和守は駒形から乗船いたし、辰の口へ揚り、早速登城復命いたし、見聞の次第を一々言上に及びました。その時家光将軍は上機嫌で、大和守に対して、その方も定めし羨ましかったであろう、所々の繁昌、庶民の遊山活計するは、政道に苦しみ悩みては、さようにあるべきでない、正しく太平を楽しむからであろう、といわれました。

春の隅田川堤(『江戸名所図会』)

人生れて春に逢うは幾度ぞ、年ごとに春は来るにしても、風雨に妨げられ、あるいは人事に障《さ》えられて、花見に出られることは何程であろうか。幕府は庶民のために、江戸の春を楽しませ、花見に浮かれさせることを、殊に心掛けました。その心掛けは、早く家光将軍の口を籍《か》りて発露しております。

江戸は上方よりも行楽の地に乏しく、自然の娯《たの》しみが少ない。花見のごときも寺社境内だけであったのを、吉宗将軍は不足に思われ、中野の桃園と飛鳥山とを増設いたしました。享保二十年三月十九日、閣老酒井讃岐守は、御目付小出助四郎に命じました。

中野辺花盛り、見物も群集いたすことと思われる、そこには限らず、花見の場所へはあばれ者どもが出て、一般の妨げになるやにも聞き及ぶ、勿論与力・同心を差し回し、追い散らし、召し捕り、それぞれの処置をいたす、しかし取締役人が巡回いたして、花見が窮屈になり、市民が花見に出かねるようにも相成ろう、それにては筋合が違おう、取締りは乱暴者を制すのであって、決して花見の者を監視するはずではない、心安く楽しく花を見せたいのであるから、心得違いのないように、吏民に呑み込ませよ、その上に御側衆有馬兵庫頭をもって、花見の場所を見回る与力・同心とも、花見の者に遠慮させるようでは相成らぬ、それでは将軍の存意と違う、くれぐれも吏民双方に将軍の旨意を通徹させるように計らえ、と達しました。

いかにも家光将軍は役人を派遣するのを憚って、側近の家来、与力や同心などとは比較にならない身分の高い久世大和守を出して、庶民の花見状況を視察させるのにも、まことにコッソリとやらせた心持、その心持は家光将軍だけでない。代々に継承されまして、わけても吉宗将軍のごときは、それを充実するのに勉められました。正保と享保とでは百年近い距たりがあって、江戸も拡大し、人口も増加しておりますから、従って事故も多く、花見の場所を警察力から切り放すわけにはまいりません。

江戸の警察力は、寛文・天和と政治改革の度ごとに強くなり、まして享保度には随分発達しております。その従前よりも警察力を発揮したことが目立ち、吉宗将軍は警察好きなお方らしくも思われております。その吉宗将軍が、花見の取締りについては、お得意の警察力を念入りに抑圧されましたところに、民政についての幕府の伝統が窺われます。

吉宗将軍は警察力を抑圧しただけではお気が済まなかったと見えて、柳営に給仕する御坊主等に、飛鳥山の花盛りの頃になりますと、今日は天気がよいぞ、花見にまいれ、といわれることは、年ごとにきまったようでありました。その時にはいつも、御自身にかれこれと世話を焼かれる、種々の佳肴を沢山の重箱に詰め、御酒も樽のまま下され、御鳥見という狩猟方の者が、きっと同行いたしました。

酒肴を持って御坊主と御鳥見が飛鳥山へ行き、花の下のよい場所を見立て薄縁を広く敷き、美事な毛氈でその上に席を設け、持参の酒肴を開きまして、誰彼なしに花見の人を呼び込んで、飲ませ喰わせるのですが、見知らぬ人の間に酒杯のやり取りをする、花見の時の交際ぶりは珍しくもないことですから、呼ばれて入って来るものはいくらもあるが、来た者が皆びっくりいたしますのは、杯をはじめとして、器物がことごとく御紋付きであることです。いずれも高蒔絵の葵の紋、これは江戸時代には容易ならない。折角来るには来たものの、一体何のことだかわけがわからない、御馳走してくれる人の正体も知れない、変な掛合いでもつけられたらと、後日の迷惑を取り越して、尻込みする者のあったのも最初のことで、それが年々続くままに、慣れては気にする者もなく、平気で御紋付の盃で飲み、御紋付の重箱から喰うようになりました。しかしそれが吉宗将軍の御思召で、市民を喜ばせるために、わざわざ出張しているのだと心付いたものはなかった。

この話は吉宗将軍の時に、しばしば御仰せによって飛鳥山へ出張りました御坊主で、後には御同朋に進みました高瀬友阿弥が、老後に何よりの思い出として、語り伝えました。

江戸の花見は、だんだん末広がりに、市民の下層へ拡大してまいるとともに、団体的になりましたから、一本桜の観賞が衰えて、並木の桜へ移ってまいりま

飛鳥山の花見(『絵本吾妻抉』)☆

す。この傾向は宝暦の頃から目立ってみえました。明和・安永のところで、素人芝居・茶番が盛んに行われ、一杯機嫌の芸づくし、唄うの踊るのというだけでは承知せず、花見団体は繰り出す前に、それぞれ趣向をつけるようになりました。花見といえば、すぐに御趣向はいかがです、と尋ねるふうになり、持出し茶番といって、行った先で茶番をする。そうなりますと、茶番を巧らむほどでないものも、何か洒落ずには花見に出られないようになり、いろいろな仮装の思い付きをいたします。

だが幕府は代々の将軍の心持を受けて、時々の閣老以下も、花見の取締りにはすこぶる甘い、乱暴でない限り、といううちに喧嘩などは見過しもする、悪酔いをした者が随分他人を困らせるようなことがあっても、棄てておくといったふうで、つとめて警察力を花見地域に加えないようにいたしましたので、相応に間違いも出来ました。畢竟花見には気伸しをさせたいというところから、不取締りにもなりました。

けれども上野などは、山同心が厳しく制しまして、唄うのはよいが三味線はならなかった、暮六ツを限りに、山内から花見の者を追い出してしまいました。それ故に上野の花見は静かであったそうですが、花見の群は、そこよりも面倒のない方面、飛鳥山・道灌山・向島といったところへ向います。小金井は六里の行程、早く出て遅く帰る。一泊する者も少なくない。ここは享和以来の繁昌ではあるが、江戸時代にはあまりに人出がなかった。

花見は趣向を立てて出掛けるので、見るより見せることになっている。従って人出の少ないところでは、苦労して立てた趣向も栄えません。これが雑沓の上に雑沓、群集の上に群集するわけであります。江戸では夜桜の観賞はほとんどなかった。静かに花を見て楽しむことを知らないようでした。その時代の言葉で申すと、ワイワイ講中、今の言葉の大衆、騒がしくない興味を請け取れない人達なのですから、そういう人達の心持のままに、楽しませたいと幕府は考えていたのです。

しかるに江戸が珍しい勤番ざむらい等は、たまたま主侯の参勤交代のお供で出て来て、大都会の春に出会い、浮かれたつ市民の花見に田舎武士もおもしろくなり、花見酒に酔っては、スッパ抜きなどをやるのがありました。土地に慣れた藩邸居つきの定府の侍でも、酔っては前後を忘却しないともいえず、まして市民の酔狂したのが、どんな無礼を働いて、帯刀の手前しかたなく慮外討に成り行かぬとも限らぬ。それは幕府の意旨に対して相済まない、諸大名は藩士について、これが何より心配であった。

江戸の町奉行にしても、士民の悶着は実に困る。花見時などは取締りが緩めてある上に、士民の間の出来事は、何とも始末のなるものでない。そこで幕府の家来はもちろん、諸藩士も、主侯の心配の種子《たね》なのを知っておりますから、市民との交渉が起こらないようにと心掛ける。江戸に慣れるほど、そこを逃げるようになります。武士に引け目が多くなるのはここです。江戸の者どもは、二本ざしが恐ければ田楽は喰えぬとか、武士と虱に困るようでは江戸に住めないという調子で、変に気が強くもなっておりました。

寛政の頃と聞いておりますが、西国筋の大諸侯が家来の粗暴なのを心配しておられました。殿様は花見時分になりましたので、いよいよ御苦労が甚しくなりました。そこで藩の外聞にも相成るから、粗末な服装で花見に出ることは罷りならぬ、見事な着類、立派な帯刀をしたものに限って出ろ、と達しました。これで格別の支度のない者は花見に出られないことになり、盛粧美服の者だけが花見に出ました。

その藩中の武士が隅田堤へ差し掛りますと、酔払った町人体の男が、川面に向って放尿しておりましたが、何と思ってか、来掛かる武士の方へ向き直って放尿を続ける。武士はチョッと避けようとすると、酔漢はフラフラと避ける方へ寄って来る。仕方がないから押し除けて通ろうとすると、足も腰もフラフラしている酔漢のことですから、武士の足下に倒れましたが、倒れながらシタタカに反吐《へど》を半身に浴せかけました。よんどころなく武士は傍らの茶店へ入り、ようやく反吐の始末をして出てまいりますと、酔漢は倒れたまま、まだ立ち去らずにおりました。出て来る武士を仰ぎ見て、生酔い本性たがえずと申す通り、遺恨に思っていたらしく、これ武士、武士だからといって、天下の往来を通る者を、たとえ町人にもせよ、突き倒すという法があるか、と搦《から》んでくる。それから悪口雑言を極めます。

武士は相手になっても詮がないと、無言でそこを出抜けようといたしました。酔漢は武士の癖にこれだけ町人に物をいわせて、逃げるつもりなのか、卑怯者の行き止りとは貴様のことだ、といいながら、追いかけてまいります。酔漢の大声に言い罵りますのを聞いて、花見の者どもがだんだん集まってもまいります。酔漢は図に乗って猛り立ちまして、聞くに堪えない暴言を放ち、あくまで侮辱いたし、その上に立ち揚がって、武士の首筋へ手を掛み、片手では顔を撫ぜます。さすがに辛抱しておりました武士も、ここで面色が替り、もうこれまでと覚悟した様子で、帯刀の柄へ手を掛けました。取り巻いて見物しておりました者どももハッといたした機会に、武士は両袖で双刀を抱えるようにして、一目散に逃げ出しました。今度は酔漢はそっちのけで、大勢が口々にナマクラ武士、卑怯者と言い囃してついて来る。両国橋を渡る時に、ようやく往来の人に紛れて、からくも藩邸へ逃げ帰った。

さあその翌日、酔漢に罵られて逃げた武士の噂は、江戸中に拡まりました。藩邸でも共吟味で、さような不体裁な者があっては、本藩の恥辱だというので、なかなか喧しい騒ぎになり、昨日花見に出たのは誰だ、彼だと穿鑿《せんさく》が強い。ついにその当人が知れましたので、早速重役から、何故に無断無恥の所為をなしたか、と尋ねになり、当人はいかにも忍び難く、柄に手を掛けましたが、この刀は重代の品、銘こそなけれ正宗と申し伝えて、身分に過ぎたものと心得おりまする、唯今この詮もなき酔いしれました町人を斬りましても、研ぎに掛けなければ相成りません、いかにもそれが惜しくなりましたので、刀を抱えて逃げましたに相違ございません、と申し立てました。重役は、いかにもそこもとの家には正宗を持ち伝えたよしで、他藩の者さえも承知している名刀の主、御身としてはその宝刀をいたわって、研ぎに掛けるのを惜しむのも理由のないことではない、それを卑怯の沙汰にするのは心のないことだとあって、それまでの話になりましたが、右の次第を重役から一応主侯へ申し上げて置かなければ、世間の噂にもなったことであるからというので、君公へ言上に及びますと、殿様は、さればこそ盛粧美服を限って花見を許したのである、もし彼が伝家の宝刀を帯していなかったなら、主家の迷惑を思い出す暇もなく、当座の憤怒に駆られ、一分の面目に屈託して、用もない町人を無礼討ちにしたであろう、正宗は真に名刀である、と大変に御賞美なされたという。

江戸市民の花見は、かくまでに二重三重に擁護されておりました。

（『江戸の風俗』、昭和一六年）

上野の花見

今泉　雄作

上野の山で花見の出来るのは、三月、四月の二月だけです。三味線や踊りは止められていました。それに時々宮様が、飴色網代のお駕籠で御成りになるので、「下に下に」で皆んな土下座しました。ここの花見で面白いのは山同心です。山同心というのは、東叡山を守る、今でいうと巡査みたいなものです。そして幾らか扶持を貰って生活しているのですが、それが花見の時に茶屋を出して、薄縁《うすべり》を貸しておりました。またここでは、茶は絶対に禁じられていて、湯の中に香煎〔編者註／麦や米の焦がしに紫蘇、山椒の実などの粉末を混ぜ、湯を注ぎ茶の代わりに飲んだ〕を入れて出すのです。私は親の心やすい寺から、茶を貰いました。さて「ここへ蓙《ござ》を下さい」というと、その山同心がすぐ持って来ます。面白いことには、酒は山では売りませんが、花見だからやはり瓢《ひさご》等へ入れ持って来ているので、酒に酔って喧嘩が起ると、山同心は、竈の薪箱に大小を入れておいて、それを出して自分の職務の山同心をしたのです。

その時分は、花見の場所は、袴腰から入って、山王山、摺鉢山の辺りで、奥の方でなく、すぐ口もとだけだったのです。

今の美術学校の近くの二つ杉（今は跡だけ）のある所は、真暗な森で、奥寺と称えて気味悪がっていました。天狗が日光の二荒山から来て、毎晩二つ杉で休んでいると云って、恐れていました。剣術家の私の叔父が「天狗とは珍しい。是非逢っておかねばならぬ」と云って、二つ杉にのぼりましたが、下りて来た時に、私が「天狗は居ましたか」と聞きましたら「いや、天狗は留守で居なかった」と申しました。

私の家は八丁堀でしたが、筋違《すじかい》見附（万世橋の所）に来てみると、上野の森は真黒に見えていました。上野は七堂伽藍だけで、五重塔は建ってないと云っていました。ほんとうに、江戸の人は、森の中に隠れていて見えなかったので、五重の塔のあるのは知りませんでした。今東照宮の脇にあるあの塔です

上野の花見（『江戸大じまん』）

が、東照宮のお祭りにも、四月十七日と九月十七日に、参詣を許すだけであって、塔のある所も構いの中であって、外から見えなかったのでした。山王台辺りで、子供の時分、遊んでいると、七ツ（午後四時）になると、太鼓を打って方々の堂をしめました。

今の清水堂の少し先に、吉祥閣という宮様公猷法親王の額のかかっている山門がありました。山門を入って正面に、橋が架かって居りまして、その橋の左右に、法華堂、常行堂という俗に二ツ堂という堂がありました。吉祥閣から先へ行って、小松宮の銅像のある所に、土井大炊頭の建立した鐘楼がありました。その鐘楼の欄干の四隅の柱に左甚五郎の彫った大龍が一つずつ付けてありました。その中の一つに、確か向って左のとっつきの角の柱だったと思います、鎹《かすがい》が打ってありました。それは龍が不忍池へ、毎夜水を飲みに行くから、そうしたのだという伝説がありましたが、なに、あれはこわれたから鎹でとめていたのでしょう。三代将軍は、派手なことが好きでしたから、中堂なども随分立派な、大きなものでした。柱に子供が隠れると、向うからは見えないくらい太いものでして、私達は、立派な廻廊を駆けて歩いたものでした。そして、そこにはやはり、相当に大きい金塗金の燈籠が、九十六だったと思いますが、つるしてありました。中堂の跡は今の美術館の前の広場です。

勅額倉というのが、やはり美術館のある森の中にありました。今寛永寺の本堂にかけてある、あの勅額を蔵っておく倉でしたが、昔は焼けてはもったいないとて、真物はその倉の中へ蔵っておいて、模造をかけておいたのですが、上野の彰義隊の戦の時模造が焼けて真物がたすかったので、今は真物がかけてあるのです。〔後　略〕

（『江戸時代文化』一—二、抄録、昭和二年）

飛鳥山の花見

三田村鳶魚

郊外の花見

花見にしても呑んで喰って弾いて踊るだけでなく、相応な趣向を立て段取りを付ける。仮装にしても茶番趣味が付いて回る。嵐雪に「手習の師を車座や花の児《ちご》」という句はあっても、お揃いで手習い子供が出掛けるようになったのは寛政からのこと、吉原町の女群や音曲の師匠が弟子を綺麗事で連れ出したのは化政度からである。

花見が咲き誇った桜のほかに、粧飾された女の美しさを添えても、まだまだ茶番趣味が発揮されなければ、賑しさもおもしろさも少い。江戸の花見は幕府の運命とは正反対であった。江戸の桜では上野の花が早く知られている。そうして一番盛観でもあったが、寛永寺には宮様がお出でになるので、境内では三味線が禁ぜられ、山同心《やまどうしん》が巡回してもいた。夕暮には人を払いもしたから、花見小袖をさえ拵えて一年一度の行楽に集う市民も、実は多数の窮屈を感じなければならない。吉宗将軍が飛鳥山へ桜を植え、中野の桃園を拵えられた用意は、郊外で心置きなく市民を楽しませたところにある。殊に飛鳥山は元文三年三月に御用地になり、桜樹を植え込んですぐに金輪寺へ付与され、山の下へ水茶屋五十四箇所、楊弓場三箇所、音無川の土手へ水茶屋九箇所が許された。

上野・浅草の桜と共に、飛鳥山も新しく市民遊観のために設備され、それと同様に寺院に付属したことも注意される。飛鳥山は江戸での公園なのだが、それを何故に寺院に付属したろう。神社仏閣の壮麗な建

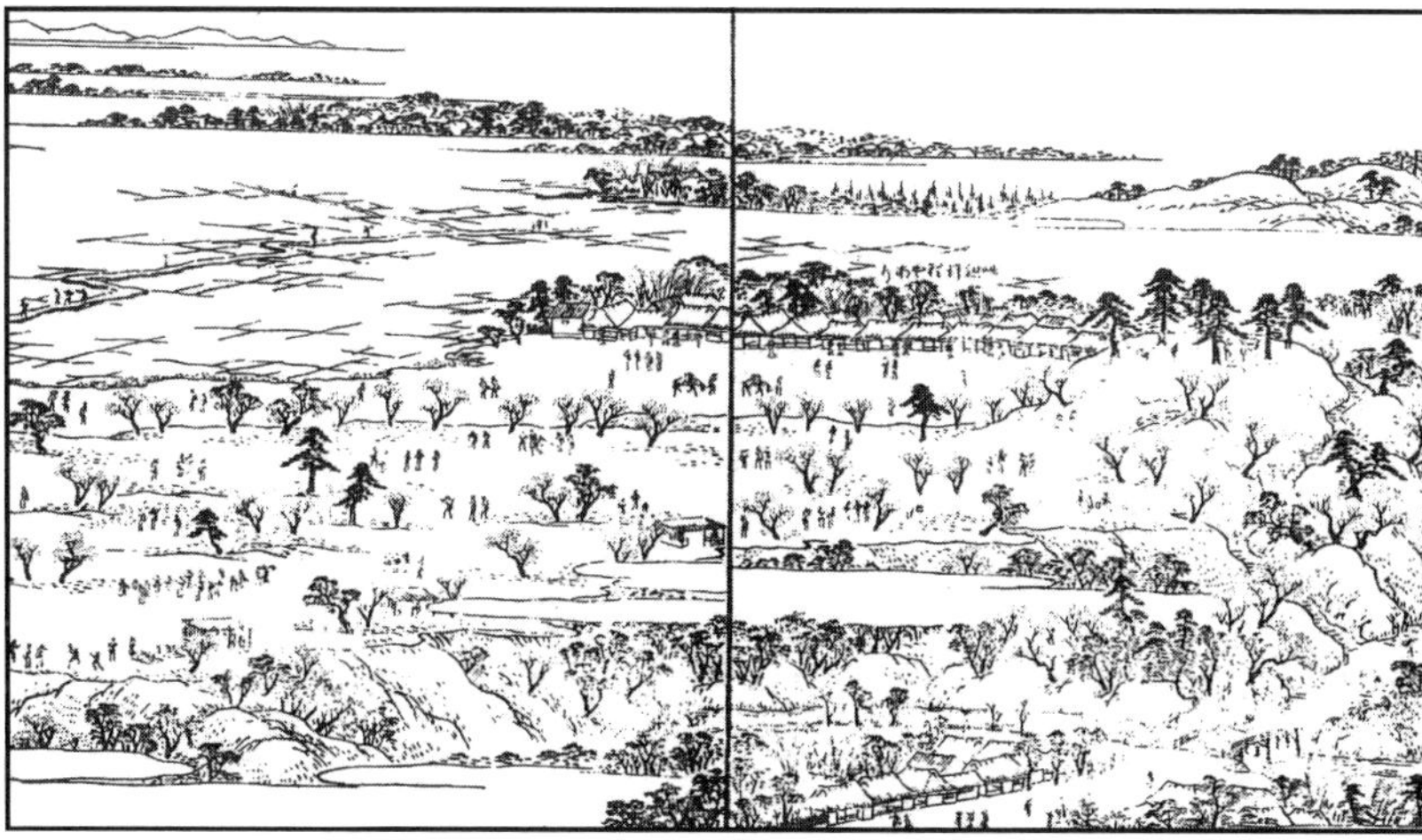

飛鳥山全景(『江戸名所図会』)

造物は、江戸の好い粧飾《かざり》であった。名所古跡の少ない土地だけに、名所記で瞥見しても、他の地方より寺社が重要な位置を占めていたのが知れよう。

幕府の寺社応用は実に敬服すべきもので、応用されても寺社の威信を傷つけることはなかった。江戸唯一の公園たる飛鳥山について、誰が管理したか、何程の経費を支出したか、金輪寺に万事を処理させたから、幕府も市民も経費を出さずと済んだ。維新後に市中の寺社の境内を盛んに縮小したから、今日では子供の遊び場に困っている。昔々大道が閑々としていた時でも、寺社の境内という小公園は、別段の経費を要せず、処々に存在していた。小公園は数多く足近くにあるのが好い。大公園は遠くてもよろしい。花に酔い春に浮かれて平生の労苦を忘れる。飛鳥山の桜などは、一日掛りどころか、実は二、三日前から仕度して押し出すのであった。

吉宗将軍の宿意

吉宗将軍は神田の柳原に豚を放養した時代に、桜の公園を飛鳥山にこしらえて、電車も自動車もない昔に、テクテクと北郊の果まで歩行させた。当時の江戸市民は、いまだ途中の野趣を感賞する程に、都会気分になっていたとは思われぬ。けれども寛政・享和の際に、隅田や小金井の春色を喜んで、競い立って花見に出掛ける。この時は誰も彼も市街生活に倦み、田舎珍しい心地になっていたからでもあるが、茶番趣味は大分膨脹してきた。そのかわり厳めしい長脇差の喧嘩買いなどという物騒な人物は話にも出なくなった。

花見衣装だけでは誰も満足しない。洒落を通り越して、何か御趣向がありそうなものという時になった。仮装変装は珍しげもない、百眼《ひやくまなこ》や棕櫚《しゅろ》の鬘《かつら》は行く先きで売っている。花見の趣向を探せば、随分滑稽なのがありそうだが、今日のように一年一度の娯楽にも、頭から警察官の眼玉が光っては、神経衰弱の人間だらけになるよりほかに仕方はない。しかし幕府だって放任の中に放任でないところがあった。何をしても大目に見ようとするには、自然出来事の少い場所、すなわち遠い郊外の方が始末が好い。吉宗将軍が元文に飛鳥山を選んだのも、考えがあったのだ。それは野放しにして我儘勝手に遊ばせようとする下心なのである。

幕府はいつでも局限主義を持っていた。江戸の公娼にしても一廓に集め、市街から引き放した上に、溝《こう》渠《きょ》を周囲に掘らせた。新吉原のごときは水田渺々《びょうびょう》たる周囲であっても、前例によって溝渠を穿たなければならなかったのである。厳重に場所を限定するが、その場所では特に自由にする。放任区域とでもいうべきものを拵えるのであった。花見の場所が遠い郊外に延びていったのは、幾多の理由のあることにもせよ、幕府が市民の娯楽のために、花見の群集に対して、大いに寛仮しようとする宿意に適合した事柄なのである。

（原題「江戸の民衆娯楽」より抄録、『週刊朝日』大正一三年四月一〇日号）

一本桜から並木の桜

三田村鳶魚

九ヶ所の花見

享和三年の一枚刷『年中所々祭礼並参盛場』に挙げた花見の場所は、
　本所すみだづつみ、道灌山、飛鳥山、上野山内、高縄御殿山、品川来福寺、青山仙寿院、同竜がん寺、
　浅草くわんおん。

の九ヶ所だ。小金井はこの一枚刷が出る時分から、ようやく知れかけて、だんだん人足《ひとあし》がつき、嘉永になって、時の幕閣の首班阿部伊勢守正弘等が遠馬を試みたころから、賑やかになったのである。我等は特に花見の話に、この享和の一枚刷を持ち出したのは、本所すみだ堤、すなわち向島が江戸の花見の第一の場所としてあるからだ。

天保十三年に、寛政の話を書いた『昔ばなし』に、「花見は上野、日暮《ひぐらし》、飛鳥山、わけて日暮賑ひ申候、夫れ故そのころは歌、浄るり、おどり、俳諧、狂歌抔の会は、多分日暮にていたし候、今の如く向島へは人まゐり不申候」とある。日暮の景気がいいので、寛政度に青山へ新日暮というのが出来、引き続いて十二社《じゅうにそう》も新日暮といった。文化・文政には日暮も、青山・四谷両所の新日暮も、花見が群集していたが、それに先立って、人気は向島へ移ってきた。

文政六年に出した『未年花《ひつじどしはな》の枝折《しおり》』は、『江戸名所図会』の著者斎藤月岑の祖父県麿《あがたまろ》がこしらえたものだが、それには、東叡山、感応寺（今の天王寺）、日暮の里、根津権現、神田明神、駒込白山、吉祥寺、同

神明社、飛鳥山、王子権現、滝野川弁天、護国寺、角筈《つのはず》十二権現社（十二社すなわち新日暮）、柏木円照寺（右衛門桜）、池上本門寺、大井西光寺、同弘福寺、同浄蓮寺、同来福寺、御殿山、渋谷八幡、永代寺、隅田堤、同木母寺、浅草観音、奥山の二十六ヶ所を算えた。これでみても花見の場所は、江戸の東よりも北に最も多く、西ないし南に沢山あった。それが多数な景勝を圧して、向島が人衆を独擅し、江戸の末になっては、都門の春は、ただ江東の長堤にのみあるように思わせてしまった。

江戸の花見が北へ回るにつけて、桜の場所の盛衰が考えられる。『花の枝折』に挙げた中には、一本桜が大分ある。一本桜の賞玩は、糸桜の周囲五間以上ある大木にあるとし、そうした桜が三十三本あった。この名木の桜は、文化までも珍重され、鳴子の浄円寺、麻布の長谷寺、小石川の伝通院、大塚の護持院、駒込の海蔵寺、小石川の蓮華寺、御厩谷《おうまやだに》（英国大使館の脇、佐野善左衛門旧邸）、谷中の延命寺、広尾の天眼寺、早稲田の五智堂、牛込の保善寺、谷中の養福寺、小石川の牛天神社頭、目黒の祐天寺、高田の穴八幡、谷中の経王寺、東叡山慈眼堂、同願王院、同等覚院、青山の梅窓院、東叡山護国院、千駄谷の仙寿院、青山の最勝寺、牛込の光照寺、東叡山寒松院、同清水、駒込の吉祥寺、滝野川弁財天、雉子宮の八幡社頭、田端の与楽寺、根津社頭、湯島の天沢寺、広尾の光林寺が、三十三桜の所在として名高かった。

一本桜の衰え

名木の一本桜は江戸ッ子に向かない。散り行く花の下に短冊でも出し掛けて、静かに花の名残りを惜しみ、飲むにしても酒酌みかわすといった、風流閑雅な花見は柄にないのだ。花見打扮《でたち》といえば、茶番好みで押し出し、ジャジャ三味線で飛び撥ね、果ては青空を天井に酔い倒れなければ堪能されぬ連中だけに、歌の俳句のという詮議でなく、川柳へさえ手が届かない。それでも桜の咲いたのを言い立てにするのが殊勝らしい。花見というのは空騒ぎに出ることなのだ。そうしたところに、洒落も風流もない人間の娯楽があるのだ。騒ぐのには多勢がいい、三人五人の連中ではおもしろくない。文政頃から女手習師匠や三味線踊の師匠が、お弟子を引き連れて、人数の多いのと着物の綺麗なのを見せ付けに出る。娘盛りをズラリ揃えて、揃いの手拭、揃いの日傘、花見の群に目立ってもおった。団体の花見は、江戸ッ子のみならず、誘い合せて盛んになってゆく。その多人数がいかに名木だといっても、一樹を取り纏い興じるには場所が足りなくなり、花が少なくもある。そこは並木桜だと何百本何千本と長い長い間の両側に咲いている。花を見るのではないにせよ、そうしたところで騒ぎ回った方が、ヤッパリ花見らしい。団体の花見が増加したことが、一本桜の衰えとなり、並木桜の盛りになる理由だと思われる。それはまた花見が民衆のものになった経過の跡であろう。

天明に書いた『夢語《ゆめがたり》』に、今寺院に花紅葉等を植え、そのほか四季の好みをして、もっぱら春秋の遊覧を便とす、といったのも昔になって、寺社の境内にある三十三桜の賞玩が衰えて、花見の足はそこへ運ばれなくなった。花見が寺社から離れたことは、人気が並木桜に傾いていっただけではなく、坊主や神主のいない地域に展開して、何ほど花見気分を晴れやかにしたろう。そこでこそ真に上の空になれもする。何もかも忘れて、一年一度の花見に、生命の洗濯をするとさえいった。東京の人間は妙に元禄を嬉しがるけれども、民衆の花見気分というものは、向島の桜について初めて発現したといいたい。それも天保以後に鮮やかに認められる。大津絵の向島八景、「さくら月、うかうかと、さけのきげんでちどり足、向島、たいこもち余多《あまた》の同勢引連れて、ぐるぐるとみめぐりや、大七の大一座。「たけやの船とよぶ千鳥、土手八丁、大門はいれば仲の町、旦那おはやい、みな様、玉楼《たまや》とせじのよさ」なんという気持は、一本桜では出て来ない。

江戸には、古くもあり、名高くもある上野の花見は、坊主臭い寛永寺境内であるばかりか、暮六ツの鐘を合図に、山同心が来て、群衆を追い払って、黒門その他を閉鎖する。それ故に民衆向きではないにしても、上野の夜桜は見られなかった。その上に昼間でも、法親王の御座所や東照宮を憚って、三味線をひかせなかった。従って酔っぱらうにも窮屈だった。その窮屈が嬉しくないので、元文以来、飛鳥山に人足《ひとあし》を奪われてしまった。上野の花見は享保までである。それが向島になると、屋根船でゆくのもあり、お安いのは伝馬船に乗るのもあり、隅田川を漕ぎ上って、一日を遊び暮して、まだ夜桜、渡し船で向うへ越し、吉原の夜桜へ引継ぎもする。こうしたことは、道灌山や飛鳥山では望まれない。江戸の民衆は芝居と遊廓、それから声曲と舞踊、いずれにしても、この四つの内の何物にか持ち込まなければ、娯楽とは考えなかった。

御殿山の破壊

江戸の民衆は広々とした花見の場所を求めた。従って七八里四方に、やや遠く出掛けるようになった。寺社を離れたのみならず、市街をも離れた方が、興味が多いと思った。田舎らしい所を喜んだのである。だが泊り掛けよりも、その日に帰られる所で、御注文の通りな場所があれば、彼等はなおさら恭悦なわけだ。そこで向島・道灌山・飛鳥山・御殿山がよい花見の場所になる。しかるに品川の青楼の

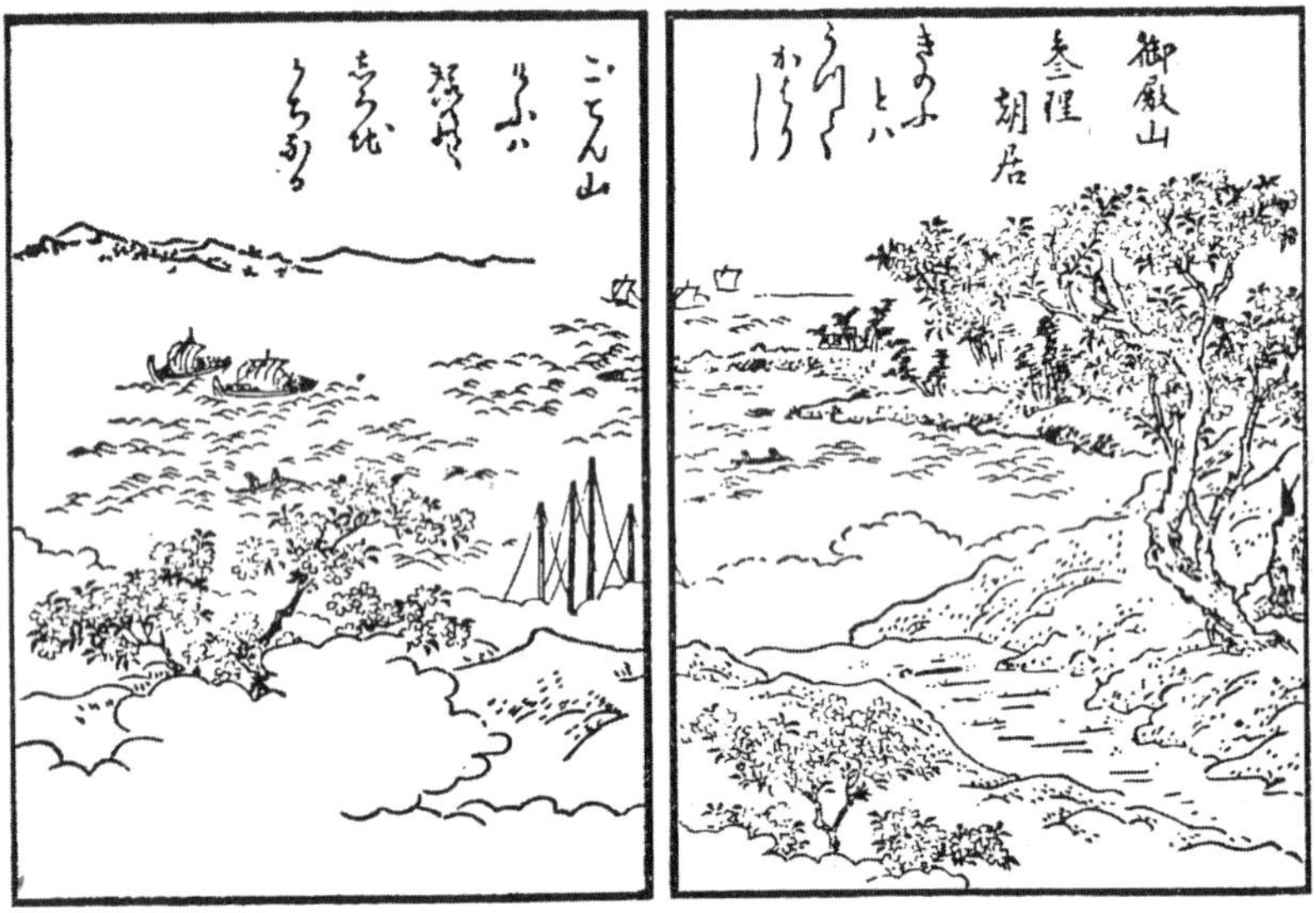

御殿山（『駿河舞』）☆

背景であった御殿山は、黒船騒ぎの後で、嘉永六年八月、御台場を築く時に取り崩され、文久二年の末には、英国公使館が建設されたので、「近ごろ御殿山けづられて御台場を産み、雲と見違ふ桜花は根まで掘られて薪と成つて、お釜の前のお三どんに卑しめられ、思ひもよらぬ累石巌々として、安房宮の如き物、雲に聳え」（『花吹雪隈手廼塵』）というありさま。

道灌山や飛鳥山は向島や御殿山のように幅が利かない。飛鳥山のお景物であった愛宕もどきの土器《かわらけ》投げも、子供騙しらしいので、いつまでもおもしろがられようはずもなく、殊に直下の農家から苦情が出たので止めになり、慶応元年には山下へ掘割工事が始まり、近傍に反射炉が建設されて、物凄くなっていく。ただ寺であっても臭くない浅草寺は、すぐ背中に吉原があり、大地震後の吉原は、深川へ仮宅《かりたく》して、その景気を見せたいために、安政三年の十一月から翌年へ掛けて、観音堂の前から奥へ千本桜を寄進した。その宣伝に四年三月三日に蓋を開けた中村座で、『金竜山千本初花《きんりゆうさんちもとのはつはな》』を出した。けれども向島の敵ではない。それはほかでもない、当時民衆の注文する花見の場所として、あの境内がお誂《あつら》え向きに出来ていない。

下町からは足場のいい向島は両国橋があり、大川橋（後の吾妻橋、芝居にすれば花水橋）がある。屋根船の通いが意気にも見え、櫓拍子も乙《おつ》に聞える。芸者が住むようになったのは、明治四年かちであっても、芋・蜆《しじみ》・玉子焼ばかりで、吾妻屋・武蔵屋の料理屋らしくなったほかに、植半も天保には立派に開業している。為永春水も「この向島は粋な人や通人ものが寄り凝まっているところだ」と書いた。今日なら別荘、そのころの言葉では寮という。何がなしに寮だらけになるほどに、その土地が喜ばれていた。

向島礼賛でもない

清元の文句にも、「これはあづまの隅田川、おもひくらべん恋の山、富士と筑波の中々に、よう似た心もなりも、勝り劣らぬ桃桜、中に柳のどちらへなびく」などがあり、富本・常磐津《ときわず》総掛りで、「おなつ清十郎」やら、「小ぎく半兵衛」やら、「お染久松」やら、「お半長右衛門」やらの道行を、向島へ取り寄せている。江戸の民衆の最も親しい声曲、熊公八公の誰一人として、稽古所這入りをしない者のない時、何として向島が乙な所にならずにいましょう。その乙な所へ咲く桜が、彼等を有頂天にさせずに置きましょうか。

今日我等の住む肥桶《こえたご》の匂いのまだ抜け切れぬ中野辺にさえ、狢《むじな》の鳴くようなヒョロゥヒョロゥという声をさせる若い男女がいる。小学校で亀さん亀さんで育てられ、片言に言い慣れて、蕃語のあまりに知恵づいたればこそ、味わえもせぬ洋楽を聞き覚えようともする。江戸の八公熊公が稽古所仕込みのペンペン趣味、それが銭湯での温習《おさらい》に膨脹して、江戸の春を向島に占領させてしまったのを思えば、やがて東京の花も、日本で賞玩されない時も来ようか。

それにしても元文版の『諸訳名女多葉古』に、江戸の花見の群衆を「老若男女袖をかざし、袂をひらめかし、わけて鼻に汗かく小むすこ、にきびをおしろいでかくす小娘、正月小袖のえりをふかし、さては人手代、年季屋らうの青鈍才《あおにさい》、仕着せ布子の櫃《ひっ》くさきをかたまへ下りにきなし、氷山染《ひやまぞめ》の羽織、紐ひき〆てむすびたるは、きうくつさうに見えてをかし……胸ひき明けて、寛活なるしだしの腰元は、誰が目にもいたづらさう也、笠ふかく着なしておぼこめいた娘は、どれがひやうばんもこのもし、棚尻《たなしり》はふらねばまぎれず、鰐足《わにあし》かくす心から、八文字ならではありかれず、しってしらぬ顔、見て見ぬふりが公の道、その広きちまたに立つは、常精進で若衆つれた若男、豆腐ぎらひでをどり子つれた老僧、振そでに袈裟かけた比《び》丘尼《くに》、衣きて白粉ぬつた後室、鉦をたたいて仏をくふ鬼、尾をかくして法をうる狼、覗唐繰《のぞきからくり》をびいどろはづして、大津絵をせうで見た景色」とある。この群衆の中に、江戸ッ子はいない。そこが時代というもの、ベランメイが出て来て毛氈敷いた花見が少くなった。

まだ飛鳥山が景気立った時でも、『花暦八笑人』にある通り、花見へ茶番を持ち込んで、仇討の趣向、起ち上って勝負する機会に、三味線・太鼓で囃すつもりを、生真面目な田舎武士に、御助太刀仕ろうと罷り出られて、びっくり敗亡したのは虚構でもなかった。そうした茶気満々たる準備もしたのに、さてもその後向島全盛になっては、喰って飲んで酔い倒れるのが多くなり、吉原の河岸が繁昌するだけになって行った。それが花見の民衆化とやらかもしれない。

我等は別に、一本桜を眺める花見が恋しいわけでもないが、さりとて並木桜に狂じるのでなく、騒ぎ回るようなのが嬉しくもない。従って向島礼賛を書こうとも思わない。

（『江戸時代のさまざま』昭和四年）

江戸の梅見

今泉雄作

梅見について何か話を聞きたいというのですか。梅見と云っても、その時分は今と違って、大勢人が出かけたり、また設備などと云っても、何も無かったし、それに見に行く人も文人墨客という人々なので、今とは大分趣が違っていましたよ。

その時分の梅見は賑やかなものではありません。ただ冷酒を瓢《ひさご》に入れて、亀井戸などでは、慈姑《くわい》を四つばかり串にさしたものや、鯣《するめ》などを肴にして飲んで楽しむくらいでした。

そして、その帰りには大七とか葛西太郎などという料理屋で飯を食べるくらいなものでした。

梅見の場所と云っても、主に百花園か、亀井戸の臥籠梅、蒲田、またその他では、この根岸、田端、四谷の銀世界などで、これなども天保頃に出来たものでした。

百花園は、明和頃に、菊屋卯兵衛という道具屋が江戸にいた所が、道具のせり売をしたのが、富鬮《とみくじ》の類に思われて江戸払いをくったのでした。江戸払いと云っても隅田川を越せばもう下総の国ですから、向島に移って、知り合いの文人たちが情で醵金してくれた百五十円の金で、刑場のあとだというので買手のなかった、高屋と云う人の陣屋の跡を、七十五円で安く買ったのでした。そこへ、文人達が、一年にならって三百六十五本、その一本ずつで一日暮して行くようにと梅を植えて寄付をしたのです。そこで、梅が盛んになって来たわけです、その梅も植えるに十ケ月もかかったということです。それから後のことです、秋草を植えるようになったのは。

亀井戸の臥籠梅、これは明暦の頃からあったので、その時分には、一本であったのをあとで植え足したものです。

蒲田の梅、あそこには山本という掛茶屋があって、香物で御飯を食べさせるくらいで、梅を見るというようなことはなかったのでした。

梅見(『絵本世都時』)

今云う杉田の梅林も、はじめは、小田原に出す梅干を作るために出来たので、畑の中に植えてあったのを、佐藤一斎という学者が称揚したので、人に知られるようになったので、それまではだれも知らなかったのでした。ちょうど京都の月ケ瀬が、京都の紺屋にうばいというものを出すのがもとで、あのようになったのと同じです。

梅見の場所がこんな風ですから従って、見に行く人も俗人は少なかったので、風流人が、朝から早く、途中の本屋や古道具屋をひやかしながらぶらぶら出かけたので、亀井戸へは、あの柳島の妙見堂の吹き払いの道を、テクテク歩いて行ったのでした。

（原題「江戸の梅見其他」、『江戸時代文化』一―一、抄録、昭和二年）

〔後　略〕

座談会

江戸の花見

昭和四年四月二十一日　上野東照宮社務所

〈出席者〉
高木好次／西原柳雨／広田星橋／山下重民／山本錬蔵

高木好次　ひどい風の所を。

山下重民　もはや若葉の時節となりましたから、所謂《いわゆる》青嵐ですかな。
高木　先生の所のあの桜はさぞ見事で御座いましょう。一体何時《いつ》頃からありますか。
山下　大正二年に植えたので、初めは千本あったそうですが、今は六、七百本しかありません。私はこの花ありしため、この地に四谷から移住したので、それ故花時雑詠中に、「曾愛二桜花一買二小荘一、余今不レ飲負ン二春光一、人生快適無レ過レ此二、酔倒ス香雲暖雪郷」という蕪作があります。
高木　昔のお花見は主として何処《どこ》へ。
山下　それは無論、上野・飛鳥山《あすかやま》・向島です。江戸ではこの三ヶ所が花見の場所です。御殿山《ごてんやま》は別として。
高木　小金井《こがねい》の方は如何でした。
山下　それは道が遠いため、多くは風流人のみが参りました。
高木　泊りがけで。
山下　そんな風ですから女子供は行きません。六里以上もあるんですからね。それで私達は、かねて同好の吟友を誘い、前日に歩行して府中に着し、一宿してその明くる日早く小金井に到り、観花の余、午餐の後、国分寺に廻って瓦など拾って還るのが通例でした。
高木　その頃、桜の大きいのがありましたか。
山下　両岸に大きいのがありました。今では大樹ではここが一等です。あれは上水の流れを挟んで、左右にあって、もと消毒のために植えたのです。
高木　桜の毒解《け》しというと。
山下　桜の花は毒解しです。それ故塩漬の花は湯に入れて飲用に供し、葉は餅を包み、皮は菓子の折箱などにも使用しております。

上野の花見（『憎口返答返し』）

隅田川の花見（『風俗画報』）

小金井の花見（『江戸名所花暦』）

高木　小金井のお茶屋なんかは。

山下　私のはじめて行った茶屋は、小金井橋に一軒あったくらいで、ここにて遊息しました。佐藤一斎の紀行に、「南岸就二花下一開レ店、売二麦飯村、醪香魚筍蕨等物一、騎而遊、者裹レ糧而行者、皆憩二此店一、然人亦稀疏即其遊者率皆好事韻士不レ似二墨水花時士女駢闐一」と記してありますが、私の行った時には麦飯はすでになかったのです。この文には南岸とありますが、私のいう一軒の茶屋は橋詰の北でした。又移転したものか別に建てたものか、年数が大分違えばそれは解りません。

高木　飛鳥山へ参りますには。

山下　私達は上野を通り、道灌山《どうかんやま》を抜けて。

高木　土器を投げるのは如何でした。

山下　私が知ってからは、やっていませんでした。明治になってからは。

高木　向島は主として舟でしたか。

山下　いや舟ばかりではありません。今と違って向島といえば昔は風流の地、詩人の所謂十里長隄で、業平朝臣《なりひらあそん》の東下《あずまくだ》りも思いやられ「浮た鷗が一《ひ》い二《ふ》う三《み》い四《よ》」といった風景、突当りが例の木母寺《もくぼじ》梅若塚、拙作に「且将二詩句一比二蘋蘩一、慰得青苔墓下魂、水寺鷗鳴春月白、満身花影弔二王孫一」というのがあります。あすこには奥の植半という料理屋がありました。風流といえば向島でしょうね。

高木　仮装するのは昔も盛んでしたでしょう。

山下　私は山手に住んでいた故、頻々《ひんぴん》と出遊《しゅつゆう》は致しませんからよくは知りませんが、相当あったようですな。

花見の姿(『和国百女』)

高木　武士の家の花見の仕度《したく》は。

山下　別に何の事もないんですが、そうざらにはなかったですね。隠居の外《ほか》それぞれ職務がありましたから。『昔々物語』を見ると、武士は花見に槍を持たしたとありますね。元禄以後は、槍は持たないようになったのですね。そう云えば古い屋根舟の絵に、舟の横に槍が何本も掛けてありますよ。明治三年頃こ（上野）の花見に来ましたが、今と違ってなかなか盛んでした。掛茶屋がずっと出て、その時分は子供の時ですが、絃《げんか》歌湧くの如きドンチャンドンチャンのさわぎで、この時は御維新で、昔の規則はすたれ、構わなかったのです。

高木　その以前は。

山下　山で六ツがボーンとなる。夕暮告る鐘の音に促され、出なければならないし、昼間でも三味線で陽気に踊るなどということは、勿論禁ぜられていました。明治になっても、私たちは四谷から歩いて来るのですが、私の向隣は金子半次郎という漢学の先生でしたが、その人に連れられて来ました。

高木　あの伽藍《がらん》のあとはどうなって居りましたか。

山下　その時は綺麗に取り払ってありました、もし兵燹《へいせん》〔編者註／戦争による火災のこと〕の厄がなく、瑠璃殿や吉祥閣などがあったら、又一段の風光を添えることでしょう。桜はその時分は今よりたんとあったように思われます。古き図を見ますと、桜ヶ岡と云って袴腰から入って、今の石段を上った所が元禄前は林道春の邸で、そして道春の文庫もあったし、又聖堂もあったのです。当時の図は、文部省発行の『維新前教育資料』に載っています。

山本錬蔵　江戸で桜という字のつく所は。

山下　桜田等の外あまりありませんな。

高木　赤羽の所を流れている桜川、岸田杜芳がその桜川をとって芝桜川杜芳などといっております。渋谷の金王の桜は如何ですか。

山下　金王八幡《こんのうはちまん》の桜のことは、『東京近郊名所図会』に書いておきました。今もなおその名残が存在しております。

高木　平河町の桜は。

山下　あれは明治時代のもので新しいです。もと並木の桜と云って、浅草の並木の通りに桜が咲いていたそうです。隅田川の桜も八代将軍の時に植えたのですから、並木の桜よりずっと後になります。明治以前に私が実際見た花見と云うのは、千駄ヶ谷の千寿院という日蓮宗の寺ですが、これは新日暮しの里と云われて有名だったのです。その庭に池あり中島あり、高処《こうしょ》よりは田園を下瞰《かかん》して風趣がありましたから大分人が出ました。私の子供の時も春風胎蕩桜花爛漫の候には、遊人が群集しました。『江戸名所図会』にも出ていますし、古賀侗庵先生の『東武百景』の詩にも載っています。

山本　霞ヶ岡と云うのは。

山下　明治になり四谷区に編入の際、霞村、霞関などの縁故に因り命名したものです。八幡様へゆく途中、右側に聖輪寺という寺に、一抱え余もある彼岸桜がありますが、これは昔、坂上の本堂の棟に生えたものだそうです。聖輪寺は浅草観音に次ぐ極《ご》く古い寺で、今のように衰微し居るは惜しいことです。

山本　青山の通りは。

山下　一丁目から熊野横町付近と善光寺門前を除くの外、ことごとく百人組〔編者註／将軍警護の鉄砲隊。宿営地が百人町〕の屋敷で、武家ばかりで、生垣茅葺き屋根が続いていました。その時分は青山百人町と云って。

山本　あの鈴木主水《もんど》の百人町ですね。

高木　馬琴の住んでいた所は憲法会館の裏手にあたりますか。

山下　あの停留所の傍だということですが、確定しません。江戸は日本橋の本町のといえば格別、大名の屋敷の外は旗本・御家人の屋敷で、町家は三分一もなかったんですね。町人の数は統計で見ると凡《およ》そ五十万か六十万くらいしかなかったのですから。
高木　維新後、江戸の武家の進んだ道は商売人になったのが多かったのでしょうか。
山下　いや色々でしたね。一時明治のはじめには、どこも桑茶植付け場で、千坪廿五円で払下げたのですがね。いやもう一時はどうなるかわからなかったんです。
高木　もとも矢張りお花見時分はこんな風ですか。
山下　お花見時の火事は、大きいと記憶しますが。
（広田先生御出席）
広田星橋　ひどい風ですな。今日は昌平会とぶつかって、いや来るでしょう、あっちが閉まったら。
（註／平山成信、今泉雄作、鈴木経勲、大類久徴先生方のこと）
高木　お花見の時の仮装は。
広田　仮装の仕方が違いますね。
高木　もっともちょんまげはいらないでしょう。
広田　いや心意気がさ、洒落ッ気がね。
高木　仮装する人は主として職人でしょうか。
広田　まあそうでしょう。お花見のあれは、清元や常磐津の師匠がやった。あの桜のすりこみの手拭を作って。
山下　手習の師匠も弟子を連れて出かけました。『江戸繁昌記』にも、「只看筆蹟師匠率二群弟子一童男童女一連数百」と墨水桜花の条に載せてあります。

広田　あれをやる師匠も心意気が違う。ほめれば昔の方が自然だ。八笑人〔編者註／『花暦八笑人』。滝亭鯉丈の滑稽本〕や七変人〔編者註／喜多川歌麿「酩酊の七変人」。酔っ払いが棕櫚箒を三味線に見立てて扇子でかき鳴らして歌っている様子を描いた絵〕をみればわかる。あれが最上の洒落だ。あたりまえの人なら手拭を吉原冠りにしてね、目かづらをしてね。これは不真面目なことをしても他人に分らぬからで、先ず花見の趣向が段々贅沢になって、所謂凝《こ》っては思案に能《あた》わずで、田舎源氏〔編者註／柳亭種彦の『修紫田舎源氏』〕からの思いつきか、浅草堀田原の酒店池田屋の主人が友達や遊芸の女師匠なぞを集めて、それぞれ挿絵に源氏の倣った衣装かつらで役者を気取ったものだ。無論主人は光源氏の役、女達の御守殿姿が見物の眼を惹いたと、この連中が向島へ大伝馬船で押出したのだから、その筋の眼が光って連中が処罰されたのだが、こんな例は沢山あろうけれど、蔵前の札差連中が洒落のめしたその影響を受けた。こんな催しが江戸最後の花見の趣向だったろう。

左が吉原冠（『笑話御臍茶』）

高木　あの処罰は。

広田　手錠か何か喰ったのでしょう。ツイ忘れましたが、これは随筆にも載ってるし、大概な方は御承知でしょう。

高木　そんな時は八丁堀衆が関係したのでしょうか。

広田　市内はそうです。それに自身番というものが自身番所ですね、市内の警察署ですね。市中の木戸のことも仲々面白いです。つまり木戸というのは昔大名を国々から江戸へ移した時、大体のその屋敷の取締りのために建てたものらしいが、見附はまた別だ。葬式なんか通るときは、一応詰めてる番人に委細を届けて許しを受けてからでなければいかんのです、それから、通る節は割った竹を弓絃のように左右で持って、今で申せば仮りにアーチ形にしてその下を通すのです。門を不浄物を通行させては門を潰すという所以《ゆえん》です。そしてあとを水で清めるんです、竜吐水《りゅうどすい》〔編者註／ポンプ式の火消し道具〕で洗うのです。見附は楽翁公〔編者註／隠居後の松平定信〕でもいけない。鎗薙刀《なぎなた》を持ってても通さなかったのですからな。

山下　春日局が平河御門でくい止められたのは有名な話です。

広田　役目の表はというと厳格でした。

高木　お花見の時の芝居は。

広田　加賀見山です。御殿のお宿下りを当て込んで、椎茸たぼ〔編者註／御殿女中の髪型。椎茸のような形〕がゆくと云って、ともかくも町家から御奉公に上っていれば保養には芝居だ、三芝居が加賀見山で人気役者が競争で演ったものです。どっちがいいというようで、見る方の心がけが違う熱心ものでした。

山下　早いんですからね、今の朝の三時すぎからです。あなたは三番から見る気ですかといえば、イヤ一番叟からですといった話があります。

広田　明六ツが三番叟で、それから狂言が一つあって、三芝居がそれぞれ吉例の裏付狂言が一と幕あって、それから三立目（序幕）が開くのです。こんなことは劇通は皆御承知のことです。

高木　はねは。

広田　先ずとまえは暮になったが、猿若町に来てからは七時八時ですよ。長いこと大変だ。

山下　ゆったりしていた時代ですからね。

広田　帰ってから二、三日は芝居のはなしばかり。

山下　明治三、四年の、上野の繁昌は御存じでしょうσ

広田　いやあもう、お花見というと、だんごやくわいを串にさしたのを売っているに極《きま》っていたようです。

山下　きぬかつぎのいも。

広田　酒は今みたいに瓶でない、五合樽。未だに塗った角樽《つのだる》がのこっていますね。あれを白木で。みんな『風俗画報』に花見の様子が載せてありますね。日本では挿画雑誌の始まりは『風俗画報』であると申してよいのです。ここに御座る山下さんが執筆の時代は実に御勉強家だった。私などは客員側で助手に過ぎなかったけれど、それでも編集員と共に実地を踏査したり、徹夜をしたりね。

高木　お花見の時は矢張り大きな喧嘩《けんか》がありましたか。

広田　昔でもありました。上野なんかは山番で、同じ喧嘩しても野暮にやる奴はなかった。喧嘩の心持ちが違う。それで始終見廻りはあった。喧嘩は野暮としてあった。殊《こと》に上野辺りでは山内の桜拝見が許されるのさえ恐多《おそれおお》いとしてあったから、山番にでも叱られれば震え上ってしまったものだった。江戸は喧嘩早いと云ってもじきにとけるんだ。

山下　昔、天和年間の花見には小袖幕というと女房の小袖、男の羽織を細引に通して、桜の樹にゆいつけ、仮の幕としたことは『紫の一本《ひともと》』に見えています。それでその時分には小袖でも、花見小袖と云って、花見のために作った。そして綺麗なのを雨に構わずにビッショリ濡れたまま傘をもささず帰るというのを、江戸ッ児自慢にしたものだそうで。

広田　子供時分の心だけれど、どこまで山（上野）の奥が深いのかと思いましたね。

高木　奥山の花見は。

山下　安政三年に、吉原の遊女が自分の名札を付けて浅草奥山に千本の桜を植えたが、評判だったそうです。何しろ向島の花はよかったですね。

広田　白鬚《しろひげ》の所は洞になっていて、そりゃ花に酔うようだった。

山下　今でも桜餅はありますか。

高木　あります、くすぶった所です。

広田　長命寺の境内で小さなものです。

山下　もとは売れたもので、桜の葉を四斗樽に何ばいと使うと云って、『一話一言』などに記してあります。

広田　あの八百松〔編者註／隅田川べりにあった料亭〕の所からこっちに水門があって凄いようでした。

山下　八百松では先ず御座付に業平しじみの吸物を出したものです。

広田　奥の植半は舟でゆくと好かったものです。

山下　一体隅田川は風流の処で、「いつかあずまにつくはねの」という筑波山も遥かに見えて景色がよく、花も多くあった。彼の鵬斎翁の詩碑にも、「胡蝶亦迷三月雪、香風吹度花水晶村」とあります、又花やしきにはその門に、「春夏秋冬不レ断、東京南北客争来」の一聯があるが眼に入り、掛行燈に「お茶きこしめせ、梅干も候ぞ」などあり、鞠塢《きくう》〔編者註／向島百花園を開設した文人北野鞠塢〕もなかなか凝ったものです。又隅田焼というのもありますね。

高木　今戸焼はいつ頃なくなりました。

広田　震災以前までありましたが、瓦師の片手間にこしらえたのが本職に成ったのです。

山下　今戸の夕けむりと云って、一の景物になっていました。

広田　何代目かで一寸あたって、それからが盛んになりました。

山下　『隅田川両岸一覧』というのがありますね。近くは『墨水廿四景詩』、『隅田川叢誌』、『流燈会記事』など出版になっています。

高木　大丸なんかのお花見は。

広田　あれはかたい。傘のお揃いはありました。余程大きな師匠でないと出来ない。それで揃いの手拭で、女は花かんざしをさして赤い鼻緒の草履でネ。

山下　寺門静軒《てらかどせいけん》は「一人撃レ柝爰以啓レ行、行粧一色、皆戴二剪花一」と『繁昌記』に記しました。これは実際でしょう。

広田　茶弁当というのはえらいものだった。それで途中でどこかでたてようというと、向島へ行くとすれば日本橋近所から出ると、蔵前がまず真ん中だからそこらで小休みをする。

高木　その時の費用は。

広田　ことさらにお花見というのは持ちよりです。花かんざしは粗末なものです。

山下　聞く所によると、町人は町内乗り打ということは禁物で木戸際で下りたそうです。

広田　自分の家まで乗りつけることはなかった。葬式でも夜になった。汚れることで遠慮があった。それが花見時分に葬式を出すことは非常な苦心でした。提灯びけ（夜明前の意だ）に出しました。

高木　相不変《かわらず》のものですがお蕎麦を一つ。

（絶えず裏の梢を鳴らしている風の音に、ここだけは花見の陽気な話が続く中に、昼になった）

広田　お花見の弁当は侍でも町人でも立派なのは重詰に口取ような食物やら、ささえ提重の形式で出かけるが、普通のは煮〆物が関の山で、五合樽でも持って行けば上の部だ。中には瓢箪へ酒を入れて海苔巻か団子など食って済すのだ。極く質素なものだ。

山下　文化十年春出版の十返舎一九の『江戸名所画本』に日暮里の図があり、花下茶店の行燈招牌に「なめし、でんがく」と記したる所を見ると、この頃のはやりと思われます。

広田　菜飯というと菜をこまかく切って塩で煎る。それを飯にかけたのです。おでんというと焼豆腐やこんにゃく又は八ツがしらの味噌田楽《でんがく》です。それからするめの炙《あぶ》ったの、果物なんか夏だけ食べるものです。果物なんか土産に持ってゆくことは、よほど心易い所で、ちゃんときまった所は遠慮した。蜜柑《みかん》などを年末に持って行くのは別ですが、つまり質素なものだった。それからお祭りなんかと云うと人々が楽しみにしていたものだ。

山下　何しろ今から見ると万事質素です。

広田　何はともあれ風俗がきまっていた。つまりわり出しが違うから、手習の師匠がお席書きといって時々弟子を集めて、殊更《ことさら》に揮毫を試む催しをする、ツマリ奨励会だ。その際お赤飯や手製の五目鮨を御馳走になって、それで喜んでいたものです。

山下　世間一般それだから。この間八代将軍が東照宮に合祀になったのですね。この将軍は向島・飛鳥山に桜を植えられ、市民の遊楽と付近人民の余沢を計った名君で、真に有徳公の名に負けません。その他、蕃書の解禁、甘藷の栽培、砂糖の精製等ことごとく文化の源を啓《ひら》いた方で、徳川家歴世中最も景仰すべき名君です。

広田　夏の夜に道灌山へ虫聞きに瓢《ひさご》を携えて行く風流人もあった。

高木　今は瓢箪もなくなりました。

広田　瓢箪の酒はうまい。

山下　一瓢を肩にするは、画中の人で、第一風流に見えます。

高木　汐干〔編者註／潮干狩り〕は。

山下　もとは多く洲崎でやったもので。

広田　ごく堅気な家では危いからとやめた。どうも高尚な階級の方じゃあ汐干はなかったらしい。

山下　丁度三月三日が大潮で、蛤《はまぐり》を拾いそれを雛祭りに上げるという趣向だったのですね。『紫の一本』なんかみると、上野の大仏のそばで据風呂に入って遺佚《いいつ》〔編者註／戸田茂睡の号〕が垢をこすりながら、悠々と花を見ていたという。その時遺佚の狂歌に、「水風呂のあかなく思う花なれば上野の山も入てこそ見れ」とあります。

広田　山内は山番が廻って来ますよ、上野は。

高木　山同心は寺社奉行に属していましたか。

広田　ええとそうです。酒なんかまあ謹んで飲んだのだ。

高木　花見の時の山下の見世物は。

広田　いや見世物は下等視したものです。

山下　小金井はお出でしたか。

広田　ええ、橋の所から見た所は好い景色ですナ。帰りには国分寺へ行って欠けた板碑を懐に入れて、しかも三枚も失敬して他人に見られてはいけないので、しまいには腹が痛くなってきました。それから瓦を拾ったりして楽しみました。

山下　国分寺の瓦は皆布目瓦で、文字の付いているのは容易に見当りません。

広田　兄と秩父へ行った時には夏でしたが、薪山へ紛れこんで弱ったことがあったが、その折は酷暑に耐えかねて二人共汗は洋服全体を通してしまって、余り渇したが、谷間の水音ばかりを聞いて苦しかった。ヤット見つけた百姓屋に入って手桶一パイの水を呑んでしまった。

高木　旅立する時は、品川まで送ったんでしょうね。

広田　いやそれは立派な方ですナ。昔は婦人が遠方へ行く時は結えつけ草履をしたものだ。そして中形の単衣を着た上ッパリだ。手拭を冠って、はりうち（今でいうピン）でとめて。しあわせだと云った、江の島の弁天様を見て。

山下　昔は女の人は、江戸以外にはめったに出なかった。

広田　理屈はともかくも女を拘束しておいた。将軍の侍側に勤めているものなどは将軍になりたいとは思わなかった。それというが常に六畳敷の座敷に居られて、温い食物も摂られず、簾中と共に箸を採るのでもなく、表と奥の隔ては厳重で窮屈なものであったからだ。
山下　今の文明のもとと云うと、八代将軍でしょう。
広田　五代将軍の時に、御燗番に五百石を賜ったというのは嘘の皮だ。お昼が御馳走なんだ、お酒も飲めるのだ。夕は酒は出ない。
山下　何しろ八代将軍に限って、御飯を二度しか上らなかった。
広田　ですから戒律を保つ律僧は一食だ。朝は箸で一文字を書いても分らない程な寛《ゆる》い粥を一杯食べるだけだ。
山下　徳川氏執政の初めまでは二度が通例であったことは、『彗星』に書いておきました。
高木　国直のもので吉原の部屋のことを画いたものに、お櫃に車がついています。
山下　池上の本門寺にもあります。
高木　吉原の桜は持ってくるのですか。
広田　毎年小金井あたりから持ってくる。
高木　費用は。
広田　女郎屋や茶屋等から出る、積立金から支出する。
高木　仲の町茶屋の側だけですか。
広田　大通りだけでした。
高木　期限は。
広田　三月三日に間に合うように植えたのです。

高木　取払うのは。

広田　四月三日くらい、三十日間だと思いました。

（西原先生御出席）

西原柳雨　えらい風ですね。

高木　川柳に花見の仮装はありませんか。

西原　いやどうもあまり見当りませんね。『八笑人』で見るような茶番狂言でもありそうに思われますが……多分詮索が足らぬのでしょう。飛鳥山は土器投げの句が多いようですね。

広田　「俺の土器は荒川までゆく」と威張ったものだ、そんなこともあるまいが。

西原　上野では酒は黙許でしょうが、まさか三味線太鼓はなかったでしょうね。

山下　実際なかったようです。法親王の御膝下ですから。

高木　今の観桜会。

広田　私は六ツか七ツの時、山内の中堂の上から小便して山番に叱られたことがあった。

西原　池の端に吹抜きという寄席がありましたか。

広田　イヤそれは今の池の端寄りの揚出しの処に「ドンドン」（不忍池の水の落口でドンドンと注いだから）といった寄席がありました。吹抜きは数寄屋町にありました。夏などは風が通ったに相違ない。いい寄席ですな立派な。持主は鳶《とび》の者でした。薬師の宮松に次ぐいい寄席です。

西原　仲間などが来たのでしょう。飲食店なんかは無銭でしょう。

広田　近所が板倉の屋敷ですし、一杯やって来るのです。いやもうもう、ただ、いやがらせに来ます。はたで嫌がってね。それとさし売り。

高木　どんな。

広田　青銭をさす。藁のミゴをよって端を片ヒザに結んで銭の抜けぬようにしてあるものです。それを一束ぐらい言い訳にもって来て、それを買ってくれと来る。だからいくらか買ってやる。

山下　大抵はもう、さし売りが来ると、それを出す前に鳥目《ちょうもく》〔編者註／銭のこと。中心の穴の形が鳥の目に似ている〕をやりますね。

高木　町内に居なくて。

広田　橋本町あたりに居ました。お日和御祈祷という奴も来たもので、何か商人の所だと縁起を祝うものだから、来ればすぐ銭をやってしまう。それがやれるようなら商売がいいんだと云っていた。湯屋なんか弱い商売だ。下々の下の商売だったんだからね。人の垢で食っているというので、普通の人一倍折れていたのだからね。それから常に乞食は台所口などへ来たものだ。私は小さい折、毎日のように「やあとこせ」（住吉踊）を招《よ》んでやらしたが、その連中が火事の時に手伝いに来たのは驚いた。角兵衛獅子なんか、いつもよんでいたものだ。こんな大道芸人は得意を廻れば、それでよいことにしていたものだ。

話は別ですが、猫が月夜に手拭かぶって踊るというのはほんとうだそうだ。これは兄や姉の実験談を聞いたのですが、ある長屋住居の人たちが毎度隣近所の手拭がなくなるので、皆が不思議がっていると、その中の一軒の独りものの婆アさんがある夜二時頃のこと、壁のくずれた孔《あな》から荒れた隣りの空屋を覗くと、大猫が手拭を持っていると、方々からめいめい一本ずつ持って小猫が出て来て、その大猫のグルリを取巻くと大猫が手拭を頭へのせて立った。それから小猫が残らず手拭を冠って立って両手を動かした。形容すればそれが踊りなのだ。で大猫のマワリを飛んで歩いた。動物というものは昼と夜と間違っているそうで、それで丑三ツが昼間なんだ。

それから先年私は上州の河原湯に行った。昔風の温泉で一人で泊っていた。谷間の水の音ばかりしていた。夜も方々明け放しだ。ある夜の二時頃だった。私は小用を催したので、障子をあけて出て梯子段を下りようとすると、中段に大きな黒猫が右の手で一匹の魚を押えていた。階下には四匹ばかりいて、大猫を敬ってる按排《あんばい》式だったが、大猫はその魚を手で下へ投げたら四匹はそれを持合って縁の下へ消えたが、その大猫が立ち止った私の足下からじっと顔面を見上げたときは不気味だった。そのあくる日、下女に委細を咄したら、それは山猫だそうだ。魚を盗んだのだといったが妙なもので、そのとき刀でもあれば身構えぐらいはしたろうと吾ながら滑稽を感じた。山猫は獰猛《どうもう》ですね。つまらぬ話で今日はいやすっかり独演会になってしまった。

（原題「江戸座談会　花見の思出」、『江戸文化』三―六、昭和四年）

4

盛り場と芝居・見世物

両国橋の東西、浅草寺界隈、上野山下などの盛り場には身分の上下、貧富の差なども消滅したかのごとくたくさんの人が集まりました。

大スター市川團十郎の登場で人気を博した歌舞伎は、日常生活から解放された別世界で、舞台装置、華麗な色彩の衣装・道具に人々は酔いしれました。人気役者への憧れは強かった。当時の芝居見物は一日がかりで、かなり贅沢な娯楽だったようです。

浅草寺境内の奥山や両国などでは縁日や開帳に合わせて見世物小屋がかけられ、軽業、曲独楽、玉乗り、手品、女相撲、ろくろ首、のぞきからくりなどを楽しみました。

富くじとは現代の宝くじのこと。文化・文政年間には三日に一回は江戸のどこかで富くじ興行が行われていたといいます。

江戸の芝居

岡本　綺堂

芝居茶屋を通して芝居見物

江戸の芝居というものをお話いたします。もっとも江戸といってもずっと末期のことですが、天保一三年末に芝居小屋が浅草の猿若町に移されて、猿若町一丁目に中村座、同じく二丁目に市村座、同じく三丁目に守田座がありました。江戸中に芝居らしい芝居というものは、この三軒しかなかったのです。そうして三座の役者は、一一月の顔見世を区切りにして、一年目毎に交代することになっていました。即ち一丁目の役者が二丁目に、二丁目の役者が三丁目にというように代わっていたのです。

その頃の芝居見物にも、木戸から行くのと、茶屋から行くのと二通りありましたが、大抵は茶屋から行っていたようです。

芝居茶屋は大茶屋・中茶屋・小茶屋の三つに分かれていましたが、大茶屋は自分の家に料理番を置き、いろいろ料理をこしらえて客に出していたのです。従って芝居のないときなどでも飯を食いに行くくらいのことはできました。中茶屋・小茶屋は客の注文によって他から料理を取っていましたが、むすびだけは必ず自分の家でこしらえていました。芝居の弁当といえば、幕の内といって、金の輪に飯を入れて打ち抜いたものですが、それを店前で女中がこしらえるということが、一つの景気になっていたのです。弁当といっても、普通の玉子焼、焼豆腐、麩くらいのものを味美《うま》く煮ただけで、ほとんど宇治里式の料理でした。が、注文さえすれば、どんなものでも取ることができました。また、幕の内の嫌いな者は、ちらし（普通の飯）を取って食べていましたが、どうしても芝居には幕の内、つまり芝居に付きもののようになっているので、それを食べないと芝居らしい気分になれなかったのです。

早朝から夕方まで芝居見物は一日がかり

芝居の開くのは朝六つ（午前六時）で、はねるのが夕六つ（午後六時）ということになっていましたが、時によると五つ（午後八時）頃になることもあったので、芝居を見に行く人たちは行き戻りともに提灯が要ったのです。現今の人から考えると、芝居を見に行くに提灯を点けて行くなどということは、まるで嘘のように聞えるでしょうが、その頃の江戸市中というものは、ところどころに広い空地があったり、竹藪があったりして、夜は真暗で、狸や獺《かわうそ》が出るという騒ぎです。

近い所の者は別として、山の手あたりから芝居見物に行くには、どうしても七つ（午前四時）起きをしなければならなかったのです。それも天気の好い日ならばまだいいですが、雨や雪の降っている時に、山の手から浅草辺まで、提灯をさげたり、傘を差したりして、足駄でてくてく歩くということは、並大抵ではありません。

それに、女などが芝居に行こうとするには、その前日に髪を結っておかなければなりませんし、着物ども揃えておかなければならないという始末で、そわそわと一日を暮らしてしまいます。また当日は早起きをして寝不足なところへ、芝居疲れと遠い道の往復とで、二重に疲れが出て翌日になっても癒りません。つまり三日がかりでなければ芝居を見られなかった訳です。で、金の掛かる掛からぬは別として、三日からの日をつぶして芝居に行くということが、普通の人にとってはなかなか容易のことではなかったので、その当時、変わり目に芝居に行き、三日目は鰻を食って、毎日髪を結うことが非常な贅沢とされていたのですが、変わり目の芝居といっても、一年に三回か四回くらいしか開場しなかったのですから、それを皆見たとて知れたものですが、さっきも言ったような次第で、大抵の者は年に一度の芝居見物すらも、そうたやすくはできなかったようです。ですから、芝居に行くことを無上の楽しみとして、待ちに待ち構えていたので、芝居を面白く感ずる度合も今よりはよほど深かった訳です。

山の手から七つ起きをして猿若町まで行きますには、浅草の門跡（東本願寺）あたりでしらじらと夜が白んできますが、武士などがその時刻に歩いていると番所番所で呼び止められて、「どこへ行く」ということを調べられます。が、あからさまに芝居へ行くということは言えません。徳川の制度として、表向き武士は吉原と芝居に行くことはできなかったので、親戚に急病人があるとか何とかいって誤魔化していたそうです。また、武士は芝居小屋の中へ刀を佩して入ることもできなかったのです。それは文久三年に細川家の武士が天竺徳兵衛の芝居を見物していました。ところが、天竺徳兵衛が親を殺そうとするところで、どうも親を殺すなどとは怪しからぬといって、その武士はいきなり舞台にかけ上がって、天竺徳兵衛になっている市蔵を切ろうとしましたが、幸い市蔵は逃げてしまったので怪我はしませんでしたが、それを止めに出た舞台番の男が切られて死にました。もう一人も酷い怪我をしました。この事が表向きになれば当の武士はもちろん切腹をしなければなりませんが、決して故意や悪意でやったことではなく、むしろその動機が善なので、細川家の方でもいろいろ手を廻して、遺族の者に相当の手当などを与え、内分にしてしまいましたが、本人は乱心ということで国許へ押込められたそうです。

それ以来、芝居小屋の中へ、武士は刀を差して入ることを禁ぜられたのです。

また、紀州家の某姫が浅草の観音へ参詣の途中で、芝居を見たいといって一丁目の木戸のところへ乗物を下ろして、木戸の外からちょっと見ただけでしたが、とうとう表向きになって、供の者全部は切腹、姫は「縁組かなわぬ」ということで押込められてしまったとかいいます。

これとても江島生島の問題が起こらないまでは、そうやかましくもなかったのですが、彼の事件後ひどく厳しくなったのです。

芝居小屋の中へ無刀でなければ入られぬということになりますと、武士は否応なしに茶屋へ行って刀を預けなければならなかったばかりではありません。身分のある武士などになりますと、芝居の中でも頭巾を被るとか、頬冠りをするとかしていたのです。かの伊庭軍兵衛という剣術の先生などは、有名な芝居好きで、いつも芝居に行く時には、印半纏《しるしばんてん》を着て職人のようなこしらえで木戸から入っていたということです。これなどは極端な例ですが、ともかくも武士らしくないようにして、芝居に行ったということは事実です。

茶屋へ行くには出し抜けでもよかったのですが、ふりですと、どうかして場所のない時などに出くわしますので、大抵は前に申し込んでおいて行く者が多かったようです。

茶屋から行きますと、茶屋の若い者が茣蓙《ござ》と莨盆《たばこぼん》を持って案内をしてくれます。その頃は芝居の中で布団は敷かせなかったので、どんな身分の者でも土間へ薄縁《うすべり》を敷いたきりのところに茣蓙だけで我慢をしなければならなかったのです。それから茶と菓子とを持って来ますが、菓子は高坏《たかつき》に載せて出しました。その中にちょっとした口取で酒を出します。

昼飯は例の幕の内ですが、昼過ぎには鮨と水菓子とを持って来ます。これだけはおきまりで、何にもいわなくても茶屋の方から出すことになっていましたが、その他は注文次第です。それが明治以後になっては、菓子と弁当と鮨だけですます人も出て来ました。これを俗にかべすのお客といって、一種の侮蔑的の言葉に用いられていましたが、この頃ではかべすがもう普通になってしまいました。

芝居が刎ねますと、茶屋で夕飯を食べて帰る者もありました。さもなくば、浅草の奴（鰻屋）か、もしくは茅町の宇治里などへ上がって、夕飯を食べて帰ったものです。

茶屋の帰りには、茶屋の若い者が提灯をつけて、猿若町の角まで送って来ることが慣例になっていました。

芝居小屋は粗末で貧弱

芝居小屋の構造といえば、現今の人の思い至らないまでに貧弱で、粗雑で、酷く汚いものであったのです。天井は丸太の梁に簀の子《すこ》を張って、それに天幕を張り廻してありましたが、所々に丸太が見えたり、縄の結び目が現われたりしていました。場席のこしらえ方は今とほとんど変わりはありません。即ち東西に桟敷があって、桟敷の下が鶉《うずら》、鶉の前が高土間《たかどま》になっていたのですが、今日のように高土間と花道との間に前舟というものはありませんでした。両花道に挟まれたところが土間になっているのは今日も同様です。

小屋の周囲は筵《むしろ》を垂れてありましたが、便所というものが甚だ不完全でして、ただ土の中に樽を埋めたきりなので、夏の芝居などになると、その臭気に堪えられなかったそうです。のみならず、女などは到底そんな樽を埋めたばかりの便所へ行けようはずがありません。見物の一番困ったのはこの便所だそうですが、それでも茶屋から行っているものは、茶屋の便所へ行くこともできましたが、木戸から入っているものは、いやでも応でも芝居の便所へ行かなければならなかったのです。が、茶屋の便所へ行くとしても、現今はあゆみを渡っただけで茶屋へ行けるようになっていますが、その当時は木戸を出なければどこへも行くことはできなかったのです。もっとも茶屋の若い者が、草履を持ってときどき御用を訊きに来ることは来ますが、それとて大勢の人を相手ですからそうそう手が届きません。それに茶屋の若い者が来るのを待っていられないような場合もありますが、そういう折に裸足《はだし》で往来を歩く訳にはいきません。で、最初茶屋から履いて行った草履を芝居の中へ持って入って、各自の膝の下に敷いておいたものです。そうでなくとも土間などは五人詰で狭く窮屈な上に、泥草履などを持込んではたまったものではありません。まったく身動きもできなかったということです。

先刻も言ったように朝は七つ起きをして、雨が降ったり風が吹いたりしているところを、山の手あたりから浅草くんだりまで遠い道をてくてく歩かされた上に、芝居の中では身動きもできないような窮屈な思いをしながらも、芝居を唯一の面白いものとして、一般的に喜ばれていたというのは、他に行楽の機関がなかったのにもよるでしょうが、一つは時代の風潮でもあったのです。

（原題「甲字楼茶話　江戸の芝居」抄録、『木太刀』一六巻五号、大正七年）

猿若町三座の沿革

岡村金太郎

江戸三芝居と云えば、徳川幕府の末頃に江戸名物の随一として、浅草の観音の向こうを張ったもので、誰も知らぬものはないほど有名であるから、その沿革でも書いて見ようと思うのだが、そんなことはいくらも専門に研究した人があって、いろいろの本が出来ているから、何も別に事新しく詮議立をしないでものことではあるが、それはそれとして、自分の考古癖からの道楽にざっと。

芝居の始まりは女歌舞伎

いわゆる歌舞伎即ち今日の劇の始まりは、慶長八年に出雲のお国という女郎、佐渡島おくにというものが、京都で踊り始めたのから諸国に女歌舞伎が始まったのが、そもそもの起こりであることは、今更事新しく云うにも及ぶまいし、芝居という言葉の始まりは、平城天皇の大同年中、南都の猿沢の池の側の土が陥って毒気を吐出すところから、盛んに火を焚いてその気を圧し、かつ興福寺門前の芝生で三番叟を舞わして、この悪気の御祓いをしたところより、芝居の名が起ったのも又人の知るところであろう。

このお国歌舞伎の体裁は、竹囲い、蓆張《よしずばり》などで、しばらく一ケ所で興行してはまた他所へ行ったもので、その狂言も、僧衣を着て鉦を打ち、仏号を唱えて念仏踊と云ったのだが、その後名護屋山三郎というものが、お国に刀をささせ、頭を包み早歌を教えて舞わせた所から、歌舞伎と云った訳である。慶長頃のお国歌舞伎の絵を見ると、まだ三味線はなく、笛と太鼓と鼓、小鼓などで踊っているところが書いてある。

このお国歌舞伎は江戸にも流行って、佐渡島正吉という遊女が、上方から江戸へ下って芝居をしたのが、慶長十九年頃である。この女歌舞伎はもともと遊女で、それが京都で始まって追々盛んになってくると、昔も今も同じことで、その踊子は今の女優が色を売ると同じに、とにかく風俗を紊したもので、そこへつけこんで諸国の遊女どもも、我先にとこの女優志願をしたものと見える。

阿国歌舞伎（『骨董集』）☆

中にも名を得た遊女には、佐渡島正吉、村上佐近、国本織部、北野小太夫、出来島長門守、松山主殿、幾島丹後守などという、名ばかり聞いたでは堂々たる武士のようだが、之は元亀天正の余波を受けている頃であったからのことであろう。

禁止された女歌舞伎

そういう訳で、その路歴々の人々がこれがために遊蕩になったところから、女歌舞伎は遂に禁止されたのが元和九年であるが、それまでには、京都で初めは五条の橋の南にあったのが、四条宮川の西畔から東畔へ移り、所々方々と転々して、遂には六条三筋町も追立られ、西朱雀即ち今の島原に一廓を立て、傾城共はその外へ出ることを止められたとあるから、全く女役者と遊女と同一の径路を経たものと見える。

女歌舞伎禁制は、京も江戸も同時であったことであろうが、その禁止前江戸へ佐渡島正吉が下った頃、江戸も追々繁昌ゆえ、三里四方は野も山も、家を作り寸土の明き間もなかったが、東南の海際には、葭《よし》の生い繁っている原があったので、その頃江戸に来ていた京や田舎の者共が、この葭原を見立てて傾城《けいせい》町を立てようと、葭の刈り跡、爰やかしこに家作りして後のいわゆる葭原《よしわら》の基礎を作ったのである。

このことは後にこの同じ場所の葭の字を吉に改めて、吉原と云ったと同じ所ではあるが、これを吉原というようにしたのは第二回の時で、その時は庄司甚右衛門が開いたのである。それで第一回の時の町名は、本町、京町、江戸町、伏見町、堺町、大坂町、墨町、新町などと、大方京坂附近の名に因んで付けたもので、堺町、大坂町は今もその名を存し、墨町は今の住吉町で、新町は新和泉町である。浪花町や高砂町は後に出来た名であろう。それで家居も美々数軒をならべ、板葺に作ったので、本町を中にこめてそのめぐりに揚屋町と称して、幾筋となく横町を割って町を作り、ここに能や歌舞伎の舞台を立て、その外勧進舞、蜘蛛舞、獅子舞、相撲、浄瑠璃、いろいろさまざまの興行物があった。ここは今人形町の一部で、その附近に大門通りという町名のあることも、傾城町の名残である。

傾城町に見世物小屋

この新開の葭原は、色を鬻《ひさ》ぐ遊女の傾城町を主としたのではあるが、同じ遊女で舞伎を演じた女歌舞伎も、この中にたくさん居ったもので、これが後にこの地に江戸の三座の一の劇場が置かれるに至った起源であるから、これから書き始めなくてはならぬ次第である。一例を挙げれば、「来る三月五日かつらぎ太夫女かぶきをどりありりと、日本橋に高札をたつる」とあるのは、いつの三月五日か判らぬが、元和以前であることは確かである。

今一つ江戸芝居の発源地は、今の京橋区中橋広小路に、慶長年中、女かぶき幾島丹後が、ここで芝居を興行したことである。今こそ中橋広小路の名は残ってはいるが、橋のあった形跡は見当らぬであろうが、これは家康が、天正十八年八月朔日に江戸城へ入城してから、慶長八年に日本六十余州の人夫を集めて、神田山即ち今の駿河台から神田の高台への高地を切開いて、南の方入海四方三十町余の海面を埋め立てて陸地とした。南の入海とは今の常盤橋の芝崎の入海をいうと、慶長年中の『江戸図考』にある。今の東京の目抜きの場所、即ち京橋、日本橋の大通りから、前掲げた傾城町、即ち大門通り、人形町辺のところであったであろう。

そういう訳であったから、自然水はけを能くするため、日本橋から京橋へかけて、二町はさみに川があって、その中央が中橋であって、その周囲が少し広かったから、広小路の名ある訳である。その埋立当時は地固めをする必要があるところから、概ね人を集める趣向として、見世物小屋などが出来たものであろうと思うのである。

これらの女歌舞伎は、取締上猥《いかが》わしき事どもがあったので、遂に元和九年禁ぜられて、そこで初めてこれに代って、男歌舞伎が出来ることになったのである。

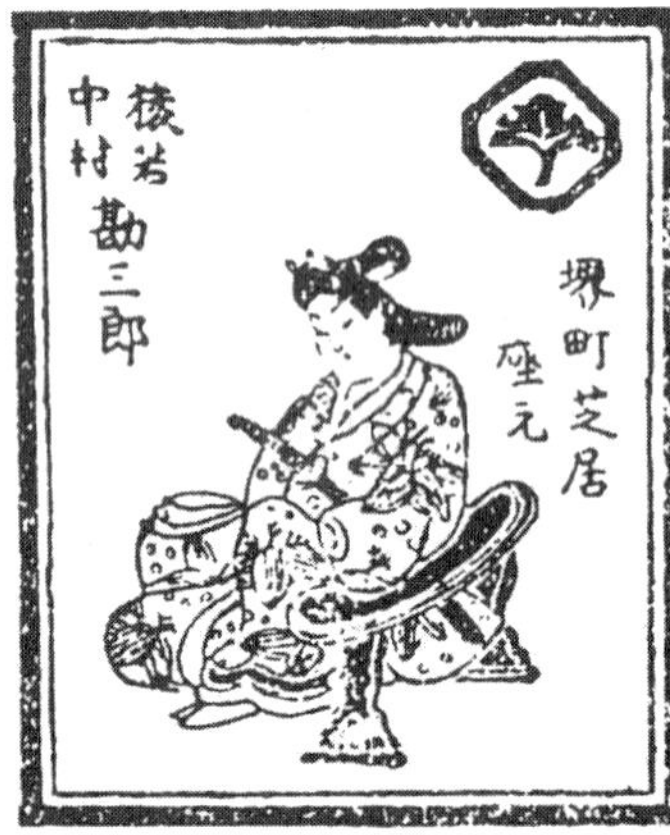

猿若・中村勘三郎(『歌舞伎年代記』)

男歌舞伎の始まりは中橋猿若座

男歌舞伎即ち今日の男優劇の始まりは、寛永元年二月で、中村勘三郎が江戸中橋で始めて、太鼓櫓を揚げた芝居を作って、猿若狂言尽の芝居を興行したのが、江戸常芝居即ち常設劇場の始元である。この劇場が後に、堺町の狂言座元の始祖である。中村勘三郎は初道順と号した男で、寛永九年に官船安宅丸を大門へ廻船する時、金の麾と猿若狂言の衣裳を賜わったので、それを持って美音で、木遣り調を唄ったことは人の知るところである。

この猿若狂言というのは昔禁闕や営中でもしたもので、今で云えば道外狂言のことである。それで中村勘三郎、即ち中橋猿若座の始祖の弟、杵屋勘五郎の孫の杵屋喜三郎が寛永十年に、芝居の囃子に三味線を用い初めて、非常に高評を博したのが、芝居に三味線を用いた最初で、これより劇も一層盛になる動機となった訳であるが、これは京阪で行われた上方唄とともに、発達していた三味線を劇場の歌舞に応用したのである。

前に遊女町が大門通りへ出来たことを云ったが、この葭原町は、元和九年の女歌舞伎禁制と共に荒廃してあったのを、後更に庄司甚右衛門が願い出て、その頃まで所々に散在していたのを、一ケ所に集める方がよいと建言して許可を得て、また遊廓を取立てたものであって、葭の字を吉に改めたのはその時である。一体慶長頃までは江戸に定まった遊女町がなく、傾城屋が所々にあったもので、中にも軒を並べて集まっていた所が三、四ケ所あった。即ち麹町八丁目に十四、五軒、鎌倉河岸に十四、五軒、大橋の内柳町に二十軒余あったのである。

その柳町というのは今の常盤橋御門の内で、道三河岸の辺であって、天正年中から殊に賑った町であるが、柳町という訳は、その町の入口に大小の柳が二本あったからである。今ここに傾城町があったなどというと、夢のように思われるが、常盤橋といういきな名前のあるのもその名残であると知れば合点が行くであろう。常盤橋はもと(『寛永図』に依ると)大橋と云って、大手口であった。

元は猿若座、市村座、森田座、山村座の四座

この中橋にあった猿若座は、寛永九年に日本橋の西河岸に移り、更に祢宜町に移って、慶安四年祢宜町

から堺町に移ったのである。祢宜町というのは今の長谷川町のことで、長谷川町は今は一町のみであるが、その頃はこの辺り即ち人形町の一部を云ったものであろう。これが江戸三座の一の猿若座の出来た初めである。

次に三座の一の市村座は、寛永十一年に葺屋町に出来たので、泉州堺から村山又三郎という者が、この地に下って公許を得て常芝居を興行したので、能の狂言をやって、役者を交え舞子六人で勤めたので、これが市村座の先祖である。その二代目が市村宇左衛門で、幼名を竹之丞又は卯左衛門と云い、上州市村下津間の座である。それで芝居名題は村田九郎右衛門で、彦作という者と相座元で興行し、三代目が市村宇左衛門の子竹之丞で、これ以後代々竹之丞と云ったが、昔はこの芝居を大芝居と云ったものである。

それで堺町、葺屋町は、後浅草に移るまでここにあったので、先達ての火災前までは、堺町に楽屋新道という名前の細い横町があって、そこに土蔵の長い棟が建っておったものである。

以上二座の外、今一つの森田座は木挽町にあったも

中村座（『戯場訓蒙図彙』）

ので、万治三年から太郎兵衛という者が、芝居を立て後に坂東又九郎の二男又七を養子として勘弥といったのである。それから河原崎権之助という者が、慶安元年に京より下って木挽町に芝居を立てたが、寛文三年に勘弥と相座元となったから、実は江戸には四座あったのだが、森田と河原崎と一所になったから三座になった訳である。それから木挽町には、正保元年から正徳四年まで、山村長太夫という者の芝居があったが、その年、奥女中江島と俳優生島新五郎との事件が起ったため、山村座は断絶した。

江戸三座の中、森田座は木挽町にあったから別として、堺町、葺屋町には猿若座と市村座とがあって、その附近には、昔葭原であった吉原遊廓があったのであるが、これは明暦二年十月九日に、本所の内へでも浅草の方へでも、どちらかを撰んで移ることにとの御沙汰があったので、今の浅草の吉原へ移る気になったものである。それゆえ、もと大門通りの遊女町にあった町の名をそっくり付けて、京町、江戸町、伏見町などといった訳である。それから今日の大門の入口に見返り柳があるのは、多分、これは別に考証がある訳ではなく、唯自分の想像であるが、昔常盤橋内に遊女町があった時、柳町というのがあって、その町の口に柳が二本あったという処から、その名残としたものではあるまいか。

浅草猿若町へ移転したのは天保年間

この三座が後、浅草猿若町一丁目、二丁目、三丁目へ各一座ずつ移ったのは、天保十四年の秋のことで、それは天保十三年正月に、時の宿老水野越前守の緊縮政策の余波を蒙って、特許劇場の三座は、浅草山之宿の小出伊勢守の下屋敷、一万百五十坪の代地へ移転せしめらるることになったためである。それで猿若町一丁目には中村座、即ち猿若座、二丁目には市村座、三丁目には河原崎座が櫓を上げることになった。

河原崎座は森田座と合併していたことは前に云ったが、河原崎座の方が森田座よりも十二年前に木挽町に劇場を創めたので、森田座が創まってから、三年後に衰亡に瀕したところから、終に合併して、この時守田座を本櫓とし、河原崎座を控櫓《ひかえやぐら》とし、本櫓に故障が起ると、控櫓が代って興行するという、両系迭立の策を定めた。そしてこの両座は天保度に至る百余年間に、各六回ずつ興行していたのだが、其後訴訟の結果、安政二年十月二日のあの大地震の後、猿若町三丁目に久しぶりで、守田座の名を見るに至り、「森」の字を「守」の字に改めたのもこの時からである。

この猿若町時代は実に盛んなもので、自分の子供の時代には、よくその話を聴かされたものである。ところが明治維新と共に、思想の変化が起り、従来俳優は、河原者といって賤められ、身分のあるものは、公然には見物せぬものとされていたのが、自然俳優を厚遇するようになったのは、泰西文化の東漸と共に、自らここにあったのであるが、この端を開いたのは、明治七年に横浜の豪商高島嘉右衛門氏が、新劇場港座を同港住吉町に建てたことからである。

これより先猿若町に一廓をなしていた三座も移転の自由を得て、明治七年に河原崎権之助、即ち後の市川團十郎が、まず芝新堀に河原崎座を開き、明治十一年六月守田勘弥が、新富町に新富座を新築したのは、近世演劇の面目を一変した最初である。

以上でまずざっと、江戸三芝居の沿革を述べた訳であるが、このほか舞台の様子、道具、立女形、時代物等々の話になると大変な次第だから、まずこの辺りで打出しとすることとする。

（『江戸時代文化』一―一、昭和二年）

芝居茶屋

樋口二葉

江戸の芝居茶屋のことを書くには、先ず江戸の芝居、即ち代表劇場三座の位置を明かにせねばならぬが、一番古いのは誰でも知っている中村座で、初め猿若座といい、寛永元年中橋に建ち、同九年に祢宜町に移り、慶安四年更に堺町に移った。次が市村座で、初め村山座といい、寛永十一年葺屋町に建つ。次が川原崎座で、慶安元年木挽町に建築した。また万治三年に同町に森田座が建ったが、寛文三年に川原崎座の振わざるより森田座に合併し相座元となって興行を続け、中村、市村、川原崎の三座を三芝居と称した。その後天保十三年の改革に浅草猿若町に移転後も、三座は同所にて興行を永続して来たのである。

寛永元年二月十五日猿若座が歌舞伎狂言を初めて興行した頃には、芝居茶屋というものの無かったは言うまでも無い。祢宜町時代の末期に至って、後に水茶屋と称したものが出来たが、茶釜を据え葭簀《よしず》の囲いを為したるホンの腰掛茶屋であった。けれども客を劇場内に送迎するので無く、芝居がハネて後入場していた客の渇を凌ぐところに止まり、劇場とは何等の関係もないのであった。当時は地上に蓆《むしろ》を敷き見物した頃で、後世の如く茶屋の必要もない、劇場も芝居小屋と云い、現在の縁日興行物に毛の生えた程のものに過ぎなかったので、場内の片隅には囲いもない小便所のあると云う殺風景なものであった。

劇場に桟敷《さじき》の出来たは正保三年であるが、この時代にも芝居茶屋と云ったものは無いようであった。当時身分ある女客も折々観劇するところから厠《かわや》の設備がないので、マサカ場内の隅に蹲踞《しやがん》でシャアシャアとも遣れず、これにはほとんど当惑する自然の要求に応じて、中村座の前に和泉屋勘十郎という者、水茶屋

芝居茶屋(『絵本駿河舞』)

の稍々《やや》小綺麗なものを創始し、身分ある女客の休息に充て厠を貸すことを目的に始めたが、抑々芝居茶屋の起りであろう。

明暦三年版の著者不明『銀杏の落葉』に「四五年前より芝居町にありける腰掛茶屋も追々立派に成り、中にも座元の身寄りなる者の由にて勘十郎と申す者、和泉屋の暖簾かけたる一軒は、中村座へ客の案内も仕はじめたり、就中《とりわけ》便利なりとて女客に評判よきは、厠の設け美々しくしつらえ置き、幕間に小用を足させるより繁昌したりければ、之れをまなびたる家も出来たり云々」とある。これが芝居茶屋の初めらしいが、水茶屋で暖簾をかけたとあるは疑問である。この和泉屋勘十郎は後に中村座附大茶屋の筆頭であった。

祢宜町にも葺屋町にも不完全ながら茶屋の芽生は出来たが、芝居茶屋として観劇のお客を送迎し専門の営業となったのは、中村座が堺町へ移転後であって、その以前は手もなく今の小待合のようで、舞台子《ぶたいこ》または色子などといった若い役者を、客の需めに応じて迎え、座敷を貸したのである。かくして役者とこの営業者とが段々接近して心易くなる。

これらの秘密会合所を芝居茶屋と世間から称されたが、それも最初は専門に客と役者の媒介を営業としたのでは無いらしい。芝居に関係する者などが内職的に潜《もぐ》りで遣るのもあった。また水茶屋も元の葭簀張りに茶釜を土間の竈《かまど》にかけ、床几を置いて渋茶を汲んだ質朴の光景より一変し、葭簀は門口に立てかけ茶釜は土竈に据えても、二階建の家屋となって客を引き、或は家続きに放れ座敷を造って男女の会合に便ならしめた。

寛永十二年の奥書ある写本『おぼろの月影』に舞台子の全盛なる状を述べ「芝居近所の出合屋は、武家方僧侶は云ふも更なり、歴々の女中方も忍びの御見物に、若衆を招きて歓楽をつくさるゝは苦々し、下々の色好みする女は全盛なる舞台子を呼び揚げること中々なるものから（中略）手のあくを待ちこがれ僅の間にはかなき口説を楽しむ云々」とある。これに因ると当時は未だ茶屋とは云わず出合屋といったかのようである。

元禄の半より宝永の初にかけ、芝居茶屋はますます発展したが、正徳四年絵島生島の騒ぎから法令の制裁が厳重になって、一時芝居と共にお取潰しになるならんと心配した。その事は『続元宝説録』にも絵島の処刑のことを云いて三座の停止に及び「茶屋々々へは何の御咎めもなかりしが、座元が永劫の禁止になるとの世評ありければ、銘々易き心もなく過ぎけり、然れど七月に至りて三座元だけは稼業の御差許しになりしかば、茶屋々々も蘇生の思ひをなし、神棚に造酒を捧げてよろこび祝ひける云々」とあるが、これも一時の打撃に過ぎずして半年も経過せざるうちに、婬靡な風はいよいよ猛烈になって芝居茶屋は雨後の筍のごとく、続々と出来るに従って、その間に区別立ち、大茶屋、小茶屋、水茶屋と三階級に分れたが、後には大茶屋の称はそのままに残りしも、小茶屋は中茶屋と称し、水茶屋は小茶屋と称するに至った。大茶屋は各座の表通りに軒を列べ料理店を兼業し、中茶屋、小茶屋は座の裏通りに在りて俗に裏茶屋と称して繁昌したもので、この大茶屋、裏茶屋のとなえは猿若町に移って後も変ることなく、猿若町に劇場が存立していた間は昔時の面影を止めていた。

正徳の末享保の初めに掛けて各座に座附茶屋が出来、殊に中村座附の如きは大中小を合して七十軒からの茶屋が出入したとは、その隆盛想像の外である。

中村座附は、大茶屋に彼の芝居茶屋の本家本元なる和泉屋勘十郎を始めとし、伊勢屋半助、海老屋庄七、中村屋由太郎、高麗屋竹右衛門、沢潟屋治兵衛等十九軒、中茶屋十五軒、小茶屋二十八軒、外に十六軒組がある。この十六軒組は楽屋新道の北側にあって、中村、市村の両座へ客を送っていたのである。

市村座附の大茶屋は、柳屋ます、中菊屋栄蔵、奥州屋小平次等十軒、中茶屋十七軒、小茶屋十七軒と十六軒組、葺屋町川岸辺りに四軒ある。

川原崎座附の大茶屋は劇場の左右に猿屋伊八、相模屋大次郎等十二軒、尚お前茶屋と云い劇場の前側に二十三軒あったが、それは裏茶屋と同じである。

座附大茶屋の体裁はといえば、表の天水桶に「櫓附料理茶屋」と記し、軒には家号と紋処を描いた暖簾をかけ、また「番づり」と称し、家号紋処を藍と丹に描いた太い長提灯を一ッ店頭《みせさき》に吊した。それは顔見世狂言の時は劇場内へ名題俳優のみの提灯を吊した例を追い、大茶屋は茶屋中の名題という格式で番づりを下げたのだ。また中村座ばかりは小茶屋には殊に暖簾を許さず、店頭に葭簀を建掛け、土竈を築き茶釜を掛けさせ、水茶屋の面影を遺したが、他座は小茶屋でも暖簾を掛け、後には葭簀茶釜などの制限を置かないのもあったから、中には中茶屋と小茶屋との区別は知らぬ者には解されなかったという。そこでこの茶屋株の売買は大茶屋が百五十両から二百両、中茶屋から割合に安く十五両から二十両、小茶屋になると一両二分から二両というので、芝居の出方は出ものがあると争い買ったものである。

茶屋より木戸まで行くには福草履で、雨天には山桐に貧乏鼻緒の下駄であって、それを桟敷へ入る処まで履いて行くのであるから、御殿女中や身分ある婦人は雨天などに足袋を汚して惨めなさまであり、かつ当時でも劇場内に女の厠が設けてないから、幕間に茶屋へ小用を足しに行くのが例で、この小用という奴が裏茶屋の二階において怪しからぬ挙動のある一つの原因ともなり、また裏茶屋の繁昌する原因とも成った。

それについて享保廿年板の『楽屋の裏道』に「芝居小屋の雪隠は形ばかりの惣雪隠にして穢《きたな》きこと限りなし、とても一張羅著《いっちょうらき》たる婦人の用を足すなどは思ひも寄らざれば、ある座元は屋を綺麗にしたらんには人々の便利なるべしと云ひ出しけるに、裏茶屋中よりの苦情出でゝ沙汰止みになりたり、其のいはれ知りがたし云々」とあるにても、茶屋の故障は客を釣り寄せてムラムラと気を持せ、弱点に喰下って誘惑を試る手段もあったように考えられる。

同じ書に「如何なる茶屋々々にても、舞台に出でざる陰間を出張らせおき云々」と記してあり、チョンの間を勧めた形跡が髣髴《ほうふつ》するようでもある。これも同じ書に舞台子、陰間の価を書いてあるから、一寸内密に紹介するが、昼六ツまで（日没）明け六ツまで（夜明）仕舞三両、昼或は夜のみの片仕舞一両二分、外に小花として一分、他行は昼二両、夜二両で、一時でも半時でも値段に変りなく、陰間に限って瞬間の相手をさす場合は定めの半額であった、それも馴染の客の外は定め通り取ったものの由。また舞台子、色子は初め堺町、葺屋町の大茶屋に同居していたが、芝居の隆盛に伴うて人数の増加したので、葭町に移り、格子戸作りの家へ柿色の暖簾をかけ、十七八から二十くらいの若衆が、シナラシナラとして裏茶屋へ入り浸ったものである。

かかる悪風は以前よりあり、既に享保八年の法令に芝居茶屋の家作り座敷向きを囲い、放れ座敷を作ることを禁じられているので、大茶屋だけ法令の表を守って店頭《みせさき》より奥まで見通しに、襖も障子もかけ払ってあるが、二階になると左様ばかりでは無かったけれど、大茶屋には風俗壊乱的の事は無かったものとして、裏茶屋のみが背負て立っているのだ。大茶屋は前にも述べた如く料理を兼業としていたから、客の需めに応じて抱えてある色子を酒席に侍し、酒色ともに相手をさせたもののようで、大茶屋が料理を兼業するについてはいつ頃からであったか、未だ確言することは出来ない。

併し芝居茶屋の勃興は客を劇場へ案内するというよりも、むしろ色道の一大発展に起因しているので、祢宜町時代より堺町、葺屋町の初期若衆、野郎の歓迎され、全盛を擅《ほしいまま》にした場所は真逆《まさか》野天でもあるまい。何れも料理店かそれと類似の家であったは争うべからざる事実で、芝居茶屋の多くはこれらに関係のあった料理店が、各座附の茶屋と名乗り、傍ら観劇客の送迎を始めたのである。茶屋よりは料理屋の方が専業であったから、中には庖丁の利く料理人もいて、美味《うま》いとか一寸《ちょっと》訝《おつ》だとかいうものを喰したが評判となり、大掛りの店を張る茶屋は料理を兼業しているうち、一方では風俗壊乱的行為が愈々盛んになる。

公儀の取締は表通りに最も厳重に来るところから、一組の客より帳場で一分の祝儀を貰いしとて大茶屋の家台骨を蹈えることは難いので、その欠陥を補うために料理の方に力瘤《ちからこぶ》を入れ出して塩梅《あんばい》を競った結果、料理は堺町、葺屋町の大茶屋に限ると食通に煽動られ、兼業の方にて声価を揚げたは珍らしもの好きの江戸ッ子の猪牙《ちょき》掛りが、大なる声援をして芝居の休座中でもドシドシ押掛け、庖丁の手際も上手であったろうが、庖丁そのものよりは評判が大きいので大茶屋の料理と名に遺ったというを憚らない。殊に安永天明度における彼の各藩のお留守居なる者が、贅を競うに黄金の威力を示して種種の熱を吹き、王侯を凌ぐほどの驕奢に耽った。

また観劇の時にも帰りには必ず茶屋で酒食する。酒食の席には何れ怪物が横行する始末で、少し負けん気のある者は芝居町の料理を喰わねば江戸子でないように云われるから、痩我慢しても入込み、訝《おつ》だの美味のと雷同して到頭担ぎ揚げた傾きがある。それに対して一々当時の書いたものを列挙考証すると、好加《いいか》減《げん》な法螺《ほら》談でなく想像説で無いことも知れ、物識《ものしり》らしい顔もできるが其様《そんな》なことは抜きにして、彼方此方より一摘《ひとつまみ》ずつを採ったのが以上の通りである。

天保十三年の改革で浅草猿若町に移転後も、大茶屋、裏茶屋の営業振りは元地と変化なく、大抵は座附茶屋も移転して営業を継続した。ただ変ったは中村勘三郎抱え色子の名義にて、葭町その他に散在していた者が、天保十三年七月二十五日より残らず所払いとなり、芝居町に引取り親元へ帰りたるもあれば、俳優の弟子になりまたは養子になるもありて、表面は色子、陰間の跡を絶ったのである。

然れどそれらは名義が役者になって人数が減じたるまでで、猿若町に移りてもやはり裏茶屋の状況は元地と異なるところはない。色子という専門的の営業者は無くなったが、一般の若い俳優は却ってその後継者たる傾向を生じ、況してそれ以上の年配の女形の発展は一層猛烈を極めて、女客を堕落させることはむしろ色子時代より物凄い光景で、裏茶屋なるものはほとんど現時におけるチョン待合と同じことであった。彼の享保八年の茶屋に対する法令、その後数々の申渡し、また更に寛政元年九月家作建築方の命令、外より家屋内の見通すように致すべしとの厳達も何らの効なく、表茶屋即ち大茶屋は法令によって稍々制規を守るけれど、裏茶屋に至っては魔風恋風に吹きまくられていた。

大茶屋はここでも料理屋兼業で、随分派手なお客も来たが、元地ほどの繁昌はしない。各藩のお留守居なる者が余り驕奢に流れた悪弊を取締られ、手許の窮屈に成ったので、昔日の如く華美な贅沢が出来ないのに因るからであろう。けれども中々盛んなもので、大茶屋へ来て酒食するもので芸妓でも連れている客とか、京橋、芝、日本橋、深川、本所などの川筋の客になると、山谷堀より船を仕立てて帰る。また観劇終って後は必ず酒食を茶屋でするのである。

これらの客が酒食する際には女客は多く俳優の若いところを招くもあるが、大茶屋では秘事はない、招かれて来る俳優が立物であれば、祝儀が千疋（二両二分）を出すまでだ。また招かないでも芝居がハネると俳優は、宛も流行芸妓の如く掛持にて猿若町三座の茶屋を彼方此方と廻り、贔屓客へ挨拶に廻るが、これにも客は千疋の祝儀を惜むことが出来ないのである。時には大茶屋より裏茶屋へ咬え出して一芝居を打つもある。辛辣なのになると、芝居ハネてより廻しを取って大発展するもあったそうである。男客の方でも贔屓俳優を呼ぶことはあれど、芝居がハネて酒食する時、又は酒食にのみ来る客は、芸妓を招くが例であるので、たとえ芝居の休座中でも必ず堀の芸妓で相応なところを二枚くらいは毎日お約束でしまってき、これを上置きに跡は明いている芸妓を招んだものだ。

裏茶屋になると客の宿泊するは珍らしくないが、表茶屋でも当時の演劇は朝が早く夜が遅いので、中村座《いっちょうめ》を今日見た客が翌日市村座《にちょうめ》を見るとて茶屋へ泊るのもあった。また十一月の顔見世には種々の飾物なども出来て、芝居町は総て正月の式で何れの茶屋でも雑煮をこしらえ、贔屓のお客が来れば鴨雑煮を馳走し、客先へは浅漬を竹皮に包んで顔見世番附と共に配ったものであるが、維新前まではなおこの光景を保っていたこの一廓は、いつも賑かで色っぽい空気が棚引て人の心を誘っていたけれど、変遷に伴って芝居もそれぞれ他に転じ大中小の茶屋も今は失せて、芝居茶屋というものは真摯《まじめ》な営業となって了った。

〔後　略〕

（『日本及日本人』大正六年一月）

芝居の褒言葉

広田　星橋

褒め言葉を道楽にしている輩

看るなり聴くなりして感動を起すものの中で、演劇が一番大衆の直感を惹くので、その技の妙処に感極って勢い絶叫する、讃辞が湧いて騒ぐ者も多い。また見られる役者もその声に面目を施すといったようなわけで、その昔は毎年十一月顔見世狂言の節などは殊更「褒言葉《ほめことば》」といって、舞台の役者を当込んで褒めちぎった名台白《せりふ》を作って演技の半に美音で言わせたものだそうな。

私が幼時、猿若町折檜下の芸者の姐さん株が揃って褒言葉に出たことがあった。新富座でも一遍それを行ったことはあると思う。慥《たし》かに記憶にある。何に致せ、それは具体化した現われで一つの形式が出来たのだ。まずそんなことは別として、不断一幕見《ひとまくみ》の場所（明治の末）から鉄柵を隔てて見るようにしたので「熊」なぞといったが、以前は労働者などや奉公人の芝居は飯より好きという輩《やから》が、仕事の合間に駆抜けて来て一寸でも見たいという、芝居気違いの側が立見に来るので、一口に「立見」また「一幕見」の客というが、この客はそう軽蔑は出来ない。何故なら元々熱心家なのだから中々見功者で俳優の仕草の呼吸を窺い舞台を傷けぬように分秒の隙を狙って絶叫する。いわゆる褒め方にソツがないといえる。

今日では欧風の習慣に倣い、見物中は食物一切を厳禁するという工合だから、随って余計な褒め声も聞かなくなり、ただ拍手ぐらいに止まるが、以前はこの褒め言葉を道楽にしている輩が少なくなかった。そうしてこんな連中は一ツ幕を二、三遍見て世間へ宣伝する。今度の芝居はこの幕が利キ者だと思えば、その場の道具から衣裳まで暗記して評判してくれる。

事細かに批判を下して得々然たるものがいた。御存じの『客者評判記』でその有様が頷かれる。そんなことを年中の慰楽として働いてる輩があったが、今は亡い哉であろう。これから褒言葉の種類を寄集めて見ようなら大分ある。尤も勝手なことをいうのであるけれど、演技の間に挾むのだから簡短を要すること一トロを尊ぶのだ。

多彩なかけ声

「成田や」と、これはその俳優の屋号を唱えるので普通何人もいるが、これは寛延宝暦の頃團十郎を褒めたのが始まりだとか。それから文政頃には屋号を呼ぶ習慣であったと。正徳時分には手拍子を打ったというが、これは定めてパタパタと急霰に拍手したわけではあるまい。大まかに手を拍ったのであろう。やはり「ヤンヤヤンヤ」という呼吸かと存ずる。今日のそれとは呼吸が全然異うことは推せらる。

俳優の住所を呼ぶことになったのは、四代目團十郎が深川の木場に居たからそう呼んだのが初めだと。その姓名を呼ぶことが行われた。「市川」とか「團十郎」とかいう。それから明治になって「堀越」「寺島」などというようになって、実名を呼ぶのを玄人がって呼んだ、でなければ「福ちゃん」、「栄ちゃん」などといった。

その俳名を呼んだのは享保年間だというが、「おらが路考」だとか、つまりひいきの余り他人に向っていう劇通の間に行われた蔵前の札差連中などの洒落らしかった。

「親玉」と呼ぶのは二代目團十郎からだそうだが、私も「親玉」は屢々耳にした。

「親方」と褒めるのは四代目團十郎を「木場の親方」というに始まったというが、これは普通「立役」名題役者を呼ぶ敬称で、また座頭が太夫元の家筋に当る俳優は「旦那」といった。でその倅分《せがれ》になれば「若旦那」というのでそんな穿ちを呼んだものだ。

「金箱《かねはこ》」と呼ぶのは安永の頃、三代目瀬川路考に始まるとか。

「大明神」と呼んだのは仙女路考に始まると。「浜村や大明神」「仙女大明神」とか単に「ハマハマ」といった。途中で美しい娘などを冷やかすにも「ハマハマ」などといったことは人情本にも見えるが、私の母などからそんな事実談を聞いているが、その人気の程も押計られる。

「天道様」と、これは宝暦の頃からだというが、昔の歌右衛門が『清盛』を演じた折、場内観覧席の「向正面」という舞台の反対正面の階上前側に赤紙を丸ワクへ張ってその中へ蠟燭を灯し、太陽と見せた物を出したが、その時そう呼んだと。それは同優が好評であったから敬称の意が籠っていることは無論であるが、私とて「お天道様」と褒めた声は耳馴れていた。壮士芝居が始まってから「太陽」などと呼んだことは知って居る。

「舞台を背負って立て」と呼ぶのは、二代目團十郎が『曽我の五郎』を演じたときからだと。それは縁の下から片手で「家の建築物」を差上げて出たのでそういったと、それも後に屢々呼ばれたのだ。

「ヤンヤヤンヤ」は正徳頃からというが、これは間の狂言でよく分っているが、時代物にはよく出る褒め言葉で珍しくもない。

「ヨーヨー、ヤアヤア」などは皆「ヤンヤ」の転訛とも見られて単に間投詞と思われる。

二優が舞台での仕草を見て「御両人」などというは、浄瑠璃とか所作事などでよく出る感歎の言である。「千両」とか、二、三人に対しては「二千両」とか「三千両」とかいう。これは俗に「千両役者」というところから始まったのであろう。

また「頓智気褒め」というのがある。敵役が憎々しき仕草があれば「馬鹿野郎」とか、立役に対して罵《ば》詈雑言《りぞうごん》を吐くと、「罰当り」、「引っ込め」などという。これはその仕草の真に迫るところから湧くのであろうが、理屈を申せば演者に対する侮蔑といわねばならぬ。また技の拙劣なるを指して「大根役者」「大根ッ」「馬の脚」などという。

それから今日スッパリ廃ってしまったのは「濡事師」と呼ぶ演じ方である。ジャラジャラと腐った女のようだというが、また「色事師」ともいって今日の婦人方は一見嘔吐の思いであるとて、今日はたとえ時代物でもさほどいやらしくは演じないらしい。それは別として、やさしくて綺麗な男は女性の先天的性質として筆法から「女殺し」などという。また「若衆形」とか「娘形」とかの舞台に対してもそういうのであるが、これは演技上の性質は別として、男性にしてこの女性を演出するは一般女性の恍惚するところであろうとの意を絶叫するのであるが、明治に至って「男地獄」とか「女荒し」とか冷却する習慣も行われた。昔から俳優は婦人の垂涎するところとて、こんな習慣も生れてきたわけで、芝居全盛時代の遺風と見て差支えあるまい。

序《ついで》に申す。芝居でも、浚《さら》い（温習会）でも、常磐津なり清元なり太夫が節廻しの妙味に感興を惹く際、「檜物町」とか「浜町」とか家元の住居の町名を呼ぶ、また現に演者の出来事や内容を穿って、いわゆる『悪褒《わるぼ》め』というようなことを味噌にしている輩がある。たとえば「誰々が待ってます」とか「誰々とお楽しみ」というような場当りをいったりする。それから以前は浄瑠璃が終るや否や「惜し――」という温習会などで必ず出る言葉であったが、それは今西洋劇で「アンコール」と叫ぶと同意なのであると思う。こんなことは取立てていうべきものでもないが、些々たる慣習ほど世の推移と共に疾く絶滅するものであるから、諸君の嘲りを顧みず長々と記したわけで、御退屈さまでした。

（『江戸時代文化』二―一、昭和三年）

芝居の稲荷町

河竹　繁俊

稲荷様は座の鎮護の神

江戸の劇場で最も多く祀られていたのは稲荷様であった。その座その座によって称呼は違っていたが、大抵は伏見稲荷を勧請したものであった。

明治以後、猿若町から都会の中心へ、それぞれ出て来てからは、建物の外へ別に社祠を設けて、××神社と称して稲荷様を祀ったのもあったが、多くの場合には、楽屋口を入った所に神棚が設けられてあった。芝居では恒例のように祀られたのは、この稲荷様のほかに、曽我兄弟を祀る習慣があって、楽屋三階の大部屋の入口に神棚が設けられてあったという。曽我を祀ったのは、例の曽我兄弟を取扱った芝居が、吉例となって以来のことであろうと思う。そのほかには、狂言作者を中心としての天神様があった。どうかすると、作者部屋に常住は天神様の祠もないくせに、急に祭壇を設けて天神祭りを催すようなことさえあった。

しかし、何と言っても、稲荷様はその座鎮護の神、氏神として最も大切にされていた。稲荷祭り、曽我祭り、天神祭りという風に各々年に一度ぐらいずつ催して、劇場内部の人から関係者へ、赤飯に煮染《にしめ》、供物の笹折などを配って祭典を執行した。今でもその習慣は残っている。稲荷祭りのほうは任意であるが、無論景気のいい時にやる。曽我祭りだの、天神祭りだのは、上演される狂言に因んで催される。例えば『菅原伝授手習鑑』が上演されるに因んで、これは筆道の大親分だというので、作者部屋が中心になって天神祭りを催すといったようなわけである。

下廻りの役者「いなりまち」

役者の下廻りに「いなりまち」というものがある。今日ではほとんどそういう階級の下廻り役者はないが、少なくも明治三十年頃までは大劇場の楽屋に存していた。

ちょっと聞くと、下廻りの役者全部をひっくるめた称呼のようにも思われるし、また、一、二の随筆によるとそうとしか思われないようでもあるが、いわゆる下廻りの役者とは全然異なったものであったという。

楽屋の三階に大きな部屋があって、そこにいるのは、今日の名題下である、相中上分《あいちゅうかみぶん》、相中、それ以下の下廻りの役者達であった。ところが「稲荷町」（多分いなりまち、、、、、はこう書くべきものだろうと思われるが）という連中は、第一階の部屋に詰めていたものである。下の部屋であるから、一と口に「下の部屋」と呼ばれていた。芝居の内部では時として、「いなりまち」とも称したが、むしろ「下の部屋」という場合が多かったという。もちろんこの唱え方の変遷は時代と共に変った点もあろうが。

「いなりまち」という称呼は、吾等の想像する所では、稲荷様の神棚のある通り筋のうちにその部屋があったからだろうと思うが、どうであろう。この点に関して、何か照会すべきものがあったら大方の示教を仰ぎたい。

さて、この「いなりまち」「下の部屋」にはどういう素性の役者がいて、どんな役廻りを演じていたかというに、下の部屋の頭《かしら》というものが一人いて、監督をしていた。頭になるものは、相当の技倆を持ったもので、名題下役者、相中上分くらいの役者であった。舞踊の心得もあって、少しは振《ふり》もあれば、多少の作意もあり、人格的にも勝れた者がなっていた。そうして、その配下に五、六人、多い時で十数人ぐらいの役者を預かっていた。この配下になっている役者は、一種の見習、教習生のようなものであったらしい。

田舎から盛名を慕って上京し、是非弟子にしてくれと依頼された役者があるとする。すると、その役者は田舎の人にしろ、都会の人にしろ、その人をまずいなりまちの頭に預ける。これこれの人で、役者になりたいというのだが、「当分預かって丹精して見てくれ」と依頼する。また何か特別の事情ある座方関係者から子供を托されて、将来役者に仕立ててくれというのがあると、直にこれを普通の子役扱いにせずに、いなりまちの一員にする。また大部屋の役者でも、特に頭を見込んでいなりまちへ入れて貰うものもある。つまり座附の役者と師弟関係を結んでいない、俳優の依托所兼研究所という風の性質のものであったらしい。

頭は前にも言った通り、舞踊の心得もあり、音曲の心得もあるというわけなのだから、配下の者を何くれとなく教育する。明治初年までの各劇場には、「序開き」という、ほんとうの開幕劇があった。これは全然狂言の本筋に関係のない一幕で、今の時間にしたら十五、六分から二十分くらいの長さのもので、しゃれた趣向によって脚色されたもので、多くは時代物風のものであったが、その中には世話狂言の要素もあり、舞踊の要素も多分にあり、立廻りもあるというもので、いわば歌舞伎芝居の要素という要素を手ッ取り早く盛り込んだという形のものであった。芝居として勝れた趣向でなくとも、（勝れておればなお結構だが）、役者の練習用として役立つように工夫され、用意されるべき性質のものであった。

見物人がいなくても「序開き」を演ずる

いなりまちの役者はこの「序開き」を主となって演ずるものであった。「序開き」というものも、狂言作者の執筆入門で、作者主任である立作《たてつく》りの指導によって、極《ご》くの下の作者の書くものであった。「序開き」を書き慣れてから、三立目という序幕の軽い場を書かして貰えるのである。この「序開き」の中にはいろいろな要素があるから、いなりまちの連中（単に「若い衆《しゅ》」とも呼ばれたこともある。古い台本の中に若い衆として書かれているのはいなりまちを指したものだとの説がある）、いなりまちの若い衆連中は、頭の指導を得て大いに稽古するのである。そのくせ、「序開き」などというものは、夜の全く明けきらないくらいのうちに演ずるもので、見物人といってはほとんどないと言ってもよかったという。

つまり舞台に慣れるため、いろいろ役者として必要な要素を練習する所、訓練される所に「序開き」はなっていたのである。従って、いなりまちに居る者も、勉強次第で頭の眼鏡にかなえば、急に立身して相中になるものもあり、見込まれて名題役者の養子や弟子に貰われるものもあったという。

稲荷もうでの挙に因んで、芝居の稲荷町のことを聞知するがままに書きつけて見た。

（『江戸時代文化』一―三、昭和二年）

座談会

江戸の芝居

浅草伝法院

〈出席者〉
伊川梅枝／大槻正二／西原柳雨／
野見濱雄／広田星橋／三村清三郎／
山中共古

〔前　略〕

大槻正二　今の見世物のある所を新開地といいました。今六区と云いますが、罪人を連れて来て土盛りをしました。

野見濱雄　明治十二年頃。

大槻　私達の時は新開地へ行くと云いました。

広田星橋　いろは長屋、くじゃく長屋。

大槻　けわい坂、かむろ坂、衣紋坂。

西原柳雨　道哲〔編者註／浅草西方寺の僧。小塚原刑場へ連行される囚人を念仏を唱えながら土手で見送っていたという〕が六地蔵を刻んだということが俗談になんかありませんか。そうすると都合のいい句があるんですが。

山中共古　正元と違いますか。小塚ッ原、深川八幡、品川、蔵前、新宿、巣鴨、皆鋳金です。正元と八百屋お七との小説を書いたのがあります。

西原　それかも知れません。

山中　もう少し古い所に六地蔵があります。元禄くらいですが。元禄頃のは立っております。一つは谷中の三崎通りにありました。また他にも一つありましたが忘れました。それも六つあったと云います。

大槻　どうも川柳って分りませんな。その時分の洒落がありますので。

山中　洒落は分りませんな。理屈でないので。

野見　小石川の圓乗寺です、お七の寺は。

西原　門松は、宗旨によって立てないのがありますか。

野見　少しは立てます。

大槻　仙台では二本松は立てません。

野見　三味線堀の辺に佐竹の屋敷があったが、その屋敷の飾りが内飾りで、元日の飾りを忘れてあべこべにやってそれが例になって。

西原　佐竹の人飾りとかいって、三味線堀の同邸では門松を立てず、裃着用の人が門松の代りに立っていたと聞きましたが、川柳にも「門松の代りをもする秋田者」（文化）などあります。

伊川梅枝　私も兄梅園から同じように聞いております。向柳原の松浦様では、椎の木の飾りです。椎の木が松の代りに立ってありました。それで椎の木松浦と申しておりました。節分の時は、柊《ひいらぎ》に赤い鰯《いわし》をさして出口出口に立てておいたものです。徳川様では大手の所は「しきび」をさしたそうです。それは武田氏が攻めて来た時に柊をさすのを忘れて「しきび」をさしたので戦に勝ったので、大手だけは「しきび」をさすということをききました。

野見　昔は、皆様もそうでしょうが、私なぞ先祖が元日に討死しましたので元日一日刃物が持てません。

西原　〃門松は冥途の旅でない宗旨〃〃浅草の市に一向用はなし〃などの句によれば、一向宗では松飾りをしなかったものですか。

山中　一向宗では立てない人もあります。

伊川　墓場には一向宗では線香もない。又卒塔婆もありませぬ。これは御布施の話ですが、ある一向宗の寺では、御経料の外に奥さんや御嬢さんに別に心付をやったものです。その時奥さんや御嬢さんは、自分の居間で念仏したものです。

西原　他の宗旨はやりましたか。

山中　他の宗旨もやりました。

三村清三郎　真宗では松飾りはしないのです。するのは仕来りを忘れた家です、墓参にも線香を立てぬが本格です。今は忘れられています。

（三村先生御持参の日本橋、呉服橋の橋名の拓本をかけらる）

三村　江戸橋もあったんですが、どうしても見えません。

大槻　吉原揚屋町、京町、あとはちょうです。揚屋があったから揚屋まちなんですな。

山中　四万六千日〔編者註／浅草寺の縁日で特に多くの功徳が得られる日〕に唐もろこし、ほおずきを売りますか。

野見　売ります。

山中　四万六千日の話。

野見　徳川の大奥にはいろいろな規模がありましたよ。

広田　看板に辻番付の他の広告の仕方は、三座共に明治前にはなかった。初めて芝居から世の中へ配ることは、明治十九年一月十五日先代芝翫《しかん》の時に〝木戸銭のただ七百は安いもの芝翫《〔四貫〕》の芝居見ると思えば〟。

三村　私も見ました。

大槻　芝居見物のお客様は、芝居茶屋から行くのが上等。普通は木戸から。附込といって前に注文があると茶屋では席を取って置く。上等のお客で、カベスそれは下等の方。口取をとるのは上等。別にセリ料理を取ってお帰りをするのはも一つ上等。お客様から勘定を受け取るのは、午後二時か三時頃になると場代を芝居の方から取りに来る。お客が羽織等を預けるとそれを質に置いて渡す。その場代のことをケシという。お帰りの代で質を出す。

広田　殊《こと》に裏茶屋なんてひどいもんです。

大槻　皆茶屋で頭をはねる。

三村　帰りに小田原提灯をくれました。今日では、提灯の用はほとんどないが、旧《むかし》は町でも今のように照明具が無い。夜は提灯がなくては歩けなかったのです。それだから大晦日のように夜の往来の多い日には、大きい提灯をつけ、婚礼があれば町内では大提灯を出す。一ツは自家の標識でもあり照明のためでもあった。

大槻　茶屋の印《しるし》がありました。

伊川　猿若町一丁目なら猿若一丁目何屋と書いてありました。

大槻　芝居町の芸者は芸が出来た。

伊川　釣看板が見通せました。

大槻　薄情者は吉原者、芝居者とされていた。金次第の意味で。

三村　今ではこれ以外に政治家と○学者とを加えたい。

大槻　大道具というのをやらなくなったね。

広田　ああいうものでは芝居が一番変ってるようですね。今日では楽屋では符牒をあまり使わないでしょう。

伊川　幕が閉まると「誰それだい」と呼んだものです。その幕に出た役者を、書出しより順々に呼んで座頭に至りました。

広田　一番目と二番目のわかれです。

伊川　口上なんか出ませんか。

広田　出ません。

大槻　半畳《はんじょう》〔編者註／観客が用いた小さな敷物〕を入れるは悪口ということで。昔気にくわないと自分の半畳を舞台に投げた。吉野は釣花ばかり見るから云った。下等な所。ただで見る人（でんぽう）か安く見る人のゆく所。

西原　江戸の芝居では切落《きりおとし》は土間の追込のようですが、九州地方では切落は一番よい所、すなわち花道に添った桟敷のことをいいます。上方ではたしか出孫というと思います。

大槻　新富町が出来て新高というのが出来た。西福寺の中に相撲の興行があったのじゃアありませんか。吉原、芝居町、山谷堀の盛り場は地価は高かった。山谷橋（吉野橋）の袂《たもと》に八百半〔編者註／八尾善の誤りか〕という料理屋があった。

伊川　今戸橋の角に桜屋という料理屋があった。今戸橋の通りに「大七」という会席茶屋があった。今戸の通りの裏通りで大川端の角、現今の澤村宗十郎氏の宅がもと有明楼という会席茶屋がありました。

広田　舞台番は上手と下手。制するのは狂言の邪魔にならないようにする。舞台の方は見ない。それがおっかなかった。高場では舞台の方を見てる。お役穴（今の警官席）。

伊川　舞台番、森田座が元地にあった時分のことですが、市川市蔵が天竺徳兵衛をしたことがありました。その時親を大変粗末にする所がありまして、そうすると見物席からなんぼ芝居でも親不孝にも程があるといって、一人の侍が飛び出しました。役者は皆んな逃げてしまいましたが、舞台番は怪我をしました。それから大騒ぎとなって侍をつかまえて自身番〔編者註／警備のため町内に設けられた番所〕へ連れて行きました。その侍は細川藩の人で江戸へはじめて出て来たのだそうです。あまりに感じすぎて飛び出したのでしょう。後、細川様へかけあって帰しました。昔のお役さんは四、五人出張していて、本花道の七三の上位な桟敷二、三間くらいな所に出張していました、狂言の都合で遅く夜になることがあると、御役さんに行って願って許可にならなければ出来ませんでした。（いつもは夕方はねます）。

大槻　今の巡査より勢がいい。

広田　ズボラのようで規則がキチンとしていた。きまる時はきまった。けしというのは帳面を消す意味。

大槻　舞台番は客が刀を抜いて来てもそれを留める。今のように理屈ッぽくない。木戸芸者というは芝居町の太鼓持〔男芸者〕であります。芝居の帰りに芝居茶屋で、芸者などを上げて騒ぐ時に呼ぶもの。役者の声色などを使わしたり、色々の芸をさせて座をもたせるに呼ぶのです。私の知っておる木戸芸者は、玉金と〆八と二人でした。玉金は猿若町二丁目の役者新道に行こうとする横町にいました。昔は、十一月の顔見世の時に、鼠木戸〔編者註／芝居小屋や見世物小屋の入口に設けた狭い木戸〕の所で「こわいろ」を使ったそうです。これは来年出る役者の声色でありましょう。いうまでもない御存じのことでしょうが、顔見世というものは来年その座へ出役する、役者の紋看板をその座の看板の所へ書出より順に並べて掲げたものです。その折には芝居の前は勿論のこと、役者の宅の前、芝居茶屋の前へ、積樽、炭俵、菓子のせいろなど積みものをしたものです。これは「ひいき」の方から贈ってくるものです。その時は芝居町はなかなか賑やかなものでした。

広田　守田勘弥は半分云って分らない奴は役に立たないと云った。ツーといえばカーという呼吸が肝腎なのだ。

大槻　浅草新堀通りで話の種は。

広田　鳥越座。川上のオッペケペの時代。中島座を御存じかしら。この芝居は明治四年まで薪商石渡吉蔵という者が両国で薦ッ張の百日芝居を興行して、俗にこれを三人兄弟と呼んで大繁昌だったが、同五年取払いの命を受けてからその年に蠣殻《かきがら》町二丁目へ座の建設を許可して貰って、翌六年の四月二十四日に落成して開場した。座元は吉蔵の後家の甥で平吉というのが行っていた。その建物は間口が十一間余、奥行が十八間余という中芝居だった。もっとも当時の規則で廻り舞台は出来なかったのです。座頭は亡くなった中村寿三郎（先代左団次の兄）、倅《せがれ》の鶴松（先の米蔵、現に振付となってる藤間勘寿郎）と活躍していましたヨ。アノ帝劇に出てる幸蔵が五代目の音羽屋を気取って「音羽屋、音羽屋」の声が割れッ返るばかりだった。実に開ける度に大入大繁昌で、後には大阪上りというので段四郎が松尾猿之助と本姓を名乗って加入した。それで大ケレンを演ったから益々見物は押掛ける大景気だったが、明治二十年十二月十八日の夜焼失して遂に廃座となってしまった。

大槻　賞めるのは度々見に行って稽古して、こことという所で賞めるのです。

広田　楽屋でも上手いことを云やアがるもんだなど賞める。邪魔になるようなことはしない。

大槻　先には何遍見に行っても面白かった。

広田　今じゃア見物も熱心でない。

大槻　六二連なんって非常に権威のあったものです。

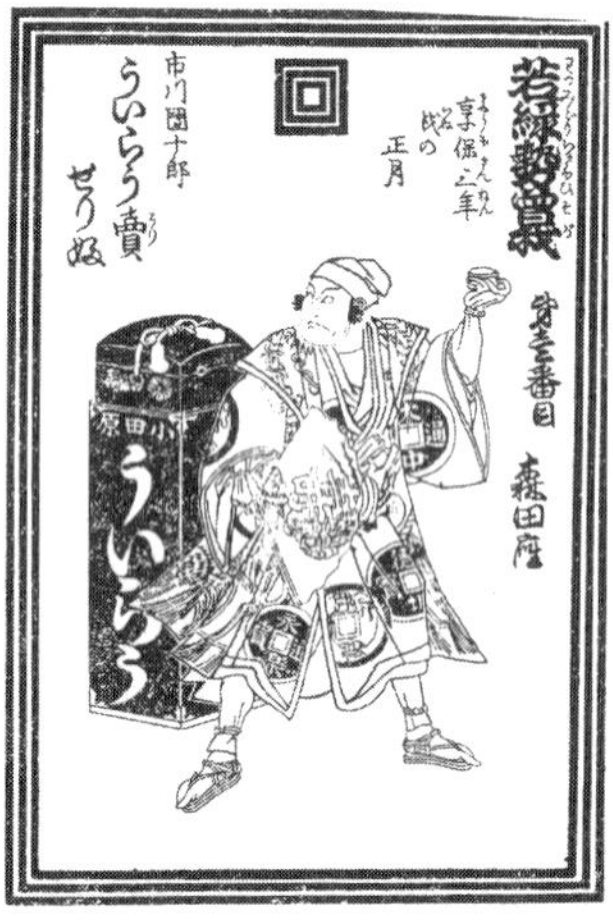

市川團十郎の「外郎売」
（『歌舞伎年代記』）

伊川　六二連は三升連といいまして、團十郎の方ですが、二側目の六をきまって取りました。それで人が六二連といいました。人が云ったのが名前になりました。

　昔の連中は、今のように子供も、女もいるという風ではありません。芝居の通人しか入っていませんでした。二十人か三十人くらいなものでした。その頃イ菱連、かつみ連、三升連が競ったものです。それでイ菱連は歌右衛門の連中、かつみ連は阪東三津五郎、三升連は市川團十郎の連中です。ある時一丁目、二丁目、三丁目と三座で五右衛門の狂言をしたことがありました。團十郎、歌右衛門、三津五郎の釣看板が出ました。その時三津五郎の釣看板へ「三右衛門にもまだはやい」といたずらを書いたものがありました。連中が競っていましたからね。

　三升連の幹事は、三笑亭可楽の息《そく》で又兵衛、俳名を志猿といったのがしていました。連中の人々は皆んな俳名がついていました。通人でした。時々会がありました。会の時には柱へ狂言見立のつけれんなぞを飾りまして、会の終った時に籤《くじ》で分けました。会費は五十銭くらいでした。積金で幕をこしらえたりしました。それで芝居を見に行く時には積金の中から出しましたから只で行きました。帰りには茶屋で酒を飲み、芸者をあげ、役者をもあげました。また連の方へは役者が来ました。

（原題「江戸座談会」、抄録、『江戸時代文化』第二巻第四号、昭和三年）

江戸の大道芸

佐井田安伴

家伝の歯磨売り

居合抜の歯磨売は、浅草御蔵前の長井兵助と三田松本町有馬邸前の某とが江戸に於ての本家であった。二軒共表間口二間半許りで、浅草の店は白地に藍の大形井桁のうちに長の字を書いた幕を張り、医師の玄関の如くしつらえ、其の正面に真鍮《しんちゅう》作りの長短大小の居合太刀を幾腰も刀掛にかけた。

三田の方は幸橋御門外、御成門外の路傍に露店を張り、五六間四方に太い麻縄を張廻し、正面に台をそえて其上に刀掛を置き居合太刀を飾り、前方の小さい台には三宝が置いてある。居合抜の扮装は、黒の五ツ紋に小倉の袴をつけて高股立をとり、白襷を十字に綾どり右手に白扇左手に丈余の居合太刀を握る。履物は一本歯の高足駄。こんな風体で見物の前にあらわれ口軽な口上を述べて笑わせながら家伝歯磨の効能を説き立てる。

見物は居合抜見たさに歯磨の一袋も買って熱心に聞いているが、なかなか抜いて見せず、しびれをきらしている内に長刀を短い太刀にかえ、前に蹲《うずくま》っている抱えの小僧目がけて斬りつける真似なぞをしてお茶を濁してしまう。見物の方でもしまいには立っている足が痛くなって一人去り二人

歯磨売り(『金儲花盛場』)

去り、結局歯磨を買わされるだけで、肝腎の居合抜は滅多に見られなかったということである。今日蛇使いの薬草売りが怪しげな草を買わせて置いて、なかなか使って見せないのと同じである。

砂で描いた絵

先頃『砂絵呪縛』という映画があらわれ、砂で文字や絵を書く見世物のことが出て来たが、これは芝増上寺の御成門前馬場の土手際に限っていた。この土手際の十坪余の地は石や瓦を取除けて平にし、始終水を含ませて置く。つまり地面を作るのが容易でなく、何処でも店を開く訳には行かなかったので、自然一個所に限られていたのであろう。それで砂文字を書く親爺は、朝のうちに地面をよく掃除して水を注ぎ、人のそろそろ出かける時分に、五色の砂で絵を書くのである。この辺は何時も種々雑多な見世物や飲食が並んでいて、天保銭一つで一日遊べるようになっていたので、随分人出があったそうである。

砂文字の絵は午前午後の二回に美しい大作、頼光の鬼退治、吉備公の野馬台詩を読む図などが書かれたが、あとは三尺四方の略画が多かった。砂を握って五本の指の間から五線を出すのであるが、其の線が細大自由で細いものは毛のように書けたという。

講釈（『吾妻余波』）

砂絵（『江戸府内絵本風俗往来』）

大道講釈

これは路傍へ葭簀張を構え、その正面へ講壇を設けて喋舌《しゃべ》るのである。講壇の下には幾個もの腰掛を並べて客を呼ぶ。

別に木戸銭を取るでもないが、ロハで聴くことはなかなか出来なかったそうである。何故というに、講釈師は講釈をしながら、絶えず扇を開いて聴客の胸へ突きつけ、銭のある以上はやらずには居れないようにする。知らぬ顔して側見をしている訳にもゆかず、三度に一度は拠んどころなく遣る。向うでも貰わずには置かないという面構えだから、客にも随分鉄面皮なのがいようが、持合せがある以上、寛永銭の一つ位出さずには居れなかった。この腰掛へ腰をかけて二時も三時も聞いているのは、大抵旅の者か近在の者で、江戸ッ子や女で長く聞いている者は一人もなかったという。

大道講釈は宮本武蔵、荒木又右衛門、岩見重太郎、金比羅利生記に限っていたといい、その出る場所は木挽町、両国筋違橋、上野山下、浅草橋内、麹町堀端、赤坂御門外堀端、御成門外、などであった。これ等は大抵下卑で聴いていられないものであったが、又それでなければ客が集まらないということであった。

丹波国から生捕った荒熊

丹波国から生捕った熊といっても、本物の熊ではなく人間がやるのである。先ず自分の総身を灰墨で真黒に塗り、荒縄で鉢巻をして髪は乱髪にし、眼ばかりギョロギョロ光らせていきなり店先などへ来て、大地にうずくまり右の手に持つ細竹で地上をピシャリと叩き、へェ丹波国から生捕り吊ました荒熊で御座い、一つ鳴いてお目にかけますブルブルブルと唇を鳴らし、銭を貰って行くのである。随分な思いつきで、如何に商売とはいえ、甚だ感服しかねるものである。

〔後　略〕

（原題「江戸風俗雑話」、『歴史公論』一―一、昭和七年）

両国広小路

綿谷　雪

江戸に於ける古くからの娯楽街は、堺町、葺屋町、木挽町の三ヶ町で、これらの地には芝居のみならず大道芸人、見世物などが常に繁昌して、盛んに江戸の人士をひきつけていたのである。この三ヶ所が古くから娯楽方面の政府の指定地となっていたことは、寛文元年十二月二十二目の町触、及び天和三年二月の見世物その他役者衣装に関する禁令に明記するところであるが、このほかに宮地芝居といって、社寺の境内は民衆のために開放されてあり、例えば芝神明や根津権現などは早くから興行地また大道芸人の出場として著われていた。

しかし小屋掛けや露天興行の手軽なものは一日半夜にも急造できるものであるから、いわゆる大道芸の名目にも知られる如く、広小路、火除地等にて人出の便あるところはいずれも早く利用されていたもので、これらは無免許であるから、交通の妨げを理由に随分早くから度々の制禁を受けたのである。

＊

両国広小路は、江戸の民衆娯楽地の一としては、浅草の奥山と並んで特に著名な存在であったが、それが何時代から、かく殷賑地になったのかは、よくわからない。

だいたい、両国橋の創架年代そのものに就いてからが、諸説ありて一定しないのだが、最も信を置いてよいと思う『徳川実記』や『柳営日次記』等によれば、万治元年七月架橋の発令あり、同二年十二月十二日竣工、渡りぞめありということになっている。すなわち、明暦大火の罹災にかんがみ、府を隅田川以東に拡張するための創架で、その前は「半島の渡」という渡船場であったものである（但し現在の橋の位置は、僅かではあるが当時とは違っている）。この架橋に際して、はじめてその橋詰め東西に火除明地（広小路）が出来た。

この橋は天和元年流失（一には焼失ともいふ）して、爾来元禄九年までの約十五年間は、これより南方なる矢ノ倉に仮橋を架して通用に便じたが、この仮橋には橋詰広場がなかったから、娯楽地としては利用されなかったと見えて、天和の『紫の一本』はじめ元禄頃の地誌類を見ても舟遊び以外に両国が賑わったという記事は何一つない。

この橋が、仮橋を廃して元の位置に改架されたのは元禄九年九月のことで、両国広小路が殷賑地となるに至ったのは先づこの時より後のことである。

＊

橋の西詰を西両国、東詰を東両国（一にまた向両国）という。

この地に葭簀《よしず》張り（水茶屋及び見世物小屋をいう）の許可されたのは享保中のことで、先づ享保四年十月、両国橋東西橋番請負助成地（西、二〇一坪余、東、二五八坪余）の沙汰ありて、同十年九月に、右の助成地内の葭簀張りを許可され、次いで同十四年六月、水防請負助成地（六八二坪余）を仰付けられて、同十八年七月に右の助成地内にも葭簀張りが許可された。この両度の許可によって、当所広小路の殷賑の基礎が漸く具わったのである。

無論、これらの葭簀張りの小屋掛けは、将軍隅田川出遊の時には跡かたもなく取払わねばならぬことになっていた。それというのが、両国橋附近には将軍の揚り場（上陸地点）が二ヶ所定められてあったためで、「下の召場」は享保二年、「上の召場」は同三年に出来たものである。

＊

喜多川歌麿筆「享和年間両国川開之図」(『風俗画報』)

両国広小路の見世物小屋(『金草鞋』)

大体、江戸の水茶屋というものは、寺社の境内地などには古くより存していたとは云え、それらは漸く居著店（キツキミセ）となって、町名或は門前を称したが、あたかもこの年すなわち享保十八年の三月に、京都嵯峨の釈迦開帳が回向院で行われ、この時の人出で前記助成地内に許された葭簀張り水茶屋の繁昌は云わんかたなき有様であったから、それを真似て市内の各所に居著ではない葭簀の水茶屋が沢山出来ることになった。換言すれば、寺社境内地以外の水茶屋では、実にこの両国広小路が先鞭をつけたものと云うことが出来るのである。

然も同年五月二十八日、将軍吉宗隅田川に水神祭を行い、爾来この当日を「川開き」となすことになって、古くより賑やかだつた隅田川納涼の慣例は、漸次下流の三股から上流の両国橋へ遡ることとなった。

翌十九年三月、行徳で捉えた鯨の頭尾を、八文の見料で東両国石置場で見世物にしているが、これが文献の上での当所見世物の初見である。

これらの見世物、水茶屋、さては露天商、大道芸ともに、平常は主として昼前から夕方までに限ったが、特に川開き後の夏涼み期間中は、夜店夜業を許されるのが例

両国橋下には納涼船が集まる（『江戸名所花暦』）

であった。

延享四年二月に、当局は明地の床見世その他を撤去する命令を発したが、この時当所及び新大橋の広場のみは除外例として、取払いに及ばぬという特殊扱いを受けている。

＊

当所の繁昌を称して俗に日に三千両というのは、前記の水茶屋見世物を千両、納涼舟あそびを千両、及び毎朝の西広小路の青物市（元禄以来）を千両と数えたものであるが、そのうち隅田川の花火は天和頃から賑わって、後にはこの近辺の茶屋、料理屋、舟宿等の客引策となり、また一時は、東岸なる松井町、弁天町等の岡場所の繁昌や、吉原、深川への地の利を得た柳橋、薬研堀等の舟宿の隆盛を享けて一層賑わいの場所となって行った。

その明和頃の当広小路の盛況は『両国栞』（洒落本）に詳しいが、安永四年に大川中洲新地の完成を見て以来は、『中洲雀』にも云えるが如く、両国の賑わいは新地に取られて一時さびれ、十四年後の天明八年に中洲が廃止されてからは再び以前の景況を取りもどした。『東都歳時記』に

大路に仮屋を構へ、綱渡、軽業、南京操、猿芝居、其余山野の珍禽、異邦の奇獣に至る迄、種々の観物招牌をかかげ、噴吶の声かまびすしく、演史、土弓、影戯、笑語、篦頭舗、相工、術家の床、生果、石花菜など物として有らずといふことなく、橋上の往来は肩摩跟随、轟々然として雷の如し。

と記するのは、即ち天保頃の状況で爾来持続して幕末明治に及んだ。

明治五年から六年へかけて従前無税地であった床店、葭簀張りの取払いが施行され、俗に『青天小屋』と云われた小屋芝居は久松町に移って喜昇座となり（明治座の前身）、坂東村右衛門の芝居は蠣殻町に移って中島座となり、その他の見世物大道芸人類は秋葉原、佐竹原、筋違外広小路等へ引けて、跡地は全く旧観を失うに至ったが、川開きの花火は同六年以後六月二十八日に改め、同四十五年以後は七月第三日曜日

ということになって、辛うじてその面影を今に伝えている。

（『旅と伝説』一三―五、昭和一五年）

両国の見世物

三田村鳶魚

葭簀張りの簡易興行

江戸の末まであった両国の広小路、上野の広小路は見世物で賑った。その他火除地《ひよけち》（これは防火のために設けた広い空地なのだが、いろいろ変遷があって、時々新設されてはやがて消滅する）や寺社の境内で種々の興行があった。その中で両国は広小路と向両国《むこうりょうごく》と双方で、盛んに興行した。この場所も火除地なのである。一帯は空地でなければならない区域なのだ。

両国のみならず火除地の興行は、必ず小屋掛けでなければならぬ。常設の建物で興行したのは、中村・市村・守田の歌舞伎三座、肥前・土佐の浄瑠璃二座及び市ヶ谷八幡・芝神明・湯島天神の宮地三座だけであった。浅草寺境内の興行物もすべて小屋掛けであったが、新門辰五郎の手で文久の頃から半永久的な建物になったのが、今日の常設に到達する端緒なのである。故に常設の見世物小屋は古いものではない。

小屋掛けといっても、軽業とか曲馬とかいう類の興行物には、高小屋《たかごや》と称するやや規模の大きいものもあった。大規模の小屋掛けは回向院《えこういん》の相撲が一番凄じい。それでも上部を藁筵、下部を駄板で囲って、桟敷は丸太と駄板とを縄で結び付けたものであった。大概な見世物小屋は、板囲いでない、桟敷などあるのもない。竹沢藤治の曲独楽《きょくごま》が大評判であった時分には、板囲いの小屋で桟敷もあったが、そうした興行物は甚だ少かった。

入場料をとらない見世物

見世物のためには興行地域を与えなかった。小屋掛けを条件として興行させたのは、いつでも取り払うぞという意味を持っているのだ。葭簀《よしず》囲いで縁台を並べるまでのものに過ぎない小屋であるから、夕暮には並べた縁台を片隅へ積み上げて、囲った葭簀も巻いて取り除けてしまう。跡には丸太の柱が立っているばかりだ。晴天だけの興行で、雨が降れば休場するのは、角力《すもう》のみでなく、一般見世物が皆御同様なのであった。下足を付けないだけでなく、木戸がないのもあって、入場料を取らないのが多かった。入場料を取らない代りに、演技中に見物人の間を銭貫いに回る。見物人は随意に寛永銭なり文久銭なりをやるので、それに何程という極りもない。この種の興行物は午前十時頃から夕景まで演技していた。

木戸銭を取るのは切りがあって、見物を追い出したけれども、入場料のない方は全く見物が勝手に出入りしたのである。入場料のない興行は、講釈・祭文・新内などであった。興行地域を限らないから、便宜に開場させるのに都合が好い。小屋掛けなのだから設備費が少いので、入場料を取るにしても取らないにしても、見物の負担が軽い。改めて見物に出かけようと準備するまでもなく、時間の余裕を考える必要もない。勝手次第に見るなり聞くなりしてくればよろしいのだ。町家の丁稚《でっち》小僧が何よりの道草になったこの簡易興行は、直に民衆の自由な娯楽だったと思う。

両国の広小路は、将軍が鷹狩に出掛ける時に乗船されるので、橋を挟んでお上り場が二箇所あって、鷹御成の当日はすべての小屋は綺麗に取り払われる。取り払うといっても小屋掛けなのだから、前日中に柱にしてある丸太までも抜いて、跡へ箒目《ほうきめ》を付けるのに、あまり骨も折れぬ。今日も小屋掛けを条件として、公園のみならず空地へ、この簡易興行を許可して、僅かに残った大道芸を復活してみたい。カッポレや大神楽は寄席の高座の芸でない。新内も浪花節も、五つ紋や袴を脱ぎ棄てて江戸に帰れ、どこでやっても芸は芸だ。

（原題「江戸の民衆娯楽」より抄録、『週刊朝日』大正一三年四月一〇日号）

座談会

江戸の見世物

昭和三年九月三十日　浅草伝法院

〈出席者〉
漆山天童／塩入亮忠／鈴木経勲／高木好次／高田義一郎／高村光雲／野見濱雄／広田星橋／壬生雄舜／山下重民／山本錬蔵／渡邊　幸

鈴木経勲　今日は降りそうもないという予報でございまして。

高村光雲　ここは静かでよろしゅうございますね。昔のままですね。

鈴木　御意でございます。震災の後少し手入れをしただけでございまして。

高村　私は、子供の時、この庭をぬけて向うの田圃《たんぼ》を通りぬけて蛇骨という湯屋の前の通りへ出る。南に行けば田原町、北へ行けば車善七〔編者註／穢多頭弾左衛門の支配下で非人頭を務めた〕の邸、その先が吉原の裏になります。蛇骨という湯屋の通りがありまして、伝法院の西門、それを新門という。この門に十番組の頭が住んで新門の辰五郎〔編者註／江戸町火消し十番組の頭、侠客。徳川慶喜の警護にあたった〕という。辰五郎の惣領は仁右衛門と云って、早く亡くなりました。

鈴木　辰五郎の孫がいるそうですから、今日出席してくれるように北田原町の乗松という人に同伴して来るように申しておきましたが。

高村　今日ではわからなくなりましたが、三社様〔編者註／浅草神社〕の奥に稲荷様があって、その側に矢場が並んであって、その後ろの垣根が境内の界です。その外に一本の畦道《あぜみち》があって、東へ馬道へぬける田圃がずっと続いておりました。右手に六郷の屋敷〔編者註／出羽本荘藩六郷家〕がありました。丸の内で火事を出して替地を貰って、田圃の六郷といわれていた。狐火の燃えるのを見物に来ました。

鈴木　先代のここ（伝法院）の大僧正に可愛がられていた狸がありました。つい一昨年の冬頃でした。この狸は、この庭の中におればよかったのに、六区〔編者註／浅草公園六区。今も昔も大衆娯楽街〕の先へ散歩に出かけて、剣術使いの人の散歩して帰る所を、足のまわりにからんで、一打に殺されてしまいました。その人は狸の死骸を自宅へ持って帰りましたが、それが近所の評判となったのが伝法院へ知れ、それは先代の御前様《ごぜんさま》の飼っておられた狸じゃあないかというので、早速交渉して死体を改めると正しくそうなので、これこそ御前さんのお紀念のということがわかって、立派なお葬式がございました。これは江戸時代の狸で、ずい分長生きをしたものです。

高村　しあわせな狸ですね。

鈴木　埼玉県入間郡飯能の在、荒川の上流に岩井堂という所があります。この岩井堂に、こちらの観音様の出来ない時分だから余程古い噺ですが、ある旅僧姿の行者《ぎょうじゃ》が、この岩井堂村に足を留めていますうち、

新門辰五郎☆

老体のため病を得てこの村で死亡しました。その行者の笈《おい》の中に安置してあったのが、一寸八分の黄金仏の観世音の尊像であった。

　土地の人はこの行者の菩提を弔うためとて、この笈のまま観音様を岩井堂村を廻ぐる荒川の中央にある松と岩躑躅《いわっつじ》一杯に繁茂している島の中腹に棚に成っている処がある。そこへ観音堂を建立して、浄地を作って公園として置いたのです。ところがある時、荒川に大洪水が起って、この観音堂は押し流されてしまった。その流された観音様が、宮戸川まで笈と共に流れ来たのが三人兄弟（三社権現様）の漁夫の網に罹ったのであると云う口碑が、今でも岩井堂及びその付近一帯に亘って伝わっています。今でも現にその観音堂のあった跡に、堂を建てて観音様を祀ってあります。十何年程前のことでした。

　武蔵野鉄道の社長、飯能の富豪古能五郎、藤田愛助、金子忠八郎などと云う人が、この岩井堂の観音堂所在の島と、その付近約一町歩程を買収して、浅草観音様の別院建設の地に寄進したいと、伝法院の先の御前へ申し出たのでした。その時伝法院の御役僧と上野寛永寺の大滝師と五人ばかり、実地を見分に行かれたのでした。飯能側でも大乗り気になっていた処、その時に折悪しく比叡山に混雑が起って、岩井堂のことは沙汰止みとなってしまいました。惜しいことでした。

高木好次　新門辰五郎の家は、広かったのですか。

高村　小さいものです。辰五郎という人は、新門という門を預った人ですからな、門に向って左でした。伝法院の御出入で、すべて奥山〔編者註／浅草寺本堂の北西一帯。見世物小屋が集まる江戸随一の盛り場〕を支配していたらしいようですな。その頃は、同じ観音の境内でも、うしろの方は奥山と云いました。

鈴木　雷門に向って右側に、「とんだりはねたり」がありました。竹を小さく切って、麻糸を縒《より》を強く

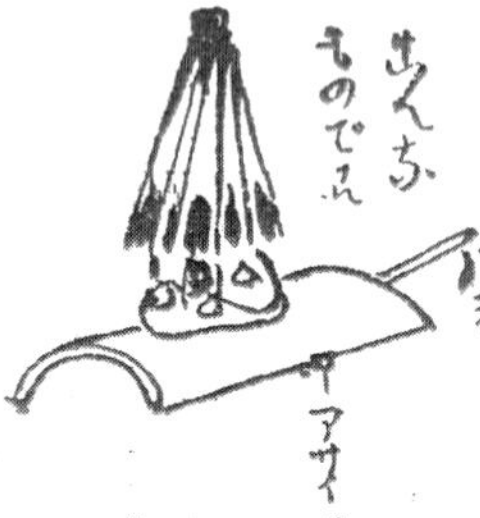

とんだりはねたり☆

掛けて小楊枝ぐらいの棒を付けてバネにしてあって、万能膏がつけてあって、その上に助六など人形がついていて、その上に傘をかぶせている玩具を売っています。これは将軍の御成りでも動かしません。莫蓙《ござ》を敷いて露天で。

高村　雷門に向つて右に、唐獅子屋という紺屋がありました。その敷地に莫蓙を敷いて。

鈴木　それだけは爺さんの料地で、流石《さすが》の新門も何とも云えませんでした。この玩具を跳ねさせるのに爺がやると、うまい具合に飛びます。「一つ長屋の佐治兵エ殿、四国を廻って猿となる。ひょい、ひょい、ひょい」とやって、うまく手を拍つと跳ね飛びます。するとかぶせてある傘が飛んで人形が現れるのです。その言葉が面白う御座いました。八文でしたか。

高村　まことに安い物で。

鈴木　言葉を乳母や子守がよく覚えていまして。

高村　自分で作って、いや、まことに粗末なもので。

鈴木　あの時分は、乞食でも、お染の狂言をして歩くものなども、木綿でもほんとの衣裳は着たのはありませんでした。縄衣裳と云って、裃《かみしも》や帯も皆縄で作っていましたのなどは面白いでした。

山下重民　道路にて演劇をした乞食の縄衣裳は、太縄、細縄、米藁《こめわら》の三種の外は用いず、しかも手際美事に作りしと聞きました。

高村　そういうものを、こしらえて貧民窟で貸す商売もありました。六部なんかも借物ですな。三人くらいで、真ん中を笈を背負った親方が歩いてゆく。左右を、子供の巡礼が、ふせがねをたたいて、軒別に貰って歩いていました。

鈴木　乞食の言葉に、「右や左の旦那様や御新造様、どうぞこのあわれな

六部（『四時交加』）

盲に一文ほどこして下さいまし」と云いまして、節《ふし》をつけてどなっていましたが、仲々遠くまで聞えるような声のものがありました。

山下　右や左の云々といっていた乞食は、昔はざらに居りました。近年まで田舎にはたまに見受けましたが、今は見当らぬようです。

高村　盲の爺を孫ぐらいの子が連れて、つけ木を売っているのがありました。この子供も借物です。

鈴木　杖にくけ紐なんかつけて引張られていき、又いざりなんかは、いざり車を漕いでゆくのが上手なもので。

高村　撞木《しゅもく》の杖でな。

鈴木　夕立が降ると面白い。皆嘘ですから、尻をまくって駆け出しました。

高村　親孝行なんてお貰いがありました。人間が立っていて、人形の張子が前にあって、足が出ていて、丁度こごんでいる人が歩いて、おぶさっている人の足が出ている。ほとんどおぶさっているように見える。

高木　自分がおぶさっているように見えるのですね。

高村　鉢巻をして、袢纏《はんてん》を着て、千両箱を重そうにかついで、軒別に歩いて、「今日大阪の鴻池からお金が届きました」と云って、銭を貰うのもありました。まあ縁起が良いと云うので、この商売もたち行きました。顔に鍋墨をぬって、「丹波国から生捕《いけど》った荒熊でござい」と口でなき声をすると云って歩く。荒熊というのは、「あら熊は乞食の中の面よごし」という川柳にもあります。

山下　この荒熊は私も見たことがあります。総身を灰墨で塗り、荒縄で鉢巻きをして眼ばかり光らせていましたのを覚えています。

鈴木　独《ひと》り相撲がありますな。いつでも自分が負けます。自分の手で負けるのです。負けないとお客が

親孝行(『吾妻余波』)

笑いません。土俵際で、踏み止る格好なんかは、とても上手でした。

山下　この独り相撲も見たことがあります。手に手拭と扇を持ち、呼出しの声色《こわいろ》から、力士力士の癖の身振り、行司式守・木村の容子《ようす》を看《み》せるなど巧妙にて、ほとんど真に迫っていました。

高村　裸体で、しめこみをしめて、仲々汚い身体でな。乞食でも、軒別に貰っていくのと、一町内を何かやって流して歩いておいて—鏡山の草履打〔編者註／歌舞伎の鏡山物に出てくる「草履打ち」の場面のこと〕か何か—一旦見せておいて、帰りに両側を貰っていくのとありました。ただ貰うというのは柄の悪い方で。

鈴木　よほど、呑気な時代でした。

高村　おででこ、しなだまなんて。首に箱を掛けて種々の人形を出す。

山下　吹矢なんかもありますね、私は芝の神明でよく立って見ていました。

高村　どっこいどっこいと云って、四文おいて紐をひいてな。

山下　今残っているのは、ほとんどないでしょうな。

鈴木　小判を菜箸《さいばし》で油壺からはさみ出すのがあります。大判で三十五両でしたか。はさみ出すとやるというのですが、三十五文でしたか。誰がやって見てもすべって出すことが出来ないで銭だけとられるのです。

鈴木　柳原に、左の手のない乞食が、独楽《こま》を廻していました。独楽を棒杭のような手の上に受け止めて廻しているのを、皆人が立って見ていました。

高村　広徳寺前に、下谷稲荷町の下谷神社向の前に溝があって、その前で始終大きん玉というのが出ていました。これは、きん玉の脇へ瘤《こぶ》が出来たのだそうで。その上に伏鉦《ふしかね》を置いて、たたいて銭をもらって

独り相撲
（江戸府内絵本風俗往来）

いました。それと並んで、遠眼鏡《とおめがね》をおいて、昼間星が見えると云って、講釈を云っていました。天文学のたぐいですな。お天陽様《てんとさま》の日をとって紙面なぞを焦《こが》して文字を書きました。四文、いや八文でしたかな。

野見濱雄　あれは八文ですな、「やれつけそれつけ」は。アハハハ。

高村　おなじ両国でも、向う両国〔編者註／隅田川西岸（現中央区側）を「両国」、東岸（現墨田区側）を「向う両国」と呼んだ〕へ落ちると、下等になりましたね。

高田　いつ頃までありましたか。

野見　明治十年頃まででですね。

高木　お客は。

野見　雑多です。それが言い草をいうのに、鉦《かね》と太鼓でうまく拍子をとって、「天の岩戸の扉をひらいて、上見て下見て十六文。安いものじゃ」。尻をまくって腰かけています。腰かけるだけ舞台が出来ていて、かいどりを羽織っているから、表から見ると仲々綺麗でして。

高村　うしろから見ると仲々綺麗に見えます。中仕切半から切り落しになっていて、帯から上の所がよく見えます。

鈴木　御殿の部屋方の女中が、どうも面白そうなので入って見たが、珍しくもないと云って出て来たという話がありますな。

一同　アハハハハ。

野見　男でも女でも誰でも入れます。

鈴木　如何にも囃子が面白いのでつい入ってしまいます。

高村　ごく簡単な見世物は「ひっぱり物」と云っています。両国あたりの見世物でも、上様御成の時には一夜の内に取り壊すもので、定席としているのはありません。

野見　兄弟で芝居をしていたのがありますね。

高村　三人兄弟。又は女芝居、娘手踊り、後には村右衛門という人が猿若町を落ちまして、ここへ出るようになりました。

野見　両国あたりの芝居は、おどりこ芝居と云いました。

鈴木　御山門内では、音吉というのがありました。

野見　音吉は三社の所で、定席でした。

高村　観音様の裏が矢場〔編者註／盛り場にあった楊弓で遊ぶ店〕で。

野見　ええ五十軒。

高村　その右手東向に立っていたのが、活《いき》人形〔編者註／人間の形に似せで作った等身大の人形を使った見世物興行〕の定小屋です。

野見　松本喜三郎で。

高村　三十三番の観音が一番おしまいでしたな。

野見　飾りをつけるには鼠屋五郎兵衛、山本福松が飾りをつけました。それからこの三人の肉色が違いましてな。鼠屋はねずみ色だなんて。安本亀八はその後でございます。

高村　安本亀八は今の人のおじいさんでしょうな。

野見　今の亀八のおやじです。その亀八は仕事は上手でした。文公の似顔をやって仲々上手でした。文公というのは馬鹿で、始終銭勘定をしていて、しまい頃に「銭が足りない足りない」と云って、方々の木戸へ来て、「少しくれないか」と云って貰って、三銭になると三社様の向うの木賃宿へ泊まりました。三銭までしか勘定が出来ません。方々の食物屋で、文公が来たというと、取って置いてくれました。着物は貰うし、仲々贅沢でして。「文公、酒やるから、呑め」というと、「きれえきれえ」と云い、頭は坊主で、髪結床《かみゆいどこ》で剃って貰いました。それは浅草の名物で、新門辰五郎か文公かと云われるくらいです。この土地で育ったというもので、文公を知らないのはモグリと云われていました。女なんか嫌いだと云っていました。方々で着物を貰っても他の乞食にそれをとられてしまいます。ふるまらで歩いていて、揮《ふんどし》をやると云って、揮を見せると一目散に逃げてしまう。「家はどこだ」と云うと、「新門々々」と威張っています。何でも本所の方の大きい米屋の息子で、家が潰れて観音様へうっちゃられたそうで。

昔は名物が方々にありました。今は世智辛《せちがら》いから出来ません。文公なんかは、魚河岸から仕着せが来ました。

高村　奥山の淡島様〔編者註／浅草寺本堂の西に建つ淡島堂。婦人病や性病の守り神〕の側で、音吉といか蔵という安芝居が二つありました。木戸の替りに婆さんが縄を引っぱっていて、木戸銭をくれないとゆるめません。そして、仲々幕があかない。一芝居やると、役者が褞袍《どてら》を着て、頭をつっこみにして、「御化粧代」と云って貰いに来ます。木戸銭は十六文ぐらい、昔は「つつみ打」と「ひらき打」というのがありました。つつみ打というのは屋根のあるもので、木戸銭を払って入る。ひらき打というのは葭簀《よしず》張りで、屋根のないもので、通りがかりで見て、程のよい時、あとで扇を持って銭を貰いに来る。思し召しです。ひらき打の方が腕がよい。この方は、かっぽれ、でろれん、ちょぼくれ、阿呆陀羅経、祭文《さいもん》です。今の浪花節がお座敷へ出るようになったのは、不思議です。

山下　「でろれん左衛門」は、四谷の御堀端よしず囲の内で謡っているのを聞きました。必ず両人並座して壇上に在り、一人は短き錫杖《しゃくじょう》の如きものを振り、一人は法螺貝《ほらがい》を吹いて調子を取るのが普通で、これが今の浪花節の元祖と思えば、おかしなものです。

鈴木　浪花節のそばには、きっと栄螺《さざえ》の壺焼がありました。私は浪花節というと、この壺焼の臭いを思い出します。

高村　喜三郎の三十三番の観音は、盛んなもので、鼠木戸と云うのが真ん中にあって、その前の左右に木戸番が三人ずついて、大入と書いた長手の札を笊《ざる》に入れて、五十枚を一ぱいと云いました。

野見　小屋によって、五十五枚を一ぱいと云いました。

高村　あの差札《さしふだ》。札は五十枚が定数で、その上一枚、二枚又は五枚、入るのは差札と云い、見物に何か関係の深い人にやる札です。

野見　内木戸にもぎりというのがあります。これはこの辺の顔の売れた遊人《あそびにん》がいて、木戸へ来て文句をいう者がいると、裏へ引っぱって行ってしまった。

高村　もぎりというのは難しい役で、内木戸に窓があって、木戸番へ指図をします。その次に高場と云う所には金主の目代《もくだい》がいます。

野見　判をした札を持って来て、無代で入れるものがいる。木戸番が、最初は「伝法院だよ」と云った。それが「伝法」ということになりました。それで、ただで入る人を「でんぼう」と云います。

高村　昔は、桶松と云う籠抜けがありました。

かっぽれ（『江戸府内絵本風俗往来』）

ちょぼくれ（『浮世くらべ』）

阿呆陀羅経（『吾妻余波』）

祭文（『人倫訓蒙図彙』）

鈴木　直径二尺くらいの籠ですが、台にゆわえてある。

野見　しまいには、一本二本と刀をおいて抜けました。

高村　器用なもので、鼬《いたち》の尻尾を使って、鼬を生きたように使う。キュキュ、キュキュと右腕からはわせて肩からうしろへまわり、左の腕の方へかけまわらせました。ひらき打の芸人はうまいものです。

野見　蠟燭屋が寄席にかかるようになりましたよ。

漆山天童　俳諧の職人尽に、鼬の尻尾を竿《さお》にかけていると、雀が沢山よっている絵がありますが、あれは何ですかな。雀が鼬の尾を見ると酔っぱらってしまうのでしょうか。

高村　早竹虎吉という軽業の名人がいました。三社様からこちらの方へ大きな小屋で。

鈴木　駒下駄をはいた小僧に、綱を渡らせました。また実に滑稽なのは鯱《しやち》ほこ立ちをして、尻へおかめの面を付けて両足を手に代用し、歌三味線に合せて何の踊りでも踊るのです。

高村　さしものというと、肩の上へ三間くらいの竹をたて、その上に石台に牡丹の造花、これに唐子《からこ》を乗せて芸をさせ、下で肩に竹をのせるのが、三味線を弾いています。

野見　そのあとが、江川の玉乗りです。

高村　早竹虎吉は芝居がかりで怪談をやりました。又早替りも非常に上手で、役者の方が見に来るくらいでした。

鈴木　浅草奥山の見世物に、足芸というのがありました。これは足で何の芸でもします。その中でもっとも人を驚かせるのは、盥《たらい》の中に小僧を坐らせて、これを足でさし揚げ、それから片足をはずして、小僧をその足に止まらせ、片足で盥を蹴り揚げて受け取り、盥を立ててしまいます。それから又その小僧を立てた盥へはいあがらせて、終《しまい》に盥の上でいろいろな踊りを演ぜしめるのです。また歯力という見世物もありました。これは盥に水を一杯汲みこんでその盥を銜《くわ》えて上げます。又沢庵

籠抜け（『文字ゑづくし』）

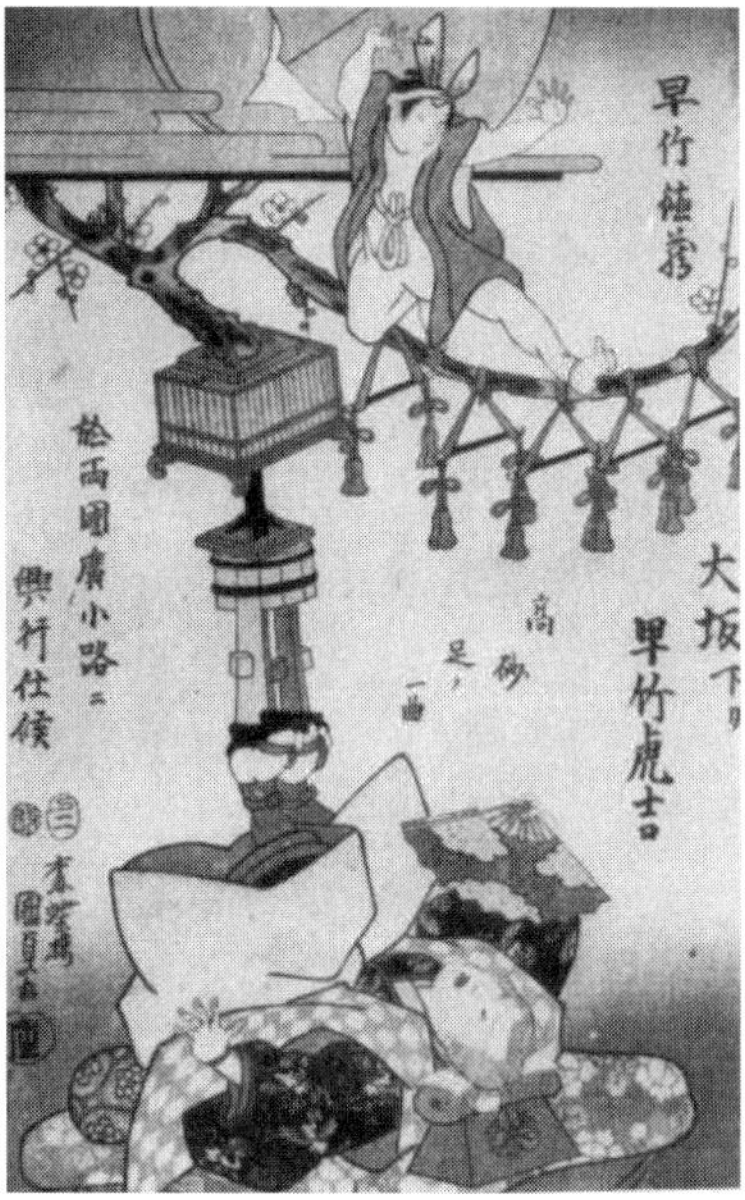

早竹虎吉軽業（朝倉無声『見世物研究』）

しゃちほこ立ち☆

歯力（『江戸府内絵本風俗往来』）

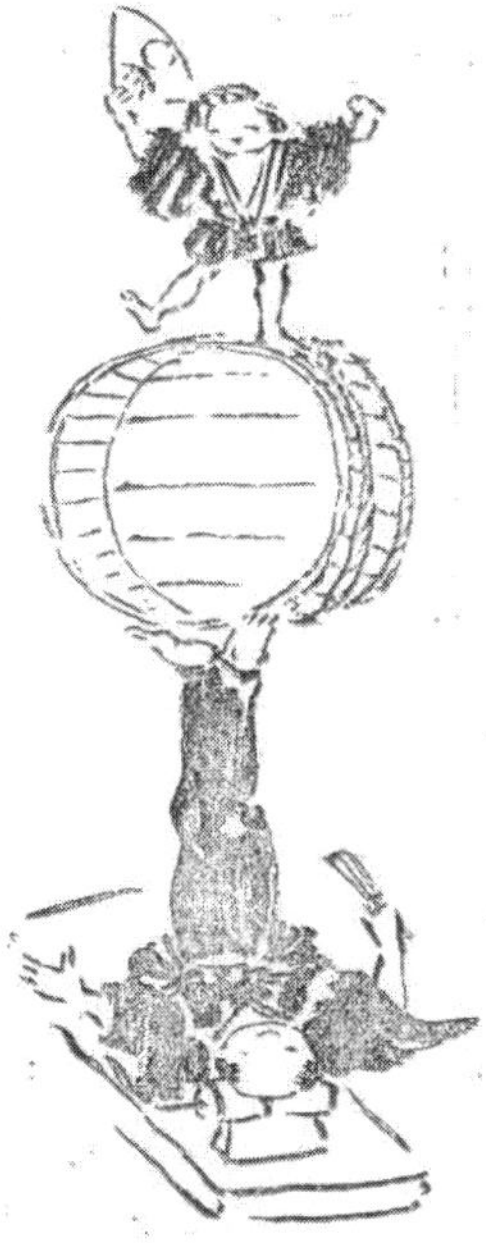

足芸☆

押しくらいな石を板の上にのせてその板の端をくわえて持ち上げます。その他いろいろな重量のあるものを並べて置いて、かたはしから順々にそれ等を棒に付けたり板にのせたりして、歯でくわえて自由に持ち上げるのです。

高田義一郎　この境内の早取写真はいつ頃からです。

野見　明治十四年くらいのもので。翁鮨に北庭筑波がありました。伊井蓉峰の親です。仲々うまい写真を作りました。

鈴木　修験者《しゅげんじゃ》が、刀の刃渡りをやります。時々ガチャンと身体をゆすぶって、音をさせて驚かします。

野見　あれが小屋に入ったのは、明治十四年頃でしょう。この辺の取締りは、並木の三太郎ぶしで。

高村　上野広小路には、居合抜きの石井大之進。

野見　「アイアイ左様でござい。こちらでも御用と仰る。あちらでも御用と仰る」。

鈴木　あの歯磨の名は乳香散と云いました。

高村　田原町の松井源水が独楽《こま》廻しをやりました。浅草寺奥山に見世がありました。

野見　長井兵助は蔵前です。今もこの区役所の先に源水横丁というのがあります。

広田星橋　吹矢の出ていたのはどこでしたかな。蔵前の蕎麦屋の砂場でしたか。私は吹矢をやったが、お化けが出て来てな。土手側の方かな、吹矢はやりたいものだ。

高村　水嚢《すいのう》に碁石を入れるもの〔編者註／針金の網などを底に張った篩に銭や碁石を投げ入れる遊戯を水嚢投げといった〕。

鈴木　三太郎ぶしはどこへ行きましたか。三太郎ぶしと云うのは塩麩木《ふしのき》の実を粉末にしたものです。浅草の雷神門の付近で、このふしの粉を売る家は、三太郎ぶしの店より他になかったものです。又三太郎の

独楽廻し
（『今様職人尽歌合』）

家で売るふしの粉は質が善良だと云われて評判でした。それで観音様に参詣する婦人はかならず、自分用にもみやげにも三太郎ぶしを買ったものです。それで浅草名物として有名なものでした。ふしの粉は女が歯を染めるに必要なる材料であるのです。江戸時代に、鄙《ひな》も都も、婦人は夫を持てば眉毛を剃り落として、歯を黒く染めたものです。これを元服したと云いました。先ず鉄漿を拵《こしら》えて「かねわかし」と云う小さな薬罐《やかん》で沸し、鳥の羽毛で拵えた筆、「はねようじ」と云います。その筆で先ずふしの粉を歯に塗り、次に熱い鉄漿を同じ「はねようじ」で歯に塗りますと、歯は黒水晶のような光沢に染ります。これを「かねつけ」と云いました。又眉毛を剃り落さず、歯ばかり染るのを半元服と申しました。常磐津《ときわず》の五人囃子の文句に「御師匠さんのおしえにもほんに女子《おなご》は一生に殿御というは只一人《ひとり》眉毛おとしてべにかねつけて、みんな男ゆえ男へみんな心中だて」とあります。これが女の元服、すなわち身が定まったと云われたものです。塩麩木の実は伊豆の丹那は有名な産地です。「丹那の黒ぶし」は名高いふしの粉でした。

高村　三太郎ぶしの傍に絵馬屋がありました。あれは仲々由緒深いもので、徳川様の時分には、自分の住っている地面を貰っていました。

広田　それつけは、あんな馬鹿にしたものはない。私は五、六歳くらいの時でしたか、常の女性と異う母は、私を連れて行きました。今考えると蛇は寸にしての方ですね。

（一同どっと笑う）

高村　見世物も出る場所がほぼ定まっていて、新橋の久保町の原、采女《うねめ》が原、両国広小路、上野の山下、今の停車場の所。

高木　護国寺のあたりには見世物がありませんでしたか。

鈴木　音羽のあたりへ、下町からゆくには、道中をする気です。

野見　牛込あたりの親類歩きをするのは、一日がかりで弁当をかけて。今日弁当を持っているものはありませんな。昔の旗本、与力同心あたりは頭を自分で結いました。髪結いは家へ入れません、口がうるさいと云って、昔は倹約しました。

鈴木　かけ茶屋で弁当を使うと、茶屋はお茶代ばかりで承知したものです。

野見　私は十七、八くらいで、蕎麦屋へ一人で入るのはきまりの悪いくらいでした。

鈴木　虎之門の金比羅様へ参詣するのにも、境内の茶屋で弁当を使って来たものです。

広田　弁当はうまかったな。弁当箱も凝ったもので。長四寸なら巾三寸、深さ三寸と寸法がきまっていました。

高村　長さ三寸、巾三寸、深さ三寸、長巾深さこれをどう寸法を取っても総て九寸できめます。長さと幅と厚みで九寸でまとめる。大工さんのはそれでは足りません。今の弁当はブリキで。

広田　弁当箱を蒐集《あつめ》ると面白い。誰でも弁当持参します。もっとも殿様まで弁当だからナ。蒔絵のや、仲々いいのがありました。しまう時に小さくなる、入れ子の菜入れがあるやつで、胴乱のような形状に出来て、塗り物で腰へピッタリ合う工合が好く渦巻《うずまき》の金物で蓋を留める、そんなのは上製の方で、僕等などは四角な重箱のような物で間に合せていた。

鈴木　猫だの達磨《だるま》などの煙草盆はなくなりましたな。瀬戸物の火入れよりよっぽど面白うござんした。

高村　気のきいたもので、猫なんかのは面白い。風もよけるし、器用に出来ていて、芝居や舟の煙草盆も、今に無くなります。

野見　おかめのが物置へ入っていましたよ。高木さん、今度来るまでに出しといてあげよう。

高田　今は芝居の煙草盆がなくなったが、屋号と紋を勘亭流で筆太に漆で書き、茶屋の男が座蒲団と一緒に持って来たものだ。

鈴木　あの鳩に豆をやるのは古いことですか、株になっていますかな。

高村　浅草の観音の境内になくなったものは、雞ですな。

野見　伝法院で、雞小屋をこしらえました。雞を納めて来ると、新しいのは内密で持っていってしまいます。

壬生雄舜　夜泣きをすると納めます。観音様の雞を公に、真昼間に盗むのがあります。しきりにつかまえている。そしてとがめられると、「今私は、持って来ましたが、納めようと思いましたが、他の雞がいじめるから、可愛そうでなりません。これではまた持って帰ろう」といって、持って行ってしまう。

一同　巧妙なものですな。

高村　並木界隈から駒形辺に、歯磨を売った「おはよう」という「おでこ」がありました。頭を重そうに、ふらふら歩きました。

鈴木　やっこは由緒のあるものですかな。

野見　別に由緒のあるものでしょう。

高村　広小路に火の見櫓がありましたな。雷門と共に焼けてしまいました。紅梅焼き、雷おこしがありました。

広田　大道芸人の内に、手拭で蛇をこしらえるのがあった。ほんの手加減で手拭を撚《よ》る。その撚りを戻らせるので、かま首をもたげて動き出すように見える。その言い立てが巧かった。

やれつけは、仲々調子は面白い。趣向がうまい。私の見たのは、顔に蛇の目を書いた紙を張っていましたのがしおらしかったネ。大笑いですナ。テレッテレッと三味線と太鼓入りの囃子に連れて、「あててみるならあててんか」と唄って竹の先に、晒木綿《さらしもめん》で○○《ママ》の形が出来ている。女の腰のふり方が実に人を喰ったもので、挑発的ではない。むしろ無邪気で滑稽なもので、今日の青年者からは想像も及ばないものです。

それは相当の人物は、そんな所へ足踏みもしないし、主に藩中の折助〔編者註／武家に奉公する中間《ちゅうげん》のこと〕なぞが酔ッ払って行くのだ。

鈴木　春画を大道で売ることを禁ずると共にやめられました。

山下　明治五年壬申三月廿八日東京府第二十七号の令文に「春画ハ勿論、都テ猥ヶ間敷錦絵之類、売買候儀不相成候事」とあります故、明治五年でありましょう。

高村　これに類したのは蛇使いです。前をまくって蛇をぶら下げている。

鈴木　○○で煙草をのむのもあります。

広田　西洋でもあるそうです。私の知人がフランスの魔窟へ入った一話ですが、その入口へ行くと女給とでもいうか、婆アが居て、向うは外国人と見たから、イキナリ故国のおみやげに面白いものをお見せしようが、黙って二ピヤストル（二ドルだネ）出せというから、こっちも赤ゲットで云う通りにカクシから金を出すと、奥まった一室へ案内されたから、あとへ尾《つ》いていった。そこで少々お待ちなさいといった。暫くするとカーテンを開いて一糸もつけぬ裸体婦人が○○に火のついた葉巻を挿し込み、それを吹して悠々と出て来て、一寸正面に立って幕はどうです。僕は君アンコールと叫んで拍手したかいと冷笑した。

高村　見世物の木戸銭は、八文か十二文か十六文ですな。

鈴木　何しろ二百文の小遣いを持つと、いろいろな見世物の総じまいをして来ました。

野見　昔、百あると床屋へ行って、髪を剃って、湯に入って、酒を呑んで、お刺身で御飯を食べられた。湯が四文、濁酒が一杯八文。

漆山　私なぞ十銭あると、「いろは」で、肉と御飯一人前ヅツ、酒一合呑んで、一銭の剰銭をそのままやると、女中がありがとうさまと喜んで受けたものです。

高村　あの時、茶漬屋が三十二文。お茶漬屋で一日九十六文。天保一つ。月に三貫払いこむと、居候大明神です。

鈴木　蕎麦は、二八そば十六文でした。

高村　神田のけだもの店で、二六蕎麦。豊島町岩井町の横町です。何でも、一銭（天保一枚）を主人がお節句にくれました。宿入りが盆と正月。親の所へ帰れる。あとは五節句の内三月と五月。お内儀さんも百くれます。で、その天保二枚で、一日遊んで食傷して帰ります。

鈴木　おまけに、百というのは九十六文です。

高村　四文銭二十四枚ですから。四文というのは寛永通宝で、文久通宝も初めは四文でした。裏に波のついているもの、波の無い小形が一文。

鈴木　鉄のは、ばば銭といいました。鉄の古い銭は、仙台様の御領地の通貨で、仙台通宝はずいぶん古いのがあります。維新前のは鍋がねで出来ました。

高村　一朱銀一つ四百十二文くらい、この十二文は定りません。時によって違います。小判六十匁銭時の相場と書いてありました。

広田　まがいを買わされることがある。調子がうまいから。

高村　あれのことを、銀だましといいます。あの店は決まっている。朱塗りの盆の上に銀の簪《かんざし》がのっている。お内儀さんが、しょんぼり考え込むようにすわっている。それに、トハという男の仲間が三人くらいついている。向うから田舎者で、欲の深そうなのがくると、洋傘で通れないように道にはだかって、その傘で品物をさしながら「どうだ、その煙管を負けておかないか」と云って、一寸とめるようにする。すると内儀さんがしきりに愚痴を云う。神田で焼け出されたとか……。

野見　これは御殿へ奉公していた時のだとか。

高村　奇体に、それに葵の御紋がついていますと云いながら、銀の所を付石に付けて見えるようにしながら、どうだこの煙管は、負からないかね、と行ってしまう。すると田舎者が道具や仲間の付いた値段で買えば安いと思ってひっかかります。そこで、商いをつけて、お金を払って煙管を懐に入れる。又これに連れになる奴がいる。それが大変で、「旦那いいものを買いましたね。私はあいにく今日持合せがないが何時《いつ》もなら飛びつく処ですが、まあ、だんなえらい掘出しもので」と云って、邪魔物の入らないようにする。それが蔵前だと茅町くらいまで送って行きます。そうしないとかまをわる奴がいる。そのうちに店をしまって、場所を変えてしまいます。

広田　銀だましの葵の紋というのは、徳川将軍の全盛時代はせる〔ママ〕趣向で、そこに値打をつけて欺すのだ。

高村　甚だしいのをいうと、雷門の右手に、唐獅子屋という紺屋がある。その広場で日暮から盆莫蓙《ぼんござ》が出来ます。一六勝負です。その少し先に奥澤三蔵という骨接《つ》ぎがありました。

鈴木　水からくりというのがありました。あれも八文くらいでしたね。まねきが、雷様が土瓶をさげて、それから水が出ている。ガラスの棒を水に見せてあるが、鳥渡《ちょっと》分らない。中へ入ると何からでも水が出ている。楽屋でガッタンガッタン水を上げる音がしています。

漆山　瓢箪《ひょうたん》から水の出ているのがありました。一銭出して種《たね》を見たことがありました。二十年前くらいかしら。

壬生　あの角に祭文《さいもん》がありましたね。

野見　砂文字がありましたし、説教祭文がありました。

高村　京都の嵯峨のお釈迦様の御開帳に、見世物がはずれたことがあります。その時の落首に

〃見世物も釈迦の御弟子かみな尊者〃

もう一つあります。これはお竹大日如来で、これは雨でした。

〃ふんどしを忘れて木たかお竹さん　六十日をふりで開帳〃

あの時分は、悪口が多くて、旗本の御隠居なんかが。

広田　お坊主は口が悪いからかなわないが、落首なんぞは巧いものだ。

高村　長袖ごろつきで。

鈴木　大岡越前守が、きびしいお布令《ふれ》を出した時に、詰所の框《かまち》の所に奉書に楷書で、「袯下」と書いて張ってありました。それで越前守は、「ああ俺に死んでくれというのか」と云いました。それは奉書は越前の紙で、真で「袯下」と書いてあったからです。よむ人もよむ人ですが、うまいものです。しかし明治になってからはこんなことは拙になりました。

広田　〝明治をば下から読めば治まるめい（明イ）又、読み返せば妙（明の呉音）に治まる〟この「妙に治まる」が利いている。

山下　西南の役の際に「明治十年」を「ネンジュウ、オサマルメイ」とよみしと同じ筆法です。

広田　山下で、按摩《あんま》と女の角力《すもう》がありました。

鈴木　座頭の剣術がありました。仲々突拍子もない所を打ち、面白いもので。

広田　女ばかりの角力があったが、好い女が悪い女とやる。皆が、好い女の倒れるのを待っている。どうせ八百長であるが、その取組んでから度々危機一髪で好い女が負けそうになる。アワヤ投げられんと、見物に汗を握らせて、ドッコイと立直る、トド汚い女が倒れるという。その間で人を釣る所が面白い。

山下　見世物の本が出来ましたね。

広田　皆書物上から云っていますが、書物ばかりではいけません。本に書かれないことがいくらもある、そこに何とも云うにいわれぬよい所がある。それを書き残しておきたいのですが、シテの相手になって頓《とん》珍漢《ちんかん》な滑稽味を演じて、シテを生かして居るワキ師の方が余程上ワ手でなければ活躍しないが、矢張松助所がなければネ。

漆山　『見世物の研究』は、錦絵の誇張したのをその儘《まま》受け入れているからね。

高村　あの芸人の喋《しゃべ》っている間がうまい。

広田　今にも抜きそうでいて、一日釣っているのだからうまい。まだかしら、まだかしらと思っている中に一日たってしまうことがある。

高村　人をばかにしたもので、例の栄螺《さざえ》の壷焼なんか食べるのには、空へぽっと投って、口で受けて食べます。

広田　生きたどじょうを呑んで、泥と水のふきわけがありましたネ。

鈴木　砂文字ですね、色々の袋に色の砂を入れておいて、土座《どざ》〔編者註／土間のこと〕をつくって掃いておいて、川中島や池月磨墨《いけつきするすみ》なんかを極彩色に描きましたが見事でした。

広田　おいらんなんかうまかったですね。

高村　客人の方へ向けてな。そして砂で四角な画を作ってしまって、そこから入れない。投げ銭です。念仏堂の脇の所へ小屋をかけて、明治八年の頃、八間ばかりの小屋をかけて、山雀の太夫の松根という大阪の男で、山雀の種々な芸をやりました。道成寺《どうじょうじ》をやれと山雀に云うと、鐘撞堂《かねつきどう》に上って、鐘をつきます。五つ打てというと五つ打ちます。

山雀が宙乗りをする。梯子《はしご》乗りをする。いろんな真似をしました。しまいに鬮《くじ》をひきます。小さい板があって、それを出してやる。それを客にわたす。「太夫さんお頼み申します」というと、鬮を中からくわえて出す。そして太夫にわたす。「何番お持ちの方はどちらにいらっしゃいますか」と云って、景物をくれる。それで、山雀に「御用がすんだらおかえりよ」と子供がそう云う。

そのそばに源水があり、その傍が鈴木廣四郎。この鈴木廣四郎というのが、松崎文吾を殺して懲役になったことを、殺されるとすぐに活《いき》人形にした。熱のさめぬうちに作ったのであるから、非常に盛った。

山下　明治の末年に花屋敷で見ました。山雀の芸もこれとほとんど同じでした。

高村　明治十五年頃でしたかな。定小屋で名人鑑という見世物をやった。伊豆の長八が来て。

鈴木　しっくい細工の。

高村　屏風は今戸の戸澤弁司。

野見　伊豆の長八が来て、新門辰五郎、小金井小次郎とやりました。

高村　本所の報恩寺前にいた豊さんといった彫物大工が、檜でちゃぼを作りました。

鈴木　伊豆の長八は、服部甚八と云って、泥をなめて、この泥はいいと云ったりする。めずらしい、一種の美術家ですかな。

野見　昭浄寺という寺に埋っています。

広田　山下の雁鍋《がんなべ》の看板は誰でしたな。

高村　あれは天神の梅。雁が五羽。左官で、村越相妙という人が変っていた。見世物をやった伊豆の長八ほどにはゆかなかった。

広田　しかし天狗な男で、とても付き合い悪い男だ。

鈴木　あの時分は、乞食でも何か一寸工夫して、人目を引いたものです。ただでは貰わない。

高村　何もかも道楽ですからな。

鈴木　紅勘という人が、箒《ほうき》の柄《え》で、味噌こしの胴で、天神が、杓子で芸を自慢して市中を流して歩きましたがうまいものでした。家人や親類がいくら足をあらわしても、又市中を流して歩いていました。百まなこをかけて。

広田　七輪の中に入れる鉄網を木に結びつけて、帯へ差込み、ちゃんちゃんとチャンギリを鳴らす棒でたたいて、二挺三味線や三挺三味線を聞かせてね。

高村　道楽商売で。
漆山　何時《いつ》まで生きていましたか。
野見　明治十二年頃まででしょう。
鈴木　七人芸でもやるのですからな。仲々贔屓《ひいき》の人がいました。
高村　仲々見識がある。金をほうってもとりません。紅屋勘兵衛という。
鈴木　七色唐辛子屋は何か由緒がありますか。
野見　ありません。彰義隊の十八番隊にいました。西村賢八郎という人が来て、救われない婆さんがいる。何とかして助ける工夫はなかろうか。というので、守田宝丹が来て新聞へ広告を出して、身よりを探しました。その頃は婆さんが世話の仕手がありませんでしたのに、死ぬ際になったら、われが姪だ、身内だといって沢山出て来ました。
壬生　あの婆さんは、鼻緒の前つぼを作って家の前を通る困る人に施してやっていましたね。
野見　それから珊瑚珠細工がありました。小さいもので官女の緋の袴《はかま》を作りました。その前に「怪談めぐり」がありました。橋を渡ると下から、土左衛門《どざえもん》が手を出しました。仲々こわい。
広田　蛇の下っている所もありました。すっかり廻ると反物をくれました。
鈴木　臭いがくさくて困りました。懐妊した女の腹の腐ったのだの。
野見　大抵の人は通り切れません。
広田　はじめは何でもないと思っていると、だんだんこわくなってくる。私なんかは途中で泣いてしまった。その晩はうなされた。
鈴木　もう御免蒙《こうむ》るというと、ちょっと横へ出られる。
野見　八陣と云って、通る人があっても出られないのがありました。みんな辰五郎の生きていた時分です。定小屋の出来ない前はスミスとか云う大きな曲馬団が出来ました。そのあとへ定小屋が出来ました。

広田　チャリネの曲馬団がおしまいでしたな。

漆山　切支丹の魔法使いなんかはありませんでしたか。

鈴木　ありませんでしたな。

漆山　砂絵呪縛なんて、新聞に出ていましたね。

広田　色のある砂を一トツカミ投げて、それでぼかしが出来るんだから、熟練したものだ。それに色の砂を三色もつかんで、色分けで描くのだ。あんなものは今出来ない。面白かった。ここ（浅草）へくると、面白いものがあったから、わけもなく日を送られた。実に歓楽郷だった。

山下　この砂絵かきは明治になって、四谷の大道で見ましたが、実際巧妙のもので、砂をつかみ掌中よりふり出して種々の形を画く所など感嘆の至りです。

野見　明治六年に、左右衛門橋で、榊原鍵吉と撃剣会をやりました。太鼓持ちの尾上露七と横川しう幸が呼出しでした。

漆山　「じょうわ」という僧は、忍頂寺ではないのでしょうか。

壬生　談義僧と云いましたな。お寺なんか持っているわけでない。家へ帰ると長火鉢なんかで、どてらでいるというもので。しかし談義は上手だったそうです。円朝なんかの昼席の客の足が減ったそうです。念仏堂の所でやったそうです。

鈴木　駒形の「ほととぎす」という辛子を紫蘇《しそ》で包んだ漬物を売っています。きけば泣くという洒落でしたね。

山下　〃君は今駒形あたりほととぎす〃高尾の俳句から来たのは面白いですな。

野見　昔は、観音様は入口が一方で、出る口は一方でして、矢大臣門の所です。他には奥の所に、朝鮮柳の木があって、そこを抜けられて、そこに丸太をかけてあった。どうしてもここに入ったら、見世物を見なければなりませんでした。

（原題「江戸座談会　江戸の見世物」『江戸文化』二―一〇、昭和三年）

見世物としての女相撲

平井蒼太

〔前　略〕

文献の上に見る見世物女角力の濫觴は、延享二年度のものであるが、以下江戸全期に渉るその他の興行にあっても、ほとんど皆単一な女力士のみによる女角力ではなく、女力士と盲人力士との合併角力である。これは最も注意を要する特異性であって、その原因とも考えられるものは、当代見世物女角力の興行意識が、今日の女角力の女力士に見るような、所謂相撲四十八手の裏表を習得した技術的相撲を上演するものではなく、ただ露出的魅力に依拠した裸女であり、挑情的意図による演技を以て、一時を糊塗するに過ぎない処の、力士ならざる女力士であるから、女力士のみの土俵よりも、例え盲人ではあっても、これとの合併角力興行に拠ることは、本来意図する挑情的暗示に富む訳であって、興行価値大なりとしたがためであろう。

挑情的なショー

こうした意図の下に創められた、見世物女角力全期を通じて、これを女力士の紛装の変遷によって五期に分類し、朧気《おぼろげ》ながらも見世物女角力全貌の素描を試みることにしたい。

第一期女力士の紛装は、女髷に脚布一枚を纏っているのみの風姿であって、即ち日常生活の服飾から、著衣を脱せしめた儘の姿であったことは、『空音本調子』（安永九年）『玉磨青砥銭』（寛政二年）などの挿絵から知ることが出来る。このような女力士の紛装から来る挑情的雰囲気は、相撲締込に装って全身を露出するものより、尚更濃厚なものであったことは、脚布一枚を背景とする事実によって、視覚への鮮明過ぎる圧力を思わせる。

この期興行されたものを文献に求めれば、『流言記』落首柳営役人評判謎の条に「曲淵越前守を見て女角力じやと云ふ、其心は両国ではほめれど、一円力がない」と記したものと、『俳諧時津風』に女角力と題して「男より勝色ありや女郎花」とあり、又座頭角力と題して「のばす手はなでるやうなる柳かな」との傍証による延享年間江戸両国に興行されたものの外、『街談録』明和八年浅草寺境内見世物の条下に、

　盲と女相撲

とあるのが挙げられる。

浪速に於ての見世物女角力は『摂陽奇観』巻三十五明和六年の条に、

一当夏、坂町裏ニ而晴天十五日の間諸国より盲人並に女をあつめて相撲取合並土俵入の体をなす。

西の方、大坂、出水山お喜代、大坂、大嶽おくみ、同、渡舟おせん、サカイ、蟻岩おしな、大和、繁ケ松おつな、南都、横霞小巻、かわち、滝之音おきし

東之方、京、洞ケ谷おくり、江州、大灘おなみ、大津、太り獅子おはな、京、床之海小いと、同、玉葛おつる、同、大嵐おさん、伏見、大町小てう

とあるものであって、東西併せて十四人の女力士をば近畿各地から寄せ集め、これと同人数の盲人力士と

合併興行したものであり、更に『孝行娘袖目記』(明和七年)に、
御聞き及びの通り、近年女の相撲などさへ出来ましたる花の都、
とある京都興行のもの、及び、『世間化物気質』(明和八年)に、
力業を習ひし女郎も、同じ大坂難波新地に女子の角力興行の関に抱へられ、坂額といふ関取、三十日
百五十両にて先銀取れば、
とある坂額を看板とした一行の、三つを挙げることが出来よう。

明和年間に最も盛ん

『江戸繁昌記』(天保二年)にも、「明和ノ間夕婦人相撲大ニ行ハル、趙宋之世上元或ハ此ノ戯ヲ設ケシ与同一奇ニシテ」といっているように、最も見世物女角力興行の盛んであったのは、明和年間前後であったらしいが、当代の観衆は如何なる眼を持って、見世物女角力に対していたかというと、『芸界聞任記』に、
明和年間に女相撲行はれ、みだりがましきことも多かりしが、中にも甚しかりしは、女と座頭との相撲なり、女はいつれも三平二満の代呂物なれど、その中にたゞ一人りおくらといふは、人の目を惹く程の尤物也し、或時十数名の鼻下長連、このおくらの窺ひみんとの鄙しきかんがへより、興行主に金弐両世話人二人に三分づゝ撮ませしが、世話人は兼ておくらに心を寄せしも応ぜざるをふくみたる折柄なれば、一人娘に聟八人と称して、ただ一人に座頭八人を取組ましめ、手取足取に言ふべからざる醜態をあらはしめたりこの事忽ち当局者の耳に入りげれば急に営業禁止を命ぜられ、それぐ厳重に咎め申付けると也。
との一挿話に就いて見ても、ただ好色の対象としてのみ鑑賞したものであることがはっきり解るのであるが、こうした挿話を生んでいるのは、これ一つに限られたことではなく、何れの見世物女角力興行に際しても、屡々これを繰返されねばならぬ運命にあった。当代見世物興行界に占める女角力の位地であったと

見て差支えあるまい。

『玉磨青砥銭』に、

赤沢山の角力取も人に勝れて大力のある者故、きつとした役にもたつべき者角力取にして置くは惜い事だと云て是も預りとし、其かはりに不用なる無能無官の座頭を西方と定め、座頭と女の角力を興行する。「なるほど是は尤だ。又今迄は晴天十日なれど、是も晴天の如きはそれ〴〵見物も家業を勤むる故そのさまたげにならぬやうに是より雨天十日と定むる。中入後の取組は目無川にかさの海、杖が竹に鮫が橋、向見ずに骨がらみ、こいらは見所のある角力なり。行司は渋団扇を持て立合する其かたち馬鹿太鼓のひよつとこの如し。

「手のなる方へ〳〵。「とらまえへてつきのめそ。「あの子は余程手のある子だ、それだから度々よくとまりを取つた。座頭ひゐきの見物歯ぎしりをかみ「それぞれ杖の方へぐつと組め〳〵。按摩の三十二文に切見世の五十文を加へて札銭は一日八十文なり。

とある。もとより一篇の戯作に過ぎないけれどか尚当時見世物女角力の風貌が窺知されはしないか。

醜婦、中年の売色者

そして、右に「橋々など切見世のかさかき女」といい、『世間化物気質』に「力業を習ひし女郎」といっているように、女力士の前身は、多く下賤な売色者であったものと看なしていい。これは衆人環視の中に立って相挑み相闘うの結果、婦女としての醜体暴露の機会をも予期しなければならないため、下賤な売色者などのまうに、その点無恥に近い習性に陥入っている者でなくては、容易に近づき難い職業であるし、その上群衆心理に支配された観衆は、寧ろそれを待望しているかのようであるからである。だからその売色者にあっても、容貌普通で醜くないものは、別に女力士へと転向する必要もない訳であろうから、女力士となるものは、先ず醜婦或は青春を過ぎたもののみであったと考察することが出来よう。

相撲技術が向上

第二期である文化、文政から弘化年間に至る期間の女力士の扮装は、女髷に正式の相撲締込を締めた上に、短かい華美な化粧廻しを、腰に纏うという風姿に変遷した。この扮装の推移は、女角力の進展を物語っている訳で、単に露出という条件だけでは到底観衆の意を迎えるに足らなくなった結果、相撲技術の必要を認め、従って演技は軽快な扮装を要求するに至ったという必然的変化に他ならない。これは当代好色見世物の極端なもの「開帳」などが、極めて簡素な構成方法によって興行出来る結果、それらの盛行を見ることとなり、比較的大規模の設備と準備を要する女角力興行にあっては、それ以下の好色的魅力を以てしては競争に堪え得なくなり、技術的方面への転換を余儀なくされたと見るべきであろう。この期興行されたものは、一枚刷番附による、浪速下りの盲人との合併。

女手取、玉の越、乳ケ張、花の山、智恵の海、姥ケ里、腹櫓、貝の里、色気取、美人草、としの甲、穴ケ淵。

筲滅方大無双の曲とり、双方相手を探りあてゝの大勝負、殊更女子太夫の儀は、あの表にて御評判請けましたる手取りにて、風の柳の手弱かに、種々手を尽くし御覧に入れ奉り候。

とある文政九年江戸両国のものと、『江戸繁昌記』(天保二年)に、

而聞ク近日江戸両国ノ観物場、瞽者ト婦人ト力ヲ角スト、謂ツ可シ更ニ奇也ト

とある天保二年江戸両国のものを挙げることが出来よう。

〔後　略〕

(原題「見世物女角力のかんべえ」抄録、『歴史公論』五—五、昭和一一年)

江戸時代の富興行

平塚　正雄

〔前　略〕

『埋草』に「寛永十二年二月二日よりといへる落髪千句あり、半井卜養の作なり、其中に、何札、富貴とをばひ取がちや今日の春といへる句あり、此の賦もの富の札と何たるならんか、さらば寛永より富突といふ事ありと知るべし云々」と見え、既に寛永時代にあったものと云っているが、確たる起源は明かでない。

天保十三年に全国的に禁止

又元禄五年五月の江戸町触にも富を禁じたる事が見えているが、これも当時どういう形式で行われていたか確証たるべき資料がない。按ずるに富興行は射倖的掛銭の類であろう。

享保十五年仁和寺門跡が其の館宅修覆の資金を集める為、寄附金募集の法を止めて富籤《とみくじ》の方法を以て、当り籤の者から其の何分を義務的寄附金として刎ねるという方法を選び、幕府の許しを得て毘沙門天の富突を江戸護国寺に於て三ケ年間興行を続けた。処が嫌な顔を見て寄附金を強請《ゆす》るより容易であり、出す方も出し良いというので大当りを取り、段々神社仏閣の修覆、建立にはこの方法を選ぶ事多くなり、遂には興行となって了ったのである。文化文政から天保頃にかけては最もその全盛を極め、江戸町中で数十所もあり、その重なるものは、本所回向院、白山権現、根津権現、護国寺、平川天神、芝明神愛宕山、西久保八幡、深川霊岸寺、又は浅草は特に盛んで、八幡、観音、三社、大神宮、閻魔堂、念仏堂等到る処で行われ、尚湯島天神、谷中感応寺、目黒不動の滝泉寺は江戸の三富と称し最も盛んであった。

然るにこれはどうもよくないというので、水野忠邦の天保改革の時、即ち天保十三年三月八日全国的に禁じて了った。引続いて明治に至り、台湾植民地政策として、後藤新平の懸案により台湾富籤を行った事がある。勿論今日に到るまで法律で禁ぜられているが、私は最近、「大日本帝国保勝義会」というものを創設して富籤の方法を以て一口五拾銭宛で全国的に百二十五万円の金を集め、その半額を当り籤の金から寄附せしめ、日本の史蹟名宝の保存基金としようと運動をしかけた資料を手にした。これは明治中期ののらしいが、許可にはならなかった様である。

これで天保年間から富というものは禁ぜられて影を没したかの如く思われるが、実際に於ては其様でもなかった様で、慶応三年三月二十五日には岐阜に於て「万人講」と称し公然富興行が催されたのであった。これは別に述べる事とする。それは当時一回行われたに過ぎず、寺社等の建立にも関係なく、単なる富興行であった。

富札屋が請負って販売

富興行は勝手に催す事は出来ない。必ず幕府の許可を得て行うのであるが、神社仏閣の修理をする費用を拵える為であるという事を理由としなければ許されない。だから実際には修理の費用を得る者でなくても、表向きは其様にした名目で行うのである。興行当日は寺社奉行所から役人が立会をする事になっている。

江戸の富興行地の主なるものは前述の如くであるが、今江戸に於ける順序方法を記して、後美濃に於て行われる順序方法を記し、両者を比較されたいと思う。

俗に「突留千両」という事を云うが、最後の当り籤が千両という訳であるが、千両籤というのは大興行の方で、三、四百両というのが普通である。小さいのは百両位、それ以下は又少ないようであるが、深川霊岸寺に三十両というのもあるから、大小色々あったようである。

これは一人に当てるのではなく、影籤共に大抵籤総番数の二、三分となっている。則ち一万札に対し本籤百人に影百人という率で、若しその数だけ札が期日までに集らない場合は欠番にして置く。これは江戸でも京坂でも、又地方でも同じ割合で、尚慶応三年三月に岐阜で行った時は五分率である。実際の資料に依って後に述べる事にする。ところが欠番を入れると札の人気が悪く、江戸では多く欠番は入れないで、若し其の様な場合は講元引受をする事もある。又当り金だけの口数が出来れば持札だけでも行う。其の代り当り金から五分費用を差引く。

江戸の富札は、大抵松竹梅とか、雪月花とか、春夏秋冬と別け、則ち松の一番から三千何百番まで、竹の一番から三千何百番までという工合である。

町には今の株屋の様に富札屋がある。富札屋は催主から一枚何程という割で買う。催主から幕府へ一口何程と届けた定価で富札屋が買って、これを一般の人へ口銭を取って売る。それで景気の良否に依って相場が違い、同じ札でもその日に依って高下がある。普通一口銀十二三匁、富札屋では一二匁から三四匁の口銭を取るのが例であった。

其後口銭を取らない様になってからは、富札は一枚一分というのが文政頃の相場であるが、当り金其他に依って多少の相違はある。

富札は長五寸巾一寸三分位で、札番、籤日が記され、札屋や催主の判が捺されてある。

又割札というのがある。これは本札は札屋に置いて、これに対して一枚を二ツとかと四ッとかとする。則ち松の五百番という本札に対して、同じ札を二ツとか四ッとか拵える。一枚が買えないもの、又は同一金額で数を持って興を得る便宜の為に出来ているのである。随って価も半価又は四分一であると同時に、若し当り金の場合も二頒札の場合は半金、四頒札は四頒一金より貰えない。

当り金の一割を寺社修理奉納金として差引、札屋手数料として又一割を差引、又五分を費用として差引いて、当り札と引換に札屋で現金を渡すので、先ず千両当っても七百五十両より手に入らぬ。これは大小に拘らず、当り金からこの割合に依って差引くのが例である。

興行はすべて神社か仏閣でなければ催す事は出来ない。江戸では図の如き四五尺四方位の梢形《はだし》の富突箱に、図の如き桐材の富突を札数だけ入れて、これを錐で突く。箱は六方に口があるから、一突毎に箱を廻して次の口から突く。

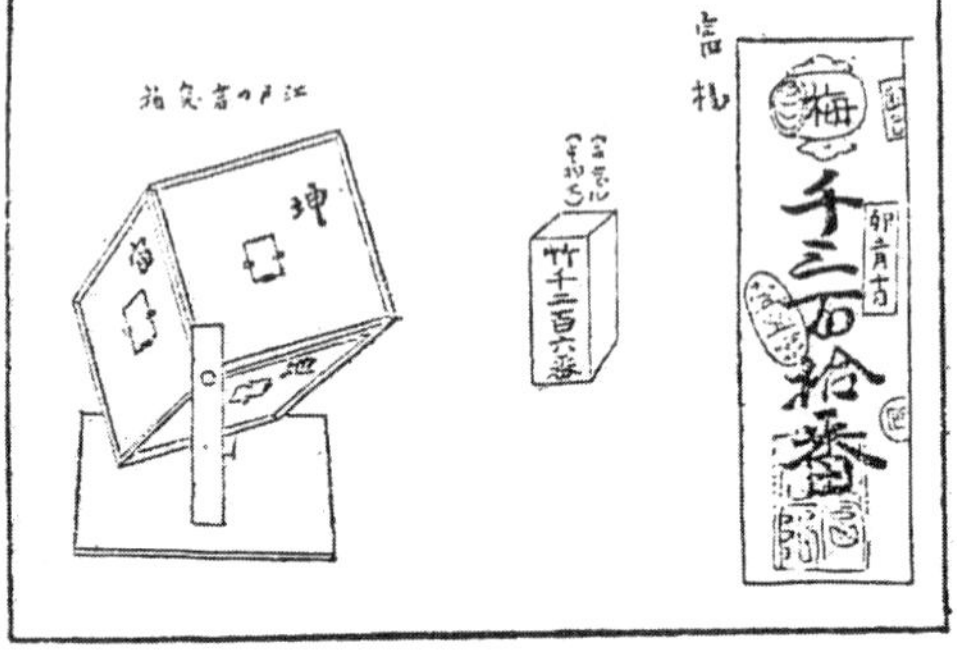

富突箱・富札☆

江戸の方法は、千両当りの富を例にすれば

初一番錐の札　三百両
五十番目　二百両
百番目突止　千　両
五番目毎の札には　拾両
十番目毎の札には　二拾両

以上を節札と云い、以上の二十一札を除いた二番目から九十九番目を平札と云い三両宛。

其他　両袖附　二分

これは節札の番号の前後の者、則ち松の百七十二番が節札で五十両当れば、松の百七十一番と、松の百七十三番へ二分宛を与える。

書き違　一分

これは節札の同じ番号で組分の異なる老、則ち竹の六十番が節札に当れば、松の六十番、梅の六十番の者へ一分ずつ与える。

当り番は会場に記されるは勿論、富札屋では当り番号を表に記して一般の目に入れる。京坂では自分の店で売った当り番札のみを、初めは大きな幟に書いて店に暴したものであるが、当りのない店は不景気であるから、すべてどの店にも一様に江戸と同じく書いたものである。

当り金はすべて札屋から渡すのであるが、催主からは既に一割を天引して、これを札売数に割当てて札屋の口銭となる。其他五分の費用の天引から札屋への手当が出る。

今この当り金を計算すると、節札が千七百六十両、平札が二百三十七両、両袖附二十一両、書き違十五両三分、計二千三十三両三分となり、一枚一分の価と見て八千百三十五口となり最少限度延八千百三十五人札を集めないと当り金だけが出ない訳である。然しこれ以上札が売れた場合は催主の利益である。

本富に合わせ影富売出る

『守貞漫稿』には

或書曰、江戸谷中感応寺、目黒不動、湯島天神の富興行する、追々江戸中諸社諸堂にて同興行始り、一ヶ月二十四五会ほどありて、最初は富の出番云々と売歩行しが、是を停止せられて、後に於波奈志〳〵と一の富番許書付て売り駈ありくこと市中縦横数十人也、是は富の札を買いたる者の為に非ず、第付とて一の富の出番を当物として、裡店女房、酒屋下児迄掠め、銭を一銭二銭賭して当物す、一文は八文にして取る割合故、大欲の輩大金を以て賭するもあり、場所の大略は（中略）月並に二三会の所もあり、又四季に行もあり、札の直段、当り金の次第不同也、五十両位より千両迄種々仕法あり、同場所へ会毎に寺社御奉行所より検使来りて立合ふこと也、此検使の奴僕地中門などへ筵を敷きて、富見物の者と博奕すること幾席ともなく並ぶ、見徳売、札売、お咄し売、買見物、第付したる者見物、其外群集すること夥し、此盛の時は文政の末天保の初也、富の始めは文化三年以来也云々、守貞云、大坂は文政以来也、夫より先に作州津山に富あり、大坂にて買之者を禁ありしこと予幼年の時也、其比は大坂に無之、文政以来有之、天保以来三都ともに止む。

と見えている。天下法度の博奕が公然と行われていた事が窺われ、風紀が奈何に紊れていたかが知られるのである。

この於波奈志と売って歩いた第付というのは影富の事で、裏店の者達で富を買うだけの力のない者の為に出来ているもので、この本富が売出されると同時に影富が売出される。これは特に店を張った札屋というものはないが、これを別の商人があって裏店を売歩く。そして富の当り番と同一の番号札を持っている者へ当り金を出す。

一分といえば今の貨称で二十五銭であるが、文政二年の米相場が一両に一石六七斗であるから、二十五銭で米が一俵楽に買える。今の価値で十四五円にもなるので、当れば素晴しく金が這入る代り、ほとんどの人は損をする訳である。一分というは相当の金額である。富を買うのも一人で一枚ぐらいでは済さない。同じ富も買うし、方々の富も買い、ほとんど短期株で札やっている様な調子である。これが為財産を失う者も相当あったので、天保改革の時禁じたのであった。

然し第付は一文二文と価も安いので、始めは裏店の者で

富突きの当たり札を見せているところ(『金持曽我』)

も、これで夜逃げするという程の額には至らないから非常な勢で拡がり、何日の芝明神の富の第付だとか、何日の湯島天神の富の第付だとか、ほとんど買っていない者はない程であった。

ところがこれも貧乏人は貧乏人で矢張第付で家計の苦しくなるものも出来、又江戸の町は富の世界の様に上下熱して社会的の弊害も少くないので、これも本富禁止と同時に禁ぜられたのであった。

〔後　略〕

（抄録、『日本の風俗』二―三、昭和一四年）

富くじと福引

宮武　外骨

富突興行

この富突《とみつき》とは、富札というものを千枚以上七千五百枚ほど（後には二、三万枚のもあった）を一枚一朱くらいで売り出して、一番当たり千両とか五百両とか、二番当たり百両、五十両という定めで、富突の日は社寺の大広間で大箱に多数の札を入れてガラガラとまぜた上、一方の小穴から錐《きり》で突き、その錐先に付いて出たのを一番当たり、二番、三番と云ったのである。それで「刺牌」と書いて「とみつき」と訓した書物もある。この富突興行の社寺では、予算の雑費以上を引き去った上、千両当たりの者から百両、二百両を徴収し、なお札突の時にはイカサマ手段も行ったらしい。

江戸谷中の感応寺の富は享保二十年から許された最も古い富で長く続いたのである。感応寺の富突興行を羨《うらや》んで湯島の天神も願い出て許を得たが、これも繁昌したので、古い川柳に〝谷中まで行くを湯島で突き止める〟というのがある。カゲマ対いろは茶屋のことではない。

富の札売りの絵は嘉永頃の江戸版、渓斎英泉の画『大学笑句』に出ているもので、詞書に「大あたり千両千両、五十六文でござい」とある。今の五銭六厘で千両当たりと聞いては、射幸心を挑発されずにはおられなかっただろう。

富籤に当たった人

寛政九年の『親子草』に「富に中《あた》り候へば車にて銭を引込候に付、人柄をいたし候者外聞を欠候由、右に付赤坂御門の前に小道具商売を致候者有之、右の下女ともいひ又主人ともいひ、富に中り候に付、件の車にて引込候へば、座頭非人其外祝儀をねだり、其後家内にて振舞いたし候由、只金主の為のみにて、中り主は為に不相成候由」とある。座頭、非人の類が祝儀をねだりに来るとは面白い話。

富師は自己が利するのみで、当たった人の為にはならぬとは、欲で金主になるのだから、さもあるべきことであろう。古い川柳の〝にこついて一人か二人富場出る〟は当たった人のこと。〝感応寺つきべりが先づ二割たち〟は千両当たっても八百両しか取れないことであろう。

この絵は延享四年の『絵本池の蛙』に出ているもので、南都興福寺の一の富に当たった番太の住所へ金を送り届ける様であるらしいが、上方では車でなく担ぎ込んだのであろう。裃男が幣を立てさせて付添うなどは奇態である。

免許外の富籤興行

明治大正の代にも政府が許した賭博は公然行われても、その公許外の場所で同一のことをすれば、刑法の制裁を受ける如く、徳川時代にも御免外の所で富興行をした者は賭博罪として罰せられたのである。これは支配者万能の弊として風教上にも法学上にも議論がある。罰すべきを一方で公許するのは、何といっ

谷中感応寺の富突興行（『江戸名所百人一首』）☆

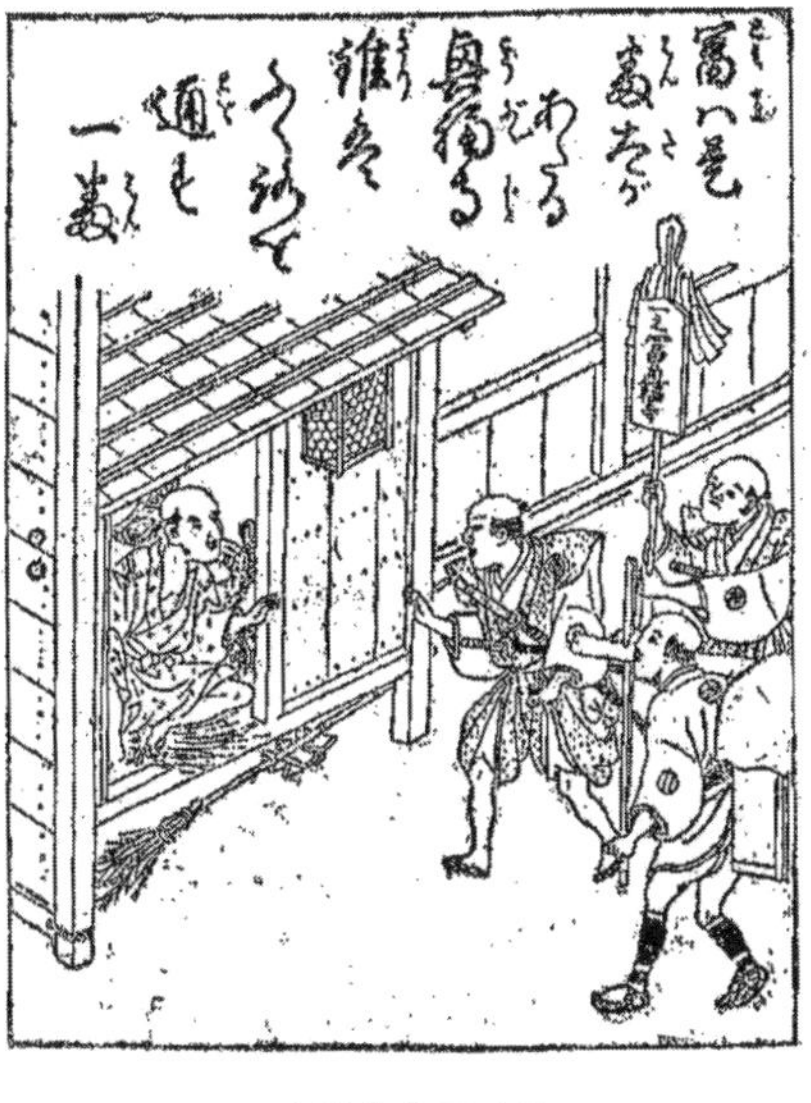

当選金を届ける
（『絵本池の蛙』）☆

富の札売り
（渓斎英泉『大学笑句』）☆

ても非条理であらねばならぬ。

前記の如く富突賭博は、公許のものと内密のものと共に行われたが、このほかに「蔭富」といった賭博も行われた。享和頃から文政頃までが最も盛んであったらしい。その方法は公許の富突執行前に、仮令《たとえ》ば来る何日感応寺で開く富の一番当たりの札番号は丁か半かというカケをしたり、また「第付」（台付、題付とも書く）とて一番当たりは千だいか二千だいか、あるいは五千、六千、七千だいかということをカケにして、一銭で五銭、八銭取る「チョボ」の如き勝負であった。それが江戸市中の各所に行われたので、興行元で富突が終わって一番当たりの籤が定まると、それを今ならば相撲勝負の新聞号外の如く、瓦版に摺った紙片を「富の出番」と呼び、後には「おはなし〳〵」と叫んで四、五文ずつに売歩く者が出来たので、蔭富の連中はその紙片を買って勝敗を決したのである。本富とこの蔭富が流行した当時は、江戸の三芝居も遊里も不景気で淋しかったと『続飛鳥川』にある。

宝　引

昔は餅を「福生果」といったので、福引とは餅を両人で引っぱり合いして、多く取ったのを勝としたのから起こった名称だとの説があり、また「福」の呉音は「ホク」で、福引を「ほう引」といったので、後に「宝引」とあて書きをすることになったのだとの説もある。それはとにかく、室町時代の頃にこの「宝引」バクチが行われたようである。徳川初期の慶長七年にも慶安元年にも「ほう引禁制の令」が出ている。「宝引」とは「索貫銭不見而引之」で、賭銭を多くの索（縄）の中の一つに貫いて、その索を引き当てた者の所得になるのである。物を商う手段にもこの宝引が行われて、飴宝引、人形宝引などという名称もあった。この宝引は今もなお行われている。朝鮮人の飴売りが籤を引かせるのもヤハリ宝引の一種である。良家といわれた家でも正月にはこの宝引賭博が行われて、徳川時代から明治十年後までその風習が存していた。

さござい

辻宝引の一種を天明寛政の頃江戸で「さござい」と云った。これは「さアござい」と叫んで子供を集めた呼声によった名称である。正月松の内に街頭に立って子供を集め、細い縄五、六十本を一把にして、その中の一本の端へ分銅といって橙《だいだい》を一つ結び付け、銭一文ずつで縄一本を売りつけて握らせ、分銅の付いた縄に当った者に、草双紙一冊とか、ビードロの簪《かんざし》一本とか、其外種々の品を子供に撰り取させたのである。それが後には金をやる純粋の賭博に変じた。賭博に変じてから後には、子供ばかりでなく、大人までが加わったのであるらしい。川柳に〝さございへ下女がお立と呼びに行き〟というのがある。これが大いに流行したので、狭い路次内などは人だかりで通行も出来ないので「宝引無用」という張り紙が彼方此方に貼付された程であったという。〝さございは長屋でいっちかせぐ奴〟という川柳もあるくらいだから、この流行時には、さござい屋になった者が多かったことが知れ、又この賭博でシタタカ儲けたことも察し得られる。

かくて寛政革新の際、この辻宝引「さござい」も厳禁されたのであるが、その後も役人の目をかすめてこの辻宝引は止まない。近頃渋谷辺にも怪しい男が現われて「さアござい」と叫んで物蔭へ人を集め、紙籤を取らせ、当りには金五円あげるなど云って、往来の人をたぶらかして居ると聞いた。

（原題「籤バクチ」、『賭博史』大正一二年）

辻宝引「さござい」（『絵本子供遊』）☆

5

祭りの熱狂

山の手気分の山王祭（日枝神社）、下町気分の神田祭（神田神社）。この二つは天下祭と称されました。神輿や山車が江戸城内にも入り、将軍の上覧に供したからです。京の祇園祭にならったと言われる絢爛豪華な山車や神輿の行列は人々を熱狂させました。たった一日の祭礼の衣装を揃えるために娘や女房を遊女に売った話もあるほどです。

これほど大がかりではない祭りの一例として鳥越明神の祭礼を紹介しました。また祭礼同様、毎年欠かさず出かけた大山参り、「伊勢屋稲荷に犬の糞」と言われたほど至る所にあったお稲荷様も取り上げています。

江戸の祭さまざま

山下　重民

天下祭

江戸御祭礼といえば、各神社に例年行わるる事なれども、その中江戸児の最も誇称し、特に力を尽せしは、永田馬場日吉山王権現社（今の日枝神社）、神田台の神田明神社（今の神田神社）の二大祭なり。

此二大祭を俗に天下祭と称したり。当時天下といいしは、専ら国家を指したる詞にして、天下泰平、天下一統とは国家泰平、国家一統の義に外ならず。一転してその国家の政権を握る者を称したり。所謂天下様是なり。天下を取るといいしも、国家の政権を握ることなり。江戸時代にて天下と唱えられしは将軍の事なり。将軍の命令にて祭礼を執行し、将軍の上覧ありしに因り、さてこそ天下祭と俗称して嘆きしなれ。其角の俳句に、「我等まで天下祭や土車」とあり。

（中　略）

本祭、陰祭

山王の祭礼は、子、寅、辰、午、申、戌の年。神田は丑、卯、巳、未、酉、亥の年。即ち両社隔年に上覧あり、盛大に執行する制度なれば、その年に当れる祭礼を本祭といい、その翌年質素に行うを陰祭といえり。而して山王祭は六月十五日、神田祭は九月十五日なり。『東都歳事記』に云う、

往古は年々六月十五日、神輿龍《たつ》の口《くち》（和田倉御門外、水の吐き口ありし濠《ほり》、今はなし）より乗船にて船祭ありしが、元和年中より御城内へ入る事となり、又寛永十一戌年より大祭となり、天和の頃より隔年

に行はせらるるとぞ。当社（山王）御祭礼は東都第一の大祭祀なり、当日往来を止て、猥りに通行を免さず、脇小路は柵《やらひ》を結い、桟敷は二階を禁ぜられる、諸侯よりは長柄槍幟を出して警固せしめられ、又神馬等を牽せらる、警固の壮士行列を揃えて厳重なり。往古は当社（神田）神田橋御門の内（今の大蔵省庭前池の上丘）にあり、年々竹橋より神輿乗船にて、小舟町神田屋庄右衛門といえるものゝ宅前より、神輿上らせられ陸地通行ありしよし、太田南畝子の『武江披沙』に云り、その後天和年中より隔年になりけるとぞ、又御城内へ入る事は、元禄元辰年より始りしとなん（往来止等山王に同し）。

此本祭陰祭は、公祭私祭又は表祭裏祭というがごとし。

付　祭

付祭《つけまつり》というは、景気に出す付随物の義にして、隔年の本祭に、十三ケ所若しくは十五ケ所に対して、輪次に一ケ所より、一種乃至三種の踊屋台地走り《おどりやたいぢはし》等を出さしむるをいう。輪次に課するを以てその町を年番と唱えたり。此付祭はその筋より町奉行の手を経て、町年寄に内意を通ずる例なりと聞けば、町々の随意に択びしものにあらざるに似たり。太平の極と呼れし文化文政の盛時には、その筋の特命あり。乃ち各々趣向を書立てて町奉行に提出し、御内意を伺う。その中に就て選択し下命あり。但しその費用は地走り四十二、三両より五十両前後、屋台となれば五十両以上八十両に至る。是はその筋より御下賜あり。之を御雇祭と唱えたり。かかる御下命あるはその地の名誉といわるるより、費用も意外にかかり、町方の負担となるが常なりとぞ。

御祭礼番組

御祭礼番組は、祭時行列の順序をいう。各町先後を争い乱雑ならざるよう、一番二番と次第を定るなり。慶安五年壬辰六月十四日の令に、「明日御祭礼御供之儀、例年無作法に候故、今年より町々へ組々の札を書遣候間、先へ参る事、又跡にさがり候事不ㇾ成候間、其段能々相心得順能御供可仕候」とあり、是より順序は一定したるなり。又その年各町出し物の次第を記したるを、御祭番付という。之を印刷したるを売り出す、其角の句に〝番付をうるも祭のきほひ哉〟とあり、多くは「御祭り番付、御祭り番付」と呼びつつ売りあるく。普通は一枚摺りなれども、二冊の製本とし詳かに記したるもあり。桜田御門外黒田家屋敷南の坂を番付坂という。此処に山王御祭礼の番付札ありし。

神輿

神輿は之を「みこし」という。俗に「おみこし」と唱う。神霊を奉安せし輿にて、その荘厳なるは人の皆知る所なり。山王の神輿行列は左の如し。

小旗　大旗　長柄槍　太鼓二ッ持人十一人　拍板二人　田楽二人　獅子頭二持人廿四人　社家騎馬
鉾飾三本三十二人　社家騎馬　神馬　社家騎馬　神馬三匹　御太刀負社家騎馬三人
○一之宮供奉（大伝馬町南伝馬町）　社家騎馬　伶人二人（高鼻面被る）　素袍著四十人　御幣持二人
造り児一人　大拍子持三人　神輿舁人五十人　御膳板持二人　神机持六人　社家騎馬
○二之宮供奉（小舟町堀留町一二丁目ほりえ町）　社家騎馬　町人麻上下三十人　素袍三十人　御幣持二人　造り児一人　大拍子持二人　神与舁人五十人　御膳板持三人　神机持八人
○三之宮供奉（両伝馬町）　社家騎馬　素袍三十人　御幣持二人　造り児一人　大拍子持三人　神輿舁人五十人　御膳板持二人　神机持六人　社家騎馬　衆徒十騎（俗に法師武者と云）別当四方輿　神主轅　長柄槍　其外供奉警固夥し

右山王の神輿行列は、番組四十五番の次なり。当時神仏合同なれば、別当并に法師武者之に列せり、別当は勧理院、神主は樹下《じゅげ》氏なりし。

神田の神輿行列は左の如し。

神輿一の宮行列　長柄槍　社家騎馬　太鼓　獅子頭二　田楽　社家騎馬　御鉾　社家騎馬　神馬　社

家騎馬　御太刀　社家騎馬　御太刀　社家騎馬　長柄槍　伶人（鼻高面）　御幣　素袍著　大拍子　神輿　神几　社家騎馬

○二之宮行列　伶人（鼻高面）　御幣　素袍　大拍子　神輿　神几　社家騎馬　白張　素袍　神主轅
　社家騎馬　長柄槍　突棒　以上

神輿二基ともに古来は三十六番の後に渡しけるが、天明三年神主の願によりて、十一番と十二番の間に渡す事とはなれり。

右『東都歳事記』に載せられたる神輿の行列中には見えざれど聞く所に拠れば、神田の祭礼に限り、相馬家にては、神輿の真先に黒く馬を染め出せる布八端の大幟を持たするの例なりと。是はその藩士中力量ある者を択で充て、手代り三、四人付属す、洵に勇しく見えたるよし。

御旅所

御《お》旅所《たびしょ》とは、祭礼中神輿を奉安する仮屋《かりや》をいう。俗に御《お》仮屋《かりや》とも称せり。神幸を御旅行に比しかくは唱えたるならむ、その場所は一定し居り。ここにて奉幣し神饌を供し、昼夜牽鈴声清く、参詣絶ることなし。山王の神輿は、常磐橋御門外にて、出し、ねり物と分れ、夫れ本町、十軒店、本石町より遂次巡行して、霊岸橋を渡り茅場町通りより御旅所に到りしという。

樽御輿

樽《たる》御輿《みこし》は、神輿に擬《ぎ》して作り、町内の児童祭礼中舁て騒ぎ廻れるもの、その数制限なし。その構造たる甚だ簡易にして即ち空樽を御輿の胴とし、草鞋《わらんじ》を鳳鳥の背とし渋団扇をその翼とし、揚枝を嘴に、藁たわしを鈴に代え樽の下に二本の棒を付して担ぐを普通とす、此外種々の器物を応用したるもあり。俗に樽天王とも呼べり。児童数十人揃の衣装に、染麻の襷をかけ、ワッショ、ワッショと叫びつつ、揉み合い廻り行く。洵に勇しきものなり。

祭礼の衣裳

江戸時代祭礼の衣服といえば、悉く新調のものにて、皆々競ってその美を尽せり。『江戸繁昌記』に、

祭服既成、人人廃レ業、打扮四走、故往二氏族之家一遠訪二知識之人一錦衣不レ絅、燿二諸路人一

とあり、『守貞漫稿』山王祭の条に、

年番に当る町人は盛夏なれども、袷の美服を五枚重ね着す年番に当る所の警固人も、或は袷を重ね又夏服のままの者もあり、其他雇夫に至る迄皆新調の服にて、古服を用いること聊も無之云々

と見ゆ、証とすべし。警固の町人裃《かみしも》をつけ、総て牡丹の造り花を飾りし花笠を載く。又豪商の少年は新調の美服を重ね、人をして背後より大団扇もて不断に涼風を送らしめたり。殊に日本橋辺の若者は、はでなる縮緬揃いの浴衣に数本の縮緬下帯をしめ、処々にて水道の水を灌ぎ、一時裸体にて涼を納るる毎に、その一本ずつを取捨て濡れしものを纏わず。或は惜気もなくその裾を故《ことさら》に裂き、是にて歩行に便なりなと、豪語し居たる者もありしという。その意気実に当るべからず、天保改革後は、無益の浮費を厳制したけれも、尚お木綿と称して絹布縮緬を服し、摺込摺画模様と申立て、実は金襴を使用したるよし。『江戸繁昌記』に「少年貧者易レ狂、或有下売レ子鬻レ妻者上」の語あり。余初は以て虚とせしが、故老に聞けば実際か徒とももありしといえり。御祭狂も此に至て極れりというべし。

但しむかしは総て質素にて、『一話一言』巻十七に、

同じ比（宝暦の末）の祭礼に、男の警固とて出し形粧は、女のものより模様ある麻のかたびらを借著して、其比はやりし白き縮緬手細の腰帯をしめ、杖の上に縫物の袱紗《ふくさ》をつけてつき出し也、新に衣を製することなし

とあり、幕府の令達にも、

御定之外結構成衣類借物等用候儀、弥無用可レ仕候

と見えたり。かかれば祭礼の衣裳は、後世漸次に華奢に流れしものと知らる。

山　車

山車は江戸にて「ダシ」という。祭礼に牛にて曳き出す飾り物の車にて、上部には専ら偶人《にんぎよう》を建て周囲に欄干を施し、下部に長幕を纏う。柱及び欄干等は唐木《からき》、或は黒塗、幕は羅紗、猩々緋の無地若くは刺繍あるもの、又は唐織を用いたるもあり。

按ずるに、「ダシ」というは、祭礼に曳出すより直ちに之を出しとは呼倣せしならむ。彼の急遽に催す踊りの類を「ニハカ」と唱えるが如きか。『嬉遊笑覧』に、出しというもの、もと笠鉾と山とをかねて作れるものなり。出しということは、もとはた幟の上に付る物をいえり。『雑兵物語』に云々と記しあれどもいかにや。京畿にいう山又は鉾、尾張摂津等にて「ダンジリ」というものの類なり。江戸にても精巧に造りしを鉾ともいい、一時の製作に係るものを、花出《だ》しなどいえり。

（以下略）

（『江戸文化』二―七、昭和三年）

山王祭と神田祭

三田村鳶魚

公方様も神田の氏子

山王祭は山の手気分であるが、神田祭は下町気分、殊に江戸ッ子を振り回したものだ。家斉将軍は神田橋内の一橋家で生れられたから、明神の氏子だという口実によって、大奥女中の物数寄が祭礼に蝕《は》み出したのであるが、それを江戸ッ子等は、公方様も俺達と同じ神田の氏子で、お祭りにも参加されるのだと、大いにその平民振りを嬉しがり、急にお祭りの気勢を揚げた。

　山車の数は山王が四十五本、神田が三十六本あった。それに付随する踊屋台の数々、祭りの年番に当った町では、特に奮発して費用を惜しまず、種々の趣向を立てる。また付け祭りといって近隣から参加する町も、競争で派手に計画する。祭礼区域の町々では、桟《さ》敷《じき》を列ねて、山車や屋台やねり物という行列の通過を見物する。

　文政元年六月の山王祭から別に景気づいたが、同三年の年番が日本橋通り一、二丁目であって、二箇町の入用は四千八百両であった。その評判は江戸中に鳴り響いた。山王・神田の祭礼は隔年に行われるのであったが、同四年九月の神田祭の年番は横山町、御用祭は豊島町（御雇祭を引き受けたので、御役とも御用祭ともいったのである）であった。前年の山王祭の年番が凄じ

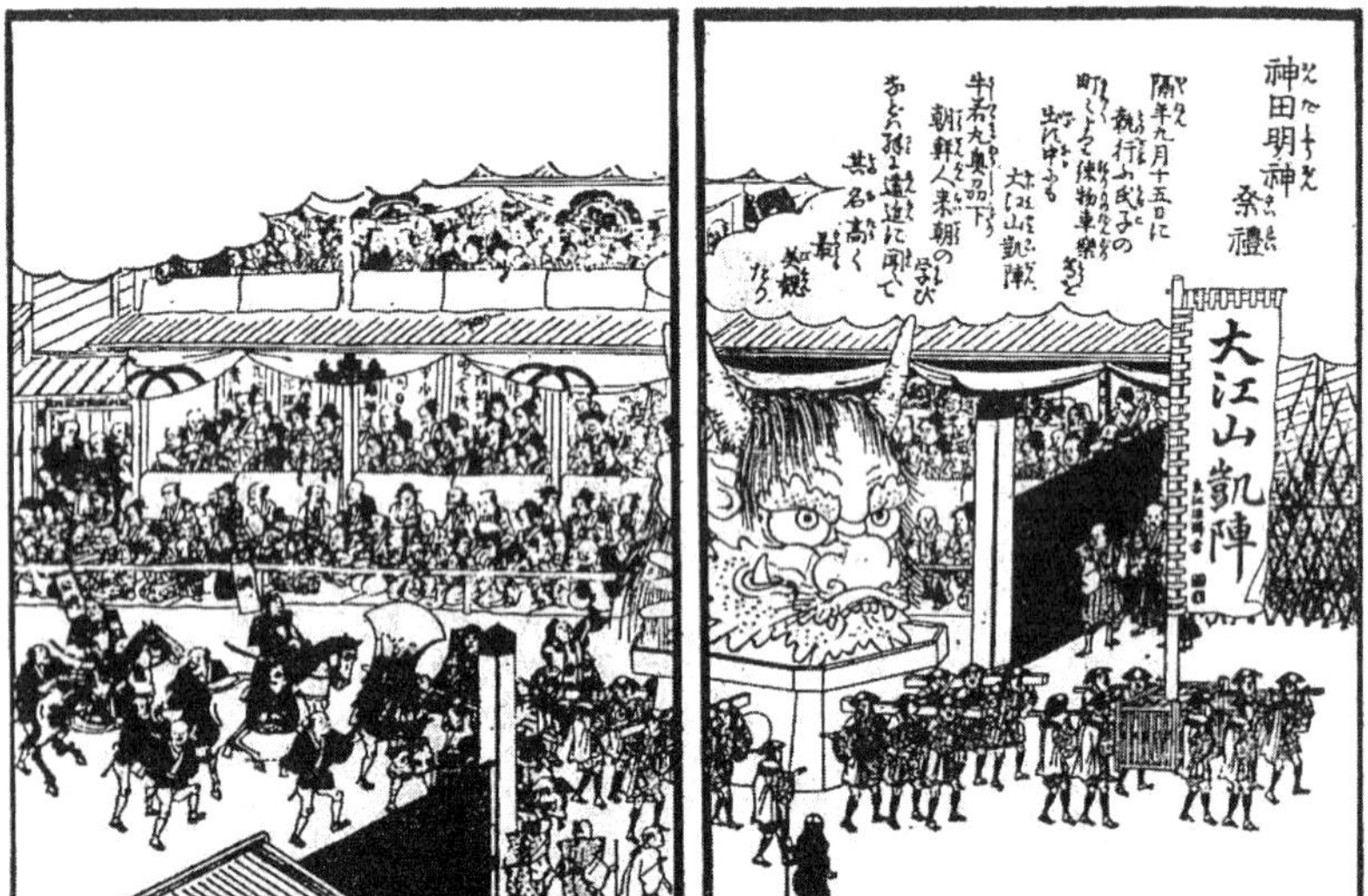

神田祭（『江戸名所図会』）

い評判であったから、それに負けるなと力瘤《ちからこぶ》を入れて、この後は両大祭の氏子、町々喧嘩腰で祭礼費用を増してゆく。

祭り衣裳に女房の身売り

我等の祖父の話に、天保の頃須田町に懇意な大工の棟梁があった。その娘を神田祭の踊屋台へ出したが、その費用のために祭りの済んだ翌日、その娘を吉原へ売ったけれども、まだ足りない。女房も宿場女郎に売った。それでも足りないで、九月になると本人も夜逃げをしてしまった。何でも三百両も掛ったのであろうと聞いた。現に小石川の富坂上にいる古本屋田中作次郎という七十余の老人の若い時分、祭りに出る着物を拵える費用のために、女房を吉原へ売って、当日は思う存分に着飾り、朝早くからねり回ったその夕刻、この装《なり》を見せたいというので、売った女房を買いにいったそうである。

一日の祭礼のために娘や女房を遊女にした話は、山の手にはなく神田に限ったことであろう。それほどに熱狂したのも神事として祭礼が行われるほかに、祭りということが一般の最大娯楽であって、祭りへ出るということ、すなわち山車や屋台へ付いて祭礼行列に参加するのは、何程の愉快であったかしれないのである。

しかし格別に熱狂した連中を除外して、ただ祭礼に興じるにはほとんど費用の必要がなかった。各町の祭礼費用は何百両掛っても、主として地主が支出し、その幾分を借地人に割り当るのだから、地面も家屋も持たない居住民は何の負担もない。その上に地主等から酒肴や赤飯を出すのを、呑んで喰って一日なり二日なり騒いで遊べば好いのであった。それに弊害がないでもなかったが、祭礼の時にはいわゆる無産階級を酔飽《すいほう》させて、おもしろく騒がせたところに妙味がある。またこの機会に平素強欲吝嗇《りんしょく》な商家へ、神輿を担ぎ込んで困らせるなどということもあった。

祭りの景気が衰えたのは、山車が挽き出せず、踊屋台や地走りその他のねり物が、電線・電車に遮られて廃絶した上に、祭礼費用の負担が有産階級以外に及んだこともまた考えなければならぬ。

近来山車や屋台が出せないで、神輿を町毎に拵えるようになった。神輿を担ぎ回るだけはとにかく、今日の大道でも往《ある》けないことはないからである。昔大阪では天満祭に段尻《だんじり》のほかに、檜皮葺《ひわだぶき》の船を台傘・たて傘、さては幔幕で装い、舳先《へさき》へ人形を飾って漕ぎ回ったというが、山車の代用に花電車でもあるまい。浅草の三社、深川の八幡、品川の天王の祭礼には、神輿を川や海の中へかつぎ込んだこともあるのだから、昔の大阪流に東京でも祭り船を考案してみたい。


（原題「江戸の民衆娯楽」より抄録、『週刊朝日』大正一三年四月一〇日号）

山王祭

岡本　綺堂

江戸の三大祭といえば、山王（六月十四、十五日）、神田（九月十四、十五日）、深川八幡（八月十四、十五日）の三つですが、わけて山王祭は、俗に上覧祭、御用祭、または天下祭といって、将軍家の上覧に供えるというので非常に盛大でありました。

この祭礼には政治上の意味が含まれて、つまり江戸繁昌の勢力を諸大名に示す一つの手段であったのです。日本の三大祭といえば、京の祇園祭、大阪の天満祭、江戸の山王祭ですが、江戸を代表する山王祭が祇園祭、天満祭に劣るようなことがあっては江戸の面目にも関わり、ひいては将軍家の威信にも関すると

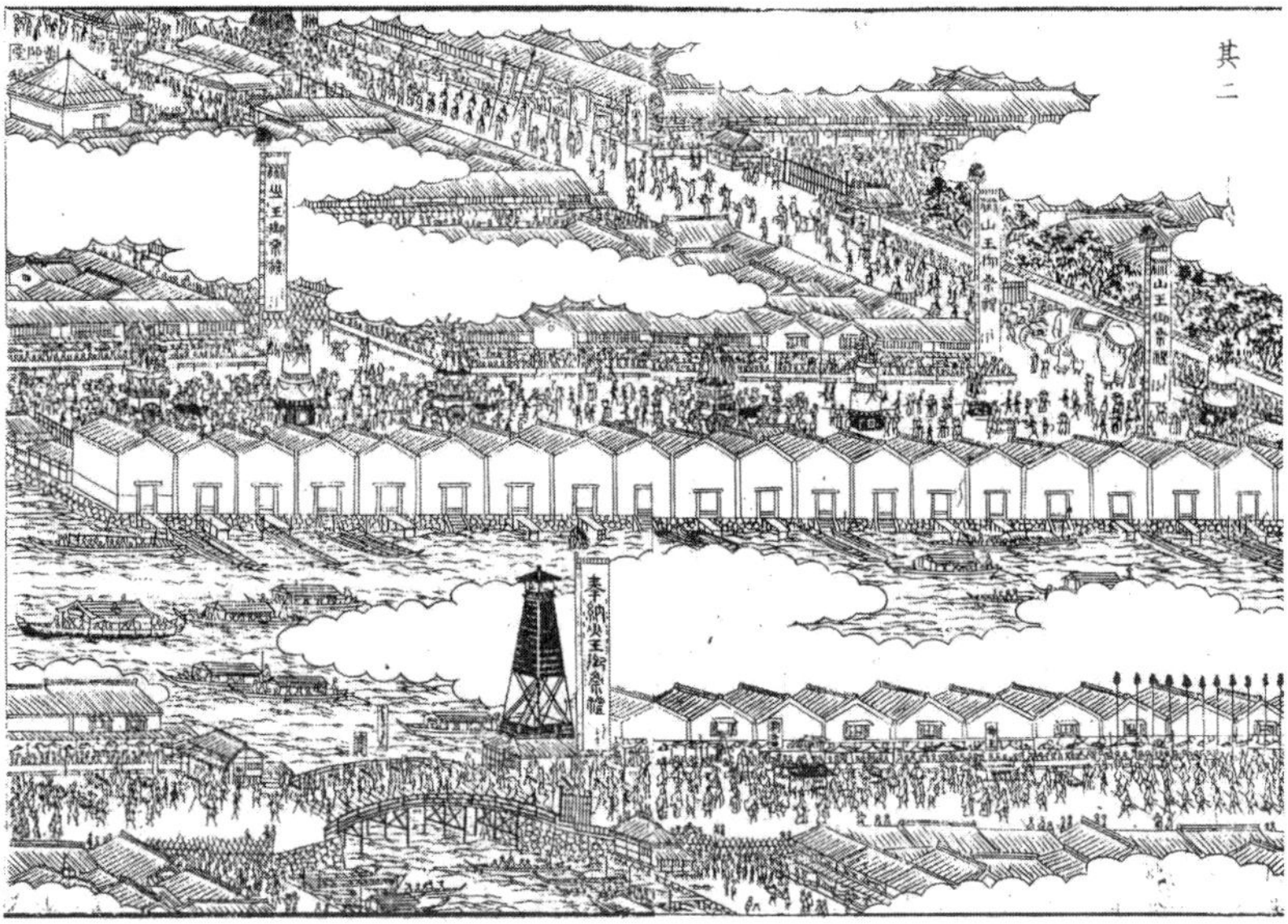

山王祭(『江戸名所図会』)

いうので、町奉行所などでは、各町の町役人を呼び出して、「本年は山王の本祭であるから盛んに執行するように」と命令的に言い渡していたのです。かの慶安の町触などには、「盆踊りは踊り申すべく候」と、触れまで出ているような訳です。

そうでなくとも、なにかにつけて遊ぶことのみを目論んでいる下級の人達は、お上の申渡しを楯に取って、いろいろの口実の下に中流以上の町人に向かって祭の費用を強請したのです。もしも要求に応じないときには、祭の当日、神輿をかつぎ込んで、どさくさまぎれに戸障子などを叩き壊してしまうような乱暴を働いていましたが、それを表向きにしても、祭の費用を出さないで戸障子を壊されるなどは、祭の費用を出さぬ方がよくない、ということとなって、お取上げにはならなかったのです。また、家の中に神輿をかつぎ込まれたりしては外聞にも関わるので、祭の費用は綺麗に出していましたが、その費用は間口によって金額を定めていたのです。

当時の江戸の町人なども、決して今日の人達が想像するように、祭礼というものに趣味を持っていた訳ではありませんが、上と下とからの圧迫を受けて、いやいやながらもお祭騒ぎで多分の金を支出していたのです。で、明治になって祭の廃れた理由として、第一に電車や電線のできたことを挙げますが、それはほんの枝葉の問題であって、実際は金持に対する上下の圧迫のなくなったのに基因するのです。江戸時代の町人は、祭の費用などを一種の租税とあきらめて、その負担に甘んじていたのです。

山王祭は隔年ですが、その間に延期などがあるので、一々ここでその年を挙げる訳にはいきません。とにかく本祭の次の年を陰祭と称えて、単に軒提灯を吊るすくらいに過ぎなかったので、俗に提灯祭ともいっていました。

御上覧は吹上に桟敷をこしらえて、御簾の中に将軍が着座して、祭の行列を御覧になりました。桟敷の下には御目見得以下の者が居流れていましたが、御目附が一番難役であったそうです。ちょうど将軍の真下にいるので、身動きすることもできなかった、ということです。しかも炎天に顔を晒したきりで、じっとかしこまっているので、そのために日射病になったり、霍乱《かくらん》で死ぬ者もあったそうですが、ある御目附などは、額に蜂が来て止まったのを追わなかったので、ひどく蜂に刺されて顔一面に腫れ上がって、三日ばかり煩って死んだということです。

山車《だし》の人形などが、そり返ったり、せりこみ〔編者註／俳優や舞台上の大道具などを舞台の切り穴から奈落に下げる装置〕になったりしているのは、半蔵門を入るためにそういうこしらえをしてあったのです。また、麹町の象が半蔵門を半分しか入らなかったので、半蔵門という名が起こったというようなことをいう者がありますが、それは無論に牽強付会《けんきょうふかい》で、半蔵門という名の起こりは服部半蔵という旗本の士が住んでいたのに因るのであります。麹町の象の曳物は、象の足一本に人が一人ずつ入って、象をかついで歩くようになっていました。象の前後には唐人のこしらえをした者が大勢ついていましたが、これは十年に一度くらいしか出さなかったようです。

山車の順序は、「猿鶏」といって、麹町一丁目の猿が第一番、大伝馬町の諫鼓鶏が第二番ということになっていましたが、ある年、将軍家の前において、猿の持っている御幣が落ちたので、猿は二番に廻されてしまいました。あとは町順になっていましたが、「番付を売るも祭の勢ひ哉」と、祭の時には必ず「御祭番付」といって、山車、曳物などの順番を瓦版にしたものを売っていました。

〔中　略〕

山車には、鉾山車《ほこだし》と花山車との二つがありましたが、鉾山車は牛車に勾欄を設け、上に人形を飾り、下の方では笛、太鼓、鉦などを打ち囃《はや》していました。山車の周囲はすべて錦繡《きんしゅう》を以て包んでありましたので、すこぶる綺麗です。殊にその人形が精巧を極めていたので、いずれも有名になっています。花山車は一夜作りにこしらえて、造花などを飾り、粗末な人形を据え、同じく鉦、太鼓を打ち囃していました。鉾山車、花山車ともに、すべて牛に曳かせていましたが、その牛が九段下の濠に落ちて死んだので、牛ヶ淵という名が起こったということです。

鉾山車の主なるものは、大伝馬町の諫鼓鶏、南伝馬町の猿、麹町の猿（女猿、男猿と隔年）、騎馬人形、四番の剱に水車、七番の弁財天、八番の春日龍神、九番の静御前人形、十番の加茂能人形、十一番の浄妙一来法師、十七番の漁船、二十一番の龍神、二十二番の熊坂人形、二十三番の分銅槌の鉾、二十四番の神功皇后人形、二十八番の大鋸、二十九番の茶筌、三十番の鯨船、三十六番の斧に鎌、三十八番の宝船、三十九番の茶臼挽人形、四十番の八乙女人形、四十三番の幣に槌、四十四番の僧正坊牛若人形などですが、以上の山車は祭の年毎に必ず出したものです。その他に附祭として、花山車、踊屋台、地走り、曳物などを出しましたが、年々いろいろの新しい趣向を凝らして、人目を驚かすようなものをこしらえていました。

神輿の行列、山車、曳物などが市中を練り歩く路筋は、山下門を入り、日比谷門の濠端に沿って桜田門の前より左の通りを黒田家屋敷の南、番付坂（ここに祭の番付あり）を登り、山王社の前より右へ永田町梨の木坂を下り、堀端を通りて半蔵門より内廓へ入り、将軍家上覧所を過ぎ、竹橋門を出で、大手前の酒井家屋敷、小笠原家屋敷に沿うて、常盤橋に出たのです。ここで山車、曳物は思い思いに散ってしまいましたが、神輿の行列は、本町一、二丁目、十軒店、本石町三、四丁目、鉄砲町、大伝馬町一、二丁目、田所町、堀留一、二丁目、小舟町、小網町を経て、湊橋、霊岸橋を渡り、茅場町の御旅所に着き、奉幣、神饌を献じ、それより海賊橋を渡り、青物町より通一丁目に出で、大通りを尾張町まで、右へ山下町を経て山下門に入り、元の道筋を通りて本社へ帰るのを例としていました。

山車は一町内に必ず一つはありましたが、一、二、三丁目に一つというところもありました。踊屋台、地走りなどは各町内の思い思いですが、御神酒所は町内に必ず一ヶ所はありました。御神酒所というのは、一家の店前を取片付けて、軒に幕を張り、屏風を立て、正面に神号を記せる掛物を掛け、傍に獅子頭などを置き、高壇を設けて神酒・鏡餅などを供えてありました。

山車、練り物、踊屋台、地走りなどは、町内の若い衆の受持なので、町内の小若（二十歳ぐらいまでの者）と大若の全部が狩出されて、それぞれ部署についていましたが、不具者とか老人とかでも、御神酒所の番人などになっていたくらいです。祭に出る若い衆は、皆「お揃い」を着ていましたが、若い衆以外に町内の娘たちも「お揃い」を着るということが習慣になっていました。この「お揃い」は職人、仕事師などが作って、町内を戸別に売ったものです。が、中流以上の家では、この「お揃い」を着ないまでも、ほとんど義務的に買わされていたのです。また、町内の娘などが祭の日に「お揃い」を着ていなかったりすると、すぐに復讐をされたものです。西瓜の皮や桃の種を投げつけられたりするのはまだしも、いろいろの難癖をつけて、嫁入りに影響するようなことを言い触らされたのです。

神輿の渡御《とぎょ》は町内渡しで、十丁目は十丁目の若い衆がかつぐことになっていましたが、少しでも長く揉もうとして、次の町内へ渡すときに、きっと喧嘩を始めて、よく怪我人などもできました。

樽天王、即ち樽神輿も一町内に二つ三つはありました。これは子供のかつぐもので、薦《こも》包みの酒樽に飯籬《いがき》〔編者註／竹で編んだ籠〕をかぶせ、草履を胴にして、総楊枝を嘴《くちばし》に、渋団扇《しぶうちわ》を翼に作り、鳳凰に象《かたど》りたるものを付けて神輿に擬《なぞらえ》たものです。これをかつぐ子供のこしらえは、お揃いを着て、黄色い麻の襷《たすき》に起上がり小法師、鈴などの玩具の付いているものを掛け、手拭の鉢巻を締め、白足袋を穿き、尻を端折って、「わっしょいわっしょい」と叫びながらに駈け廻るのですが、これも他町の子供とよく喧嘩をしたものです。

山車、練り物の警固には、町役人、名望家などが出ていました。これは上下を着け、花笠を被り、草履を穿き、杖をついて山車、練り物の先をついて歩いていたのです。

踊屋台も大抵出していましたが、これは非常に金が掛かるので、金持の娘を踊り子に出して、その家で費用の全部を負担してもらっていました。大変な騒ぎの代名詞として、「一人娘をお祭に出すようだ」といわれているくらいで、並大抵ではなかったのです。踊りの狂言は、踊り子の人数によって踊りの師匠が定めていましたが、あまり下手な者ばかりでは師匠の外聞にもかかわるので、貧乏人の娘の踊りの上手な者を混ぜて、うまく繕っていました。いよいよ狂言が定まって、稽古を始めてからも約一ヶ月くらいは掛かりましたが、当日はまた、顔をこしらえたり、衣裳を着せたりする手伝いの者が大勢楽屋に詰めていたので、その混雑は一通りでなかったということです。踊りの師匠は後見として、踊り子の世話を焼いていましたが、お礼は十両くらいになったそうです。囃子方は、踊屋台の後に底抜け屋台をこしらえ、その中に入って歩きながらに打ち囃していました。唄は清元、長唄の女師匠やその弟子などを頼んでいましたが、紋付に袴を着け、手拭をあね姉さん被りにして、屋台の後ろに付いて行っていました。

踊屋台の警固には、町内の娘、あるいは若者などが手古舞《てこまい》になって出ていましたが、髪を若衆髷《まげ》に結い、雲龍、竹虎、天狗の羽団扇《はうちわ》などの緋縮緬《ひぢりめん》を片肌脱ぎにして、裁付袴《たつけばかま》を穿き、鉄棒《かなぼう》を曳いていました。

俗曲の「三社祭」に、「さきを払わせ、鉄棒は手古奈が手古舞は、女とも見え、また男とも見えて、やさしき梅柳」という唄もありますが、娘の容貌を自慢にして、無理な借金をして、娘を手古舞に出し、祭がすんでからその借金を返せなくて、夜逃げをしたり、娘を女郎に売ったというような悲惨な滑稽もあったのです。

また、祭の時には、新しい趣向、奇抜な思い付きで人を驚かそうとして、髪を剃って坊主になったり、眉を落として女装したりして、あとで困っていたというような馬鹿な話もあります。これは三社祭の時のことですが、町内の者が二十何人共同して、背を並べ一尾の蟒《うわばみ》を彫ったそうです。皆が一列に並んでいるときには見事であったということです。これが一人ずつになると、どうにも仕様がなかったそうです。うわばみの頭に当たっている者はまだいいとして、胴の真ん中などになっている者は、まったく間が抜けていたということです。

神輿渡御の道筋に当たっているところは、往来の真ん中に青竹の埒《らち》を結って、猥《みだ》りに歩行を許さなかったので、山車や踊屋台などを見物する者はその埒の外から見ていたのですが、どうかすると女や子供などは大勢の人に揉まれて埒のところに立ちきりで、身動きもできなかったということです。それに若い男などは、西瓜の皮や桃の種などを投げつけたりしていろいろ悪戯をするので、若い女などは困っていました。

その頃の諺に、「猿鶏から見た」というようなことを言っていましたが、これは山王祭の山車の猿、鶏即ち一番初めから見たということに用いられていたのです。

氏子の町々には、軒並みに七五三縄《しめなわ》をめぐらし、献灯を揚げ、飾り花などを挿して、商家は一般に商売を休み、店前に金屏風を立て、毛氈を敷き、活花などを飾り、家の前には青竹の手摺をこしらえ、親戚、知己を招き、強食《おこわ》、煮〆などを調えて、酒などを飲みながら祭見物をしていました。

また町内には、作り庭をこしらえ、武者絵、景色絵、地口絵などの行灯を掛け、造り物をなし、生花会、盆栽会を開き、囃子台を設けて、ちゃんちきちゃんちきと打ち囃していました。

いうまでもありませんが、これは町家だけのことで、武家は祭礼に一切無関係で、軒提灯すらも吊りませんでした。

（原題「甲字楼茶話　山王祭」抄録、『木太刀』一六巻八号、大正七年）

梵天祭と大山石尊詣

有山　麓園

五月の行事梵天祭

江戸時代毎年五月五日には梵天祭といって、各町の勇み肌の若い衆連や鳶頭などで大山石尊の祭祀を執行ったものである。その梵天というのは、小角材《こかくざい》で柄を作り先きの方へ藁苞《わらづと》を付け、その藁苞の中心へ白幣を三本、中央の一本は真直に立て、あとの二本は左右に交叉して結い付ける。そして又その藁苞へは小舞竹を長さ三尺くらいずつに切ったものを柄として、赤、白、青の三種の彩紙で幣をつくりたるもの数百本を挿む。その格構は恰度住吉踊に用いる万燈を藁苞に代え傘を付けないもののようで、是を伝馬船へ押立てて両国川へ乗り出し、その祭儀を行ったのである。たまには屋形船などで押し出す時もあったようだが、多くは伝馬船である。

当日は町内の若衆頭初め若衆一同、鳶頭はその侶伴《なかま》子分どもまで引きつれた大勢が何れも新しい印半纏又は揃の浴衣にて向う鉢巻をした勇ましい風態で、お太刀といって木太刀を担ぐ。この木太刀というのは長さ六尺ぐらいより一丈ぐらいに作ったもので、黒塗りで朱書に「大山石尊大権現大天狗小天狗町内安全息災延命大願成就」などの文字を現わし、これを若い衆が代り代りに引担いで船へ乗込み、船の中央へは梵天幣を押立て木太刀を飾り、神酒供物を並べ、囃子、手古舞、木遣音頭など勇しく、恰《あたか》も祭礼の時の山車を曳くと同様の情景《ありさま》であった。

そうして船の舳先には朱の衣装束兜巾《ときん》すずかけ姿の法印（山伏）が法螺貝《ほらがい》を吹き立て、錫杖を振って両国川へと押出し、大川の東側垢離場《こりば》（東両国橋詰より南寄）の河岸に船を繋ぎ、茲処の茶店を休憩所として、若い衆達は各自下帯一本締めたまま真裸体となって向う鉢巻勇ましく一斉に川中へ飛込んで、水を浴びながら「帰命頂来懺悔懺悔六根清浄大山石尊大権現大天狗小天狗云々」と一心不乱に祈念する声は水嵩多き皐月の川水に響いて如何にも勇しい風情であった。

そうして又一々梵天幣を振り翳しては、何十回も何百回も大声で祈念をしつつ水垢離をとる。それが梵天祭の儀式となっていた。それを訖《おわ》って一同その船でまた町内へ立帰り、梵天幣一二本宛を戸毎に配り、御神酒料とかお初穂とか称えて集金したものだ。その彩幣は何れも門口の柱などへ挿して悪気を祓う悪魔除けの呪として尊敬したのである。

この習慣も時世と共に漸次悪い風儀が出て、中には強制的に過分に集金する者さえ出来たので、その筋より厳しく取締ることとなり、終に明治初年頃迄で絶えてしまった。筆者は神田佐久間河岸の出生であるので幼年の頃まで例年五月五日には家の前の神田川を梵天祭の船の通るのをよく見覚えて居ったが、その頃前記の法印というのは主に浅草堀田原（今の福富町辺から旧八幡神社のあった裏手の処）に居た山伏で平素は引越の家や不幸あとの清め祓い、もしくは家を新たに築造した祝いとか、その他年末には例《いつ》もやって来てお祓いをしたあとで荒神さんへ供える御幣を切って行ったものである。

大山石尊詣

梵天祭が済んで六月になると、各町では大山参りの仕度が始まる。これは町内一般という訳ではないが、大山講といって職人達や鳶の者勇み肌の儕輩《てあい》の、何れも信心堅固から成り立った団体であって、大山石尊というのは相模国雨降神社のことで、その登山参詣を例年一度行うことに申合せてあったのだ。登山出立の前になると、町内へ祭りのような飾り物をしたのである。それはこの大山詣りには御神酒甕《おみきわく》というものを担《かつが》せて往った。その御神酒甕というのはお山の神前に供えた御酒を頂戴して江戸へ携帰り、講中の者や町内の人々へ少量ずつ配るのである。その甕というものの形状は、上笈は宮造りになって尺五寸四方ぐらいの木連格子《きつれごうし》を嵌め、四方へ注連《しめ》を張り、中には小形に造った樽を容れたもので、この樽に神酒をお受けしてくるのである。樽は朱塗で巴輪棒《ともえりんぼう》の紋が付けてあった。惣体の形状から云えば恰好《ちょうど》柄の無い春日燈籠のようなもので、屋根蓋いは破風造型にて鴨居柱というところには、龍の彫物があり、木地は槻でなかなか立派なものであった。一対を両掛けにして人夫には大紋の半纏を着せ、これを担がせて往ったのである。恁様した講中の登山は諸方から出たのであるが、就中神田佐久間町の神酒甕といえば立派な方では評判ものであった。浅草御蔵前代地からも是に劣らぬ立派なものが出たそうな。

江戸末期維新前まで佐久間町には巾利きの侠客が居た中で、一番名を響かせたのはぬし徳と云った男で、江戸ッ子も江戸ッ子、然も神田ッ子だという負けぬ魂の気性で、何処へ行ってもあとへは引かぬという勢い肌で、この男がおったので大山参りの街道筋では佐久間町の名を知らぬものがないといわれたくらいである。後に佐久間町の大滝兄イと呼ばれたものが、このぬし徳のあとを受け継いでいた、これが又勇みなかまでは外神田の兄イといえば知らぬ者の無い名物男であった。このぬし徳は嘉永、安政、文久度へかけての人で、老年に及んでも佐久間町の爺さんで、通りものであった。たしか維新前後までは壮健《たっしゃ》でおったと思う。

前に述べた神酒蔓は一年《ひととせ》和泉橋通り西側春木という名題の鰻屋（大田南畝が土用のうし日と書いて与えたはこの家だと聞いた）の横丁（秋葉の原の方へ曲ろうとする）角の処へ砂庭をこしらえ斎竹を立て、注連を張り、中央へ小高く台を作り、その上へ乗せて飾ったことがある。大山登山の出立は例年六月二十八日から七月七日まで是を盆山といった。それから七月中旬へかけて盛んに登山があったのである。

清元の浄瑠璃山帰りに「伊勢の御《ご》が玉なしの里ならずして霊棚飾るわが宿の、跡は野となれ山まいり、なんの、その男の裸体《はだか》百貫の、かけ念仏も向う見ず、夜山で盆をすっぱりと切払ったる納太刀、諸願成就子安まで」、などという文句があるのは皆盆山のことを云ったのである。又「四谷で初めて逢ったとき」というのがあるが、この四谷を江戸の四谷と思っては、それは相違で、大山登りの街道なる東海道戸塚と藤沢との人が多間の宿に、「右大山道　左江の島道」という標示杭の建てある処がある。ここを四谷といった。これからこの文句が出来たので江戸の四谷でないことは瞭かである。

大山講は多く勇み肌の人達の団体ではあったが、一体維新前迄江戸の町人は惣《すべ》て江戸気質の勢いということが泌み込んでおったので、商人は商人気質であっても何処ぞにそれらの気性相通ずるものがあり、全然業は違っても籬を隔てるようなものではなかったから、商人でも大分大山石尊を信仰して毎年参詣をしたものさえ少なくなかった。筆者の家なども佐久間河岸で米問屋という一寸勢《きお》い商売を営んでおった故か、父は別に講中へ入ってはおらなかったが、毎年大山詣は欠さぬようであった。これはその頃の一般気風を窺う参考にもと、ここに書添えたまでであるとお断りしてこの稿の筆を擱くことにする。

（『江戸文化』四—五、昭和五年）

鳥越明神の祭礼

松本　亀松

鳥越明神御縁起

「ネエ、お前さん、お隣の町内じゃあ地走りが出来るてェじゃあないか。唄は表通りの旦那方で、下方は本職がするんだとさ。浄瑠璃は、常磐津の……ホラ……横町にあるだろう。色の浅黒い、小またの切れ上った、いい女のお師匠さんがいるじゃあないか。アラ目尻を下げていやな人だね。関の扉を出すんだとさ。……エエ、お前さん、悔《くや》しかないのかい。ここの町内には男がいないのかよ。……お隣で出来てここで出来ないて、ちよぼいちはないじゃあないか。……何、金がない。……エエ、出来ないって……エエ、馬鹿におしでないよ、金は天下の沸物じゃあないか。……お前さんのような意気地のない男と連れそったのが私の不運さ、あきらめるから離縁をしておくれよ。私は身売りをしてその金で娘を手古舞に出すんだから、……そうかい。お前さん、承知……嬉しいね。これで隣の町内に負けないでも済むよ」

お上さん身売りをして、当年三歳の女の子が手古舞に出たなんて落語《はなし》がありますが、こんなのがいてこそ江戸の祭礼です。

祭礼くらい威勢がよくて、景気のいいものはたんとありませんね。私なんぞは一年中で、正月より盆より祭礼が嬉しいんです。

お揃いの着付に、お揃いの帯、尻を七三にはしょって、ふところに渡り手拭の一反ぐらい、ぐいとふくらした胸に若睦の徽号、素足で下《おろ》したての藁草履、仲間を誘って、朝の五時には宮出しです。御神輿が鳥居を出ると、十八ケ町睦でかつぎます。さしたっきりで、前へ出たり、後へ下ったり、「アラ、アラアライ……ヤアーイ」と渋い声の意気な頭《かしら》が先頭で、台棒をたたいた有様てエのは……江戸ッ子に生れた冥加《みょうが》をつくづくありがたいと思います。近頃の新しがりが、何も解らないくせに、神輿などをかつぐのは、野蛮、未開な人間のやることだなんていうのを聞くことがありますが、かようなことをいう人間は、まず場違いか、血の気のたりないので、我等の仲間ではありません。お祭に神輿をかつぐ若い衆が少なくなったら、畏れ多い話ですが、近衛師団を拡張する必要があります。併し、結構なことには近年益々盛んでして、地震で綺麗に灰になってしまったものが、去年の御祭礼には、神社のを別にして十六体も出来ました。血の気の多いのがこのくらいおれば国家は安全です。誠に祝着の次第です。

江戸の祭礼といいますと、皆様御存じの山王祭、神田祭なんて大物がありますし、浅草にも三社祭なんて有名なのがありますから、鳥越のお祭礼などは余りぱっとしなかったものと見えます。併し大分古くから氏子中を、御神輿の御渡御ということがあったと見えて、神社の古記録には正徳年間のものがあります。

〔中　略〕

川柳に〝鳥越で食ふと神田で腹がへり〟というのがあります。これは神田明神の将門を鳥越明神のお裾分けの形でして、例の将門の首が飛んできて鳥越に落ちた。だからあれは飛首明神だという例の伝説を詠んだものなのです。これは時代から考えても間違っていることが分かります。

御祭礼の様子

神社の古記録には万治あたりのものがありますが、余り古い所は略しまして、近い所では明和五年が非常によく出来たとのことです。神社からは御神輿が町内渡で出る、氏子中からは花山車《だし》、練物が出る、中々偉い騒ぎだったと見えます。これに次いでは寛政八年がよかったらしいのです。このお祭礼には例のお駒飴売が奴凧《やっこだこ》になって出たとのことです。お駒飴売というのは、女の飴売でして、年は二十ばかり、そのいでたちは黄八丈木綿の布子に、菊模様の色ざし帯をしめ、赤い鼻緒の草履をはき、結立の島田髷《まげ》に厚化粧して、手のついた籠の中に紙で捻《よ》った飴を入れて、市中を売り歩いたのです、飴を買う人があると不器用な様子をして踊るのです。

「お駒が飴買うてお呉れた、又買うて、うれしの森か鈴が森、薄《すすき》の中に現われてお礼を言ってにっこりと、笑う姿がアレアレアレチョトごらんホホ……」

これがとても江戸中に持てはやされたので、瀬川菊之丞が舞台にかけてお駒飴売の所作事をしたことがあります。これが元文の初めの話です。一時すたれたのが安永になって再興されました。これは別人かも知れません。併し、じきにすたったのです。で、寛政のお祭りにはお駒さんが奴凧に出直したのです。このお祭礼も亦大変な騒ぎでしたが、これで当分いいお祭りが出来なかったとのことです。この時にはお祭礼番付までが出たようです。

〔中　略〕

家主の仕事

お祭礼が始まると、その二、三ケ月前から、家主さん中々急がしいことになります。お祭礼の当事者は町内の若睦でして、これの上置きに家主がなります。そして一切のことをやるんです。只今では若睦も非常に大がかりのものになりまして、浅草での川通りなみのお交際をしております。鳥越神社十八ケ町睦がこれです。今日の位置まで引あげたのには、元鳥越の今井さん（通称七りんや。これは宮内省御用の七りんやさん）が、あずかって力ありでございます。

家主の用は神社と町内との連絡及他町と町内との交渉、世話睦の監督にあり、若睦は主に町内のお祭に関する世話をするのです。

お祭礼入用はどのくらいかかったか分りませんが、徴収法は前に申しました。小間割です。明治初年に町内から神社に納めたお祭礼入用の請取に、銀二十九匁何分とかありました。これが小間で三十間何歩なのですから、一間あたり何程でもありません。これは町内入用の別です。

提灯、貫、お揃い

お祭礼の始まる前に準備の仕事が二、三あります。一年おきに本祭礼がありますが、この時にはお揃いが出来ます。これは町内の人々へ売るのです。それには二ケ月くらい前に予め註文を取って、紺屋へ頼みます。地は真岡木綿です。型は出来る度に大概変わるのが常です。手拭が一本ついて、一反は半反又何程というのです。

近年はお宮のお神輿をかつぐのにも白丁を着ませんから、印半纏を売ります。これには手拭と三尺が付きます。

それから、貫《ぬき》づけがあります。例の提灯をかける貫を取付けることをいいます。これは現今では仕事師が全部やりますが、前は若い衆のやとった大工が打つことになっておりました。提灯をかけて、出たり入ったりしたのは見た目が悪いし、町頭の不名誉にもなりますから水縄は仕事師が張ったものです。ですから以前は横から見ると一列にきちんと並んで、実に綺麗だったのです。提灯の上にさす造花は若い衆持です。即ち、貫と花とで何程というのです。大工、仕事師の手間は二人手間で昼飯を食わしたものです。ですから、いきおい価も高くなります。

提灯は提灯屋が、張替と新規との値段付を持って註文を貰って歩きます。

この三通りから、儲け又は割がくるので、これがお祭礼費用の一部になります。

お神酒所

これは一町内に必ず一つずつ出来たものでして、ここには家主と若い衆が詰めます。諸調度品は町々によって別ですが、つきあたりに御神名を書いた掛物のあるのは、どこも同じのようです。つまりは、御祭礼中の臨時遙拝所が出来た訳なのです。ここへ所謂町内の旦那方がお心持ちで、酒を奉納するとか、金を奉納するとかします。これも亦費用の一部となるのです。

　これらの合計で足りない場合には、若い衆が頭割にして各自に出すのです。当今ではお祭礼があると、只で酒がのめて、遊べると考えている田印《たじるし》〔編者註／田舎の人をあざける言葉。「田吾作」の「田」〕が多くなりましたが、「決して、只遊べて甘いものが食えるなんて、けじめの合わないことは世の中にありません。こいつは天地自然の道にそむきますからね。こんな事は考えるだけでも田印の本性です。いわばお道楽なんですから、金はかかりますよ。いい心持をして金がいらないなんてェのは、権現様以来御法度《ごはっと》です。

渡りのこと

もう一つお祭礼の前に他町へ渡《わた》りをつけなければいけません。御承知でもありましょうが、これは顔出に行くことです。例えば、自分の町内に地走りが出来た。さて、お宮へ行くんだが隣町を通らなければいけない。こんな時に通る町へ顔出しに行きまして、何日の何時頃御町内を通行致します。どうぞ宜敷くと頼んで参ります。これが渡りです。すると頼まれた方では町の入口まで、家主は羽織袴、鳶は組合の半纏、若い衆はお揃いで出迎えに出ます。そして、来た人と落ち合うので、「どうも御苦労さま……」てェんで、「御手を拝借……」ヨーウ、シャン、シャン、シャンと手を締めて、さて列を整えて町内を送られて隣町との境に来ます。すると、隣町からも人が来ておりますから、前と同じようにして、順々に送られて行くんです。これは余談に入りますが、建前の時棟に上げた柱を、丁場から棟梁の家へ持って行くんですが（これを通り送りといいます）、これも渡りがつけてないと、町頭が文句を並べて通さないことがあります。但し柱を肩にかついでおれば、渡りの必要はありません。

　お祭礼の渡りは、手拭を二本持って行くことに定まっております。手拭は六つに畳んで、かけ紙は半紙、水引をかけたものが普通です。これは若い衆頭の所へ行くのです。これがしきたりになりまして、何も出来ない時でも、お祭礼には必ず氏子中（氏子外の隣町、例えば小島町に対する竹町、西町）へ渡りをつけることになりました。これは現在でも同じです。これで準備が出来ました。

いよいよお宮の御神輿の御渡御を持つばかりです。遠近から、景気のいい神楽の囃子が聞えて来ます、明日からお祭礼だと子供が暮れかかった街に、灯入の万燈を持って騒ぎながら通ります。

御神輿御渡御

本祭礼の年には、神社の御神輿が町内渡になって御渡御になります。鳥越ではかなり古くから、町内渡が行われました。前申しました宮だしがあって行列を整えて予定の順路に従って、氏子中を御渡御になるんです。昔はかつぐ人は必ず白丁を着るのでしたが、今はそんなことがなくなりました。町内の印半纏です。町内渡というのは、町から町へ渡して氏子の若い衆がかつぐので、立ん坊が白丁を着てお葬式のように黙って歩いているのではないのです。あれは景気が悪くていけません。お祭礼の場合には、白丁の立ん坊を合力《ごうりき》といいます。

今日昼頃にここへ渡るんだというと十時頃から、来るの遅しと若い衆が待っております。で、いよいよ隣町から渡ったとなると、両町の若睦が立会って、御神輿の御無事を調べます。これで物いいがつかなければ、受取が済んで自分の町内を一巡することになります。隣町へ渡すのも同様な手続がいります。その度毎に手を締めて、御目出度をいうことは忘れません。実にいい気分のものです。

近年は三日間共（六月八日十日）毎夜十時頃が宮入になるので、十八ケ町、三十六本、神社、御つきあいの隣町を合せて約五十本の高張で送ります。実に壮観なもので東京のお祭礼中の呼物です。お暇があったら、一つ御見物にお出かけ下さい。御案内申し上げます。

家主は氏子中を、御神輿の前に立って歩きます、所謂これが警固でして、中中町内にじっとしてはおられません。これには家主ばかりでなく、名主も、仕事師も出るのです。

御神酒開き
目出度済みましたので、御神酒所にあがったものを下げ、お祝に一口のむんです。これが大懸になって、近頃は一流の料理屋へもってゆくことになりました。
御神酒くばり
御神酒開きがあった翌日あたりから御神酒所へ奉納を下さった家へ、お供物と御神酒をくばります。これは御神酒所にあがったもの及び同様のものを追加して造ります。するとこれに対して、お心持のある旦那方がまたお金を下さいます。これがお神酒開きの一部ともなります。
これで御祭礼が完全に済んだことになります。家主はこの間一切立会って、若い衆の監督に当ります。
〔後　略〕
（原題「家主の話（四）」、『彗星　江戸生活研究』二―五、昭和二年）

江戸のお稲荷さま

鈴木　南陵

天神さまに八幡様、それにお稲荷様というと種々の神社の中に一番多く各所に祭られている。その内でもお稲荷様が最大多数である。天神さまは文の方で、八幡さまは武力の方で普遍に祭られているが、お稲荷さまは士農工商と一般的である。即ち五穀を司ることを第一に、次には商売繁昌という。万人向きであるからで、江戸近方を語って見ても第一に八八幡とか二十五天神とか多数的に数えて信仰するが、お稲荷は中々左様な局限的には称されてはいなかった。最も三森《サン》稲荷などといって日本橋区内の杉の森、芝の烏森と柳原土手の柳森稲荷とを江戸の物好きが称えていたが、前にも述べたように四民階級何れも信仰が強かった。

まず旗本御家人大名いずれの邸内にも勧請されていた。山の手あたり隣りから隣りで、おのれが生れた旧宅などでも福徳稲荷と唱えて、邸内の庭の左端にあった。農家は水呑百姓に非ざる限り、又商家も大町人には必ず庭に祭られてある。工人や小商家は狭いから不可能の為めに、大抵一町内に一個所は明き地に小祠があった。それは金鱗堂の切絵図を見れば分明で、『神田浜町絵図』には十三ケ所も記されているくらいである。最も武家屋敷の多い番町辺りとか下谷の御徒町とか、四谷辺りには各個人の邸内に有った為めに、町内には少数である。それで初午の度毎に邸内を開放して前町の子供を入れ自由に太鼓をたたかしたもので、家の貧福によって子供達に、煎餅とか菓子とかを与えた。又大町人などもこの時に庭などを見物させ、又よい家では邸内に急ごしらえの屋台を設けて神楽などもあり、中々盛んであった。近所合壁の子供達は、一年一度の楽しみにして、朝早くからどんどこどんどこと暁の暗を破った太鼓の音、今は昔の夢である。

※

今の神社制度で公認の神社となっている中で、日本橋区と神田区とで稲荷神社は約三十社もあろう。大部分江戸在来のものである。これを以て見ても如何にこの神様の民間信仰の厚きかが想像されよう。併し一面又最も忌むべき迷信も伴って、稲荷は狐であると云うことが九十九人まで信じている。従って狐つきという一時的病人もお稲荷の罰が当って働きかけているという偽信が盛んである。これについて故人の随筆には様々の面白い話が残っている。就中《なかんずく》蜀山人の『一話一言』には質屋の女房の話があったように覚えている。

偖《さ》てかく多くの稲荷さまも御維新後となっては武家屋敷もなくなり、大町人も縮まされるようになっては、個人の稲荷即ち邸内社もほとんど無くなって、付近の公認社に合併合祀を願って、多くは一個の神社の境内に末社となり、又はその神号や神体が一所になって納っているのが多い。昔から一個の神社即氏神様産土神となっているものも、即ち現に今の時代まで永続されて毎年二月の初午日を例祭としている神社も中々数多い。まず名高いのでは関八州稲荷の司という王子の稲荷、狐にばかされぬお守を出したという湯島の妻恋稲荷、今は知らないが嘉永年中に非常に流行した四日市の翁稲荷、日比谷、烏森、杉森、白旗、熊谷、実に数がある。隅の稲荷とか穴の稲荷は名のおかしい方で、九郎助、袖摺、玉姫は紀伊の国のうたに名高い。金龍山浅草寺の地主神で西の宮稲荷というのがある。これは恵比須様と間違いそうだ。人名を付けたのには七蔵稲荷に長左衛門稲荷、浄雲稲荷に沢蔵主稲荷などもある。厭な名はおせんの茶屋で誰も知る瘡守稲荷、縁起のいい名は千代田稲荷に立身稲荷、とにかく御由来は御神託とか御霊夢とかこの種の神様には有難や天の鳶烏、高い処から見たら眉唾物が大部分であろう。余が所蔵の古写本『江府名所古跡記』などには百十二ケ所の名が記してある。

※

葛西、金町、半田の稲荷庖瘡も軽い麻疹も軽いなどと物貰いが利用したり、伝通院の沢蔵主稲荷の蕎麦屋さんが利用した話、浅草田圃の太郎稲荷のように豆腐屋さんの金もうけの種にした話など、秋の夜長の物語、書きだしたら数限りもない都人士の迷信、今人の眼耳から見たら誠におかしいことであろう。それだけ江戸時代の人の心は悠長であったと申してよかろうか。烏森稲荷に日比谷稲荷の祭は市中では最も賑かで、飾物などいろいろと出品者の頭をなやました物で、又町中に行燈をつるしたり仮屋をしつらえて神輿の渡御などもあった。郊外では王子と三囲《みめぐり》で、これは広重の絵にもなり其角の句にもなって、誰人も知らぬものないお稲荷様、就中此頃では落語家の飯の種、王子のいなりで炬燵にもぐって笑わされる。

斯く万人参詣の稲荷神社も初午祭は賑わしくあったが、江戸時代の初午は各個人の邸内稲荷か一町内限りの小祠の方が江戸人士の楽しみ、又趣味の一つであったと云えよう。他の神様には無いことが油揚を捧げることで、これに狐が好物というところからであろうか。地口行燈、これは特に多くて長家中とか何とか書いた一筆書きの絵に、地口又は川柳を書いて自慢の一つであった。子供達が貰う煎餅袋や菓子の外に大きい家では竹皮包の強飯がある。糸蒟蒻《いとこんにゃく》に蓮根、里芋などの煮付が入っているのを一包みずつくれるのが楽しみであった。又神様に差上げてある御ちそうの中には必ず剥身《むきみ》と菜の辛子和《からしあえ》があって、赤の御飯にこれが稲荷祭の付き物で、今はこれらの習慣は追々に少なくなった。市場やデパートへ豚カツやシューマイを晩のお菜に買いに往くような不精時代には無理ないことであろう。

(『江戸読本』三—三、昭和一五年)

座談会

江戸の祭礼

昭和三年六月十七日　原胤昭氏方

〈出席者〉
今泉雄作／植木万里／漆山天童／鈴木経勲／
西原柳雨／原　胤昭／広田星橋／山崎　麓／
山下重民／山中共古

今泉雄作　東京で山王様が盛んになったわけは、元和三年から、御祭りの時に御神輿《みこし》が渡る、それを将軍家が礼拝する、元和三年に産土神《うぶすながみ》のお祭りと決まったので、それから勢いづいて祭りといえば山王になったのです。神田明神は山王に準じて礼拝された。それは元禄の頃である。

祭りに花車《だし》という事の最初に決まったのは麹町の十三町です。かつぎ花車という小さい花車でした。形が小さい。四人ぐらいでかついで行列をする。麹町十三町は後までそうである。何故かというと、東京のはじめの城下と見るのは、麹町十三町です。かつぎ花車が段々に大きくなって鉾《ほこ》の花車を出すようになった。鉾というと上の段と下の段に水引という幕をつける。京都の祇園会《ぎおんえ》みたいに、町内の古物をつけるのでなく、何でも新しいので立派なもので作った（日本橋通一丁目花車の水引は天保の金で一段の水引に五百円かかったという。余は推して知るべし）。

元来、御神輿が氏子の町々を渡るのがお祭りであったのが、後には四十八本なんて花車を出すようになった。ただ花車と称えるのは、張子で作って毎年毎年こしらえ直すもので、鉾というのは、丁寧にしまっておいてまた来年出す。花車も鉾も最初は人が曳いたらしいが、後には牛が曳くようになった。花車は一匹で鉾は二匹です。

一番最初のは猿雞の花車である。実際は雞猿で、雞が先である。それは猿が酒を飲んで遅れたので、雞が先に渡ることになったというが、どうだか。後になって、神田の祭りにも出すようになり、伝馬町から出るのであるが、伝馬町は山王と神田と両方出すようになった。雞にあぶら雞と白い雞とがあって、神田の明神にはあぶら雞、山王には白い雞を出すに決まっている。

猿の面は御神酒《みき》をあげると顔が赤くなるといわれている。名作の古物である。

猿雞の花車は他のものとは違う。雞が太鼓の上に羽を拡げて乗っている。それで紫の吹流しが下につく。母衣《ほろ》〔編者註／武士の道具。兜や鎧の背に絹布をつけて風でふくらませる〕のようにして、下を太い絹の紐糸で縛ってある。それは囃子《はやし》が無くて、

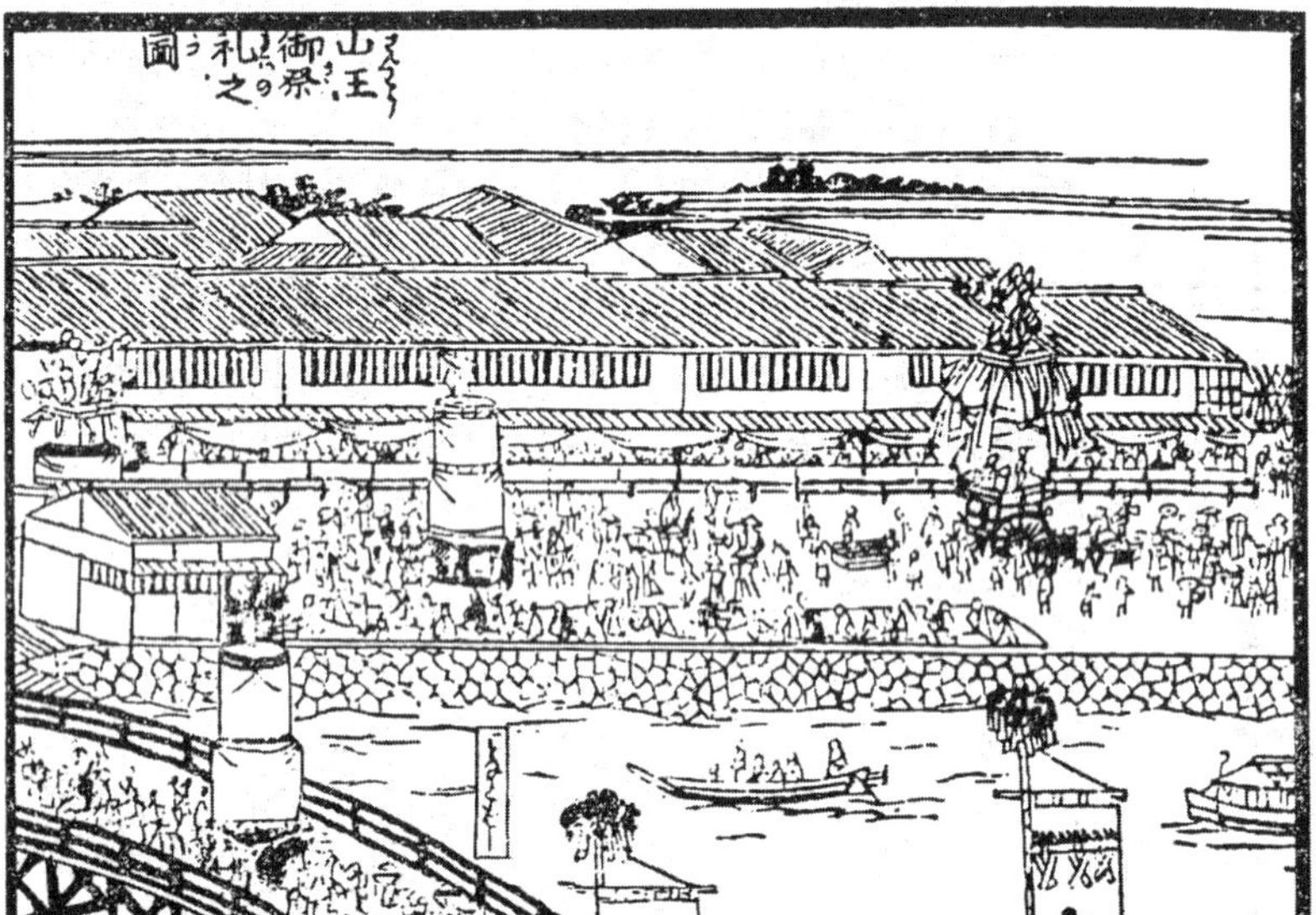

山王祭（『江都近郊名勝一覧』）

唐人装束をして中央に太鼓をおいて、左右に人が居てドンドンカチカチで渡った。それが今朝の七ツに出るのであるから、大伝馬町から提灯をつけてまっ暗闇で渡る。大手に入るのが朝の六ツぐらいになるでしょう。

御上覧の前を通るけれど、誰も見るものはない。朝早いから。昔は神輿が先であったが、あとで渡るようになった。

年番町と称えて、順々に年番がある。年番町は付祭りとして添え物を出す。それは二色あって、ねり物は絶えてしまったが、屋台に踊子をのせて、踊らせる。九尺に一間半ぐらいな屋台を作って、踊子がのる。師匠が二人のって後見をする。地走り〔編者註／長柄の傘をさしかけて囃子方と共に歩きながら踊る〕は傘をさしてねって歩く。つかれるでしょう。

屋台も地走りも残らず決めた踊りを御上覧場でやった。その前に下検分をやる。その内検をやるのは年番町の付祭りばかりでなく、付祭りだけは皆検査する。

その日にはありったけ踊子は見せねばならぬ。それは五日、六日前にやるのです。旧の六月十五日の暑い日に装束をつけて、地走りなんかは歩いてまわるので、うしろから大きな団扇《うちわ》であおいで行く。その時両方から囃子方がつく。常磐津、富本、清元などである。それが底ぬけ屋台と云って、下を歩いている上に屋根をこしらえ、人は歩いて囃子をするのである。その次に茶べんとうというのが行く。茶釜で湯をわかして行くのです。

町内の家主なんかは裃《かみしも》を着て行く。頭に菅笠《すげがさ》、熨斗《のし》をつけてその中に花のついたのなどをつけて行くものである。これを笠という。又差配人なども裃で行く。これが付祭りです。

当日になると、屋台が先に行って帰ると、出した町内で一段やる。又途中をねって行く時に、「所望《しょもう》」ということがある。所望はどの町でも屋台をとめて一トくさり踊るのである。その時はカチカチと拍子木《ひょうしぎ》をたたいて屋台をおろし、一トくさり踊る。その所望した町では踊子、囃子方は元より、かつぐ人足までに祝儀を出すなり、またその行列の通るを見物をする所は、一体にその日は店をしめて、張り出しを作って手すりをつけて、毛氈《もうせん》をかけて毛氈を引いて金屛風を立廻して、桟敷《さじき》と称えてこれで見物をする。そういう見物人があるから、どこの町の趣向がよいからと、世話人とその家の夫婦とが、かけ合って、所望をする。すると屋台がぐるりとまわる。一トくさりやる。地走りなんかは忙しいので所望御免ということになる。

上にいる踊子が大変だ。暑くて仕方がないから踊子へその町内から浴衣《ゆかた》を出す。揃いの縮緬《ちりめん》ものであった。上覧がすんでからやるという風習である。その他にねり物があった。これは大抵囃子はなしで、作り物をしてそれをかついで、その後へその作り物に因《ちな》んだ風俗《なり》をしてついて行く。大江山という題だと大きな張子の鬼の首を作る。すると後から四天王の形なんかして歩いた。それをねり物と称えた。

お祭りがすんでしまう時がまた面白い。

年番町だなんかというと砂利を入れて道普請をした。祭りの町内は自ら道がよくなった。

神田と山王様と一年おきになったのは延享何年からと思った。九月十五日（神田）、六月十五日（山王）で毎年やった。面白いのは見物人を入れた桟敷である。お神輿の行列が通ってしまうと、すぐ桟敷をこわす。お客様を奥へ追いこんでびしびしこわした。それで明日ちゃんと商売しているのを誇った。

山中共古　下町に火事があった。人形が焼ける。それでも出さないわけにはゆかないから、銀の薄《すすき》の武蔵野が出る。それで番付には思ったよりも武蔵野が多いようです。

祭りといっても特別に売物は出ない。お祭番付、ほおずきその他白玉を入れた水ぐらいのものである。

今泉　霊岸島の茶せん、茶柄杓《ひしやく》。小網町の漁師と網と櫂《かい》。その前に張子の蛸《たこ》があった。

山中　其角《きかく》のお祭番付の句がありました。

広田星橋　お祭番付の声がわからない。あの声は仲々出来ない。

今泉　八ッつ八通りがある。かわり絵という。ほおずき屋が兼業だった。ほおずき屋の荷は片っぽの肩へかつぐ。

神輿が渡って法師武者というのがいる。法師で甲冑《かっちゅう》を着て五条袈裟《けさ》をかけている。これは山王様だから、江戸でも叡山をかたどってついていた。

その日は神主は神輿のあとについて行くのは、あげ輿に乗っていた。そのあとへ社家は装束をつけて馬へ乗って行った。あとから傘をさしかけた。絵にはそう書いてあるけれども、馬に蹴られないようにさすのはむずかしい。それで結局炎天を歩くことになる。法師武者は何十人か出る。これは兜《かぶと》をかぶっている。法師武者は傘をさしてもらわない。

花駕籠《かご》というのがあった。駕籠を作って造花で飾ってある。その中へ七ツ八ツの女の子を、綺麗に紅《べに》や白粉《おしろい》でおつくりをして入れてかつぐ。馬鹿な話で、あとで見たらその子が死んでいたということがある。

大体、付祭りはそんなものである。

花駕籠は出さないでもよい。年番町は、地走りか踊子かどちらかを出さなければならないことになっていた。

原　胤昭　慶応元年にはやって居ましたか。

今泉　やっていたでしょう。お祭りと共にやめてしまったのでしょう。

植木万里　外神田と内神田で大喧嘩があった。出刃包丁の放り合いがあった。明治七年あたりに。

広田　神輿を隣り町へ渡す時に喧嘩が出来る。

植木　どうも内神田と外神田がえばる。

今泉　内神田がえばるでしょう。

広田　宮本が居るから違う。
鈴木経勲　迎えが来ていても揉《も》んでいて仲々渡さない。それが喧嘩のもとになることがある。
広田　おもわせぶりをやる。
原　お祭番付に文句があった。
山中　山王様御祭礼祭番附でしたかね。
西原柳雨　〃まんじゅうを足に呑み込む麹町〃という句があります。
今泉　象の中に、足になって入っているのですが、鼠色の風呂敷みたいなものへ足になって歩くのです。
西原　〃大きなけたもの三十五六反〃というのがあるが、数字の意義がわからない。象だろうと思うけれど。〃木綿十三反で象が出来〃是は明に麹町十三丁の利かせ。〃巻の舌唐人の出る佐久間町〃この句、御垂教《すいきょう》を乞う。
今泉　佐久間町には飴屋が居た。飴売りを唐人の役に傭《やと》うのだ。
広田　象の出る時は朝鮮人が出る。

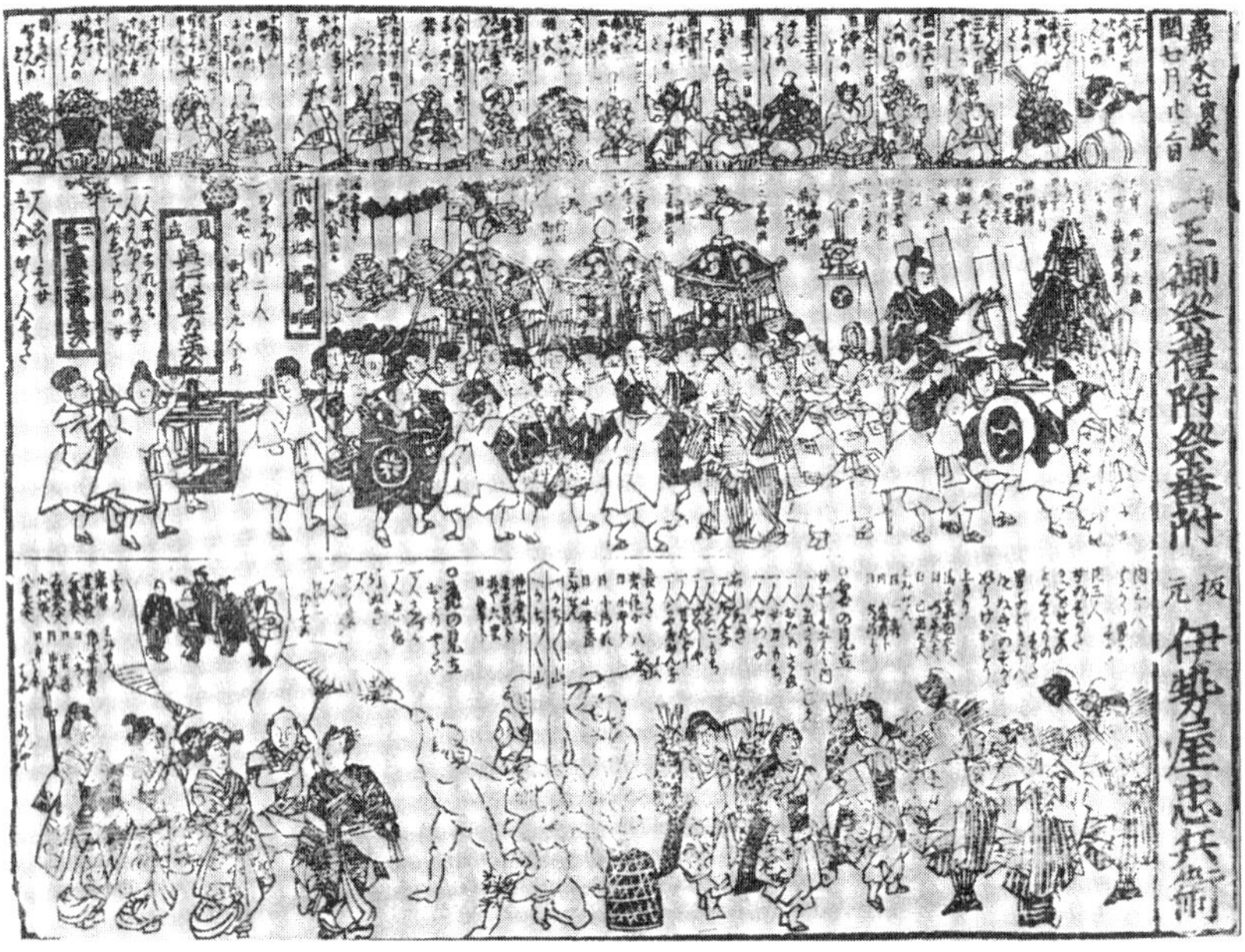

山王御祭礼附祭番付

今泉　チャルメラを吹く。長いのを吹く。あれがお祭りというと唐人で傭われる。

西原　〝珊瑚珠は団子の腹で取りにやり〟の句は祭礼には関係ありませんか。

山中　珊瑚珠は花車の中にあることがある。

広田　囃子のことは実演でなければ分らぬが、花車の上で狐が踊っていて、トド片足を端の欄干《らんかん》へ踏みかけて役者が見得《みえ》をするような形をする所がある。あの時は小太鼓の撥数《ばち》が極ってそれに合わなければならぬ。一寸口伝だネ。それには故実がある。

今泉　花車の上で御神楽をやるのは慣れなければ踊られないものだ。花車の中でやるのは決まっている。狐とヒョットコ。

広田　狐はやかましいものだから。

鈴木　前こごみになって踊りますね。

広田　下から見て丁度よく動作の形がついていなければならぬから、いい加減にやるわけではない。

植木　囃子はかかりつけのものがある。

鈴木　私の話は、震災〔編者註／大正一二年の関東大震災〕で記録を焼いてしまったので徹底しませんが、花車へ囃子が乗り、踊り手が乗ってぐらぐらゆれて歩くようになったのは、享保六年からであったそうです。その前は、太鼓二ツ打てば太鼓の縁《ふち》をカッカと打って、また牛がノッソリノッソリ引いて行ったのです。

然るに花車に若囃子を乗せるようになった起りは——享保元年に北千住に飯盛が許可に成って遊廓が出来ました。すると近郷の若衆が、豊島組とか葛西組とか云って、一組になって遊廓に来ます。女郎屋の方でもこれを大いに歓迎しました。

これを葛西組の中の小菅の代官伊奈半左衛門が患《うれ》えて、若者が遊びに行って瘡毒でも受けたら大変だと案じて、何とか止める方法はと考えて、遂に、葛西の半田の稲荷の成瀬環という神主で、岩戸神楽に通暁している人と二人で、岩戸神楽からくずして廿五坐の神楽を作りました。それは大変な苦心でした。

それが出来あがると布令を出して、村々の名主・組頭・百姓代の三役一同を呼びよせました。その人達が、代官所へ来て土下座しようとすると、今日は御官宅で御逢いになるのだから、あちらへ廻れというのでオドオドしながら行ってみると座蒲団が出ている。そして廿何ケ村の名主・組頭・百姓代が皆座ると、代官が着流しで出て来て菓子や茶が出ました。

そこで代官が何をいうのかと思っていると、「自分は神楽が大好きだ」と云って御神楽の講釈をしました。「あの鳴物は音色が皆別々のものであって、これを一ツ宛《ずつ》聞く時甚《はなはだ》うるさいが、調和してゆく時は美しいものである。丁度一家族が和合して生活して行くようなものである。それで拙者は大好きである。どうか自分の支配内の若者が、みんな神楽へ出精してもらいたい。面衣裳や笛太鼓は皆自分に於て弁《わきま》える」というので皆帰って代官の仰せを伝えました。村中の若者を無理に集めて、成瀬さんの巡回教授をしました。伊奈氏は、菓子などを持って廻って奨励しました。夜四ツ時から子の刻まで若い者が稽古しました。これを若囃子と命名しました。それで、若衆は神楽に気をとられてしまって、とうとう伊奈半左衛門の支配内には、千住の遊廓に遊びに行くものはなくなってしまいました。

そこで、千住の方では、あれは馬鹿囃子だ、あのために葛西組が無くなってしまったのではないかと云いました、その罵《ののし》った馬鹿囃子がいつか本名に成ったのも面白い。享保六年には廿五座を卒業しました者が幾組か出来たが、御吟味を願いたいと申し出ました。試験してみると仲々上手である。この上は如何相心得ましょうと云われて代官は困ってしまいました。いろいろ考えた末に、神田の祭りの花車の上に分乗させたら賑やかでよかろうと云って、町奉行・老中へ図って、運動の結果、町奉行連は初めて、葛西で馬鹿囃子を見た所、なるほどよい祭が出来るであろうといって、それから三十六本の花車にはじめて囃子が乗って出るようになりました。享保六年の神田明神祭の時、桜の馬場に召集になりました。そして将軍家の御上覧になるというので皆は喜んで桜の馬場へ出かけて、手代りまで出て、それを試みた所が江戸中の評判でした。

祭に囃子の出るようになったのは、享保六年からということです。記録を焼いてしまったので詳しいことが分からないで遺憾です。

山中　三月十五日の梅若忌に出て、鐘を叩き太鼓を打ちますが、これが葛西です。それを受けついでいるのが、四谷の大宗寺閻魔様であるそうばちといいます。それを又受けているのが、柏木鎧《よろい》神社です。

鈴木　神いさめには一町、村、調和を表する意味で、これを是非出さなければなりませんという次第でした。

今泉　昔、浅草の念仏堂で、毎日やっていた。

鈴木　両面をつけて踊る。前を向いても、後ろでもわからない。両面踊は大変むずかしい。

今泉　今の人は口を小利巧《りこう》にきくけれど、どんなものでもよいから何か……。

山中　馬鹿囃子をやるのは四辺に喧《やかま》しいから土蔵の中でやりました。それが風で聞える。麻布と本所にあります。それが本所や麻布の七不思議の中の一つです。

今泉　根岸では実際に狸がやったのだと思います。

鈴木　葛飾二十何郷ありました。

山中　今と違ってね……

今泉　三河島は大分変わってしまいましたね。

漆山天童　三河島といえば、もと日本橋の人で市川團十郎に踊りを教えた、野呂松《のろま》人形〔編者註／奇妙な風貌の道化人形。人形浄瑠璃の間狂言を演じた〕の遣い手で辻又兵衛という人があったが、それがどうした訳か三河島に隠遁《いんとん》した仲々の洒落者であった。時々鍬《くわ》をもって畑いじりして居った。丁度明治三十年前後のことで、その頃は三河島といえばハンノ木林の中に茅葺《かやぶき》の百姓家が三、四十軒もあったかと思うばかりでした。

今泉　東京でお祭りがあると根岸でありました。狸はたくさんいたんだ。明治五年に根岸に引込んだのですが、幽邃《ゆうすい》な所で、私の親の姉が泊まってやろうと云って泊まったが、梟《ふくろう》が鳴くので帰ってしまった。

（この時、山王様のお祭りで、原先生の御心尽しで御赤飯にお煮しめの御馳走が出る）

鈴木　万灯《まんどう》〔編者註／祭礼のとき箱形の中に灯火をともして飾ったもの〕がなくなりましたね。

原　町内の入口には万灯がありました。

広田　随分思い切って大きいのをこしらえたものですナ。

今泉　大行灯《あんどん》は、中橋〔編者註／日本橋と京橋の中間地点〕のがよかった。中橋のは糊《のり》で貼らない。竹を張って細引で十文字に押えてあった。

広田　小舟町のも仲々良くてな。それに毎年芝居の大道具師長谷川が請合いで、朱塗りの山門の彫物の書割り〔編者註／芝居の大道具。舞台の背景として風景や建物を描いた〕なぞは専門だけに見事だった。

山中　四谷の新宿の大木戸によった北側の家は、隣の屋根を山と見せて蝋燭をつけて遠景を見せたものです。

今泉　出来ないのは、小舟町の大根締め〔編者註／両端が細く、太い注連縄《しめなわ》〕だ。心《しん》に四斗樽を入れて作る。あんな馬鹿げたのは出来なくなった。一年には一。ぺんぐらいやってもいいね。

（原題「江戸座談会　江戸の祭礼」、『江戸文化』二―八、昭和三年）

〔後　略〕

6

仕事、暮らし、楽しみあれこれ

本章は、日々の暮らしからさまざまな娯楽まで幅広くとりあげました。

町を売り歩く商人の姿と呼び声は季節を感じさせる風物詩。

一日二回だった食事が三回になったのは江戸時代。料理茶屋は元禄年間頃までは奈良茶飯を出す店があった程度ですが、宝暦年間に本格的な日本料理が完成し料理茶屋も増え、文化・文政年間には外食が盛んになりました。山谷の八百善、平清は有名な料理茶屋。八百善には、お茶漬け用のためだけにわざわざ多摩川まで水を汲みに行き、その代金として一両二分を請求したというエピソードもあります。

江戸の本屋は娯楽的な絵草紙を中心に出版。代表格が蔦屋重三郎の耕書堂。現代の劇画調の黄表紙、文章中心の洒落本、滑稽本、読本など多種類の本がありました。

物売りの姿いろいろ

独笑居士

山田桂翁という人は駒込に住し幕府の家人なり。宝暦の末に生れて天保の初まで存命なりしが、その間に風俗の変遷、又は市中の雑事等何くれとなく、見聞の及ぶままに筆記せしもの二十余巻あり。其事已に他書に見えたるもあれど、中には耳新しくめつらしと思うものもあり、因って先ず試みに飲食に係るものを抄出して以て本会に寄す。

（独笑居士）

かぼちゃの裁売《たちうり》　明和安永の頃までも売たるものなり。唐茄子の大なるものにて、其形達磨のごとし。其頃、今行わるる唐茄子を作出せしが、人々見馴《なれ》ざるゆえか、余り売れず。これにこうじてか、かぼちゃの内には蛇の居るがありということを言触《いいふら》せしゆえ、世の人かぼちゃを食ぬもの追々に出来り。終に唐茄子専ら行われて、かぼちゃはすたれたり。

白酒売　明和安永の頃までは二月二十日頃より売始め、三月十二、三日頃まで売歩行けり。それゆえ白酒売来れば雛祭に近よりしとて女子供は悦びたり。天明の末には正月より売来りて四月までも売り。寛政の中頃よりは、あやしき羊羹をそえて売来れり。

兼勝《かんかち》団子　明和年中に専ら売歩行けり。今の下り売の如く荷をかつぎ小さき立臼を持来り。むくろじほどの団子をその臼に入れ、手杵にてつきながら「御代は目出たの若松さまよ」という歌を謡いしなり。奇麗なる袖なしの羽織を着、浅黄の角頭巾をかぶり、やさがたの商人なりき。

おた福餅　明和八年の冬、小石川簞笥町に住し貧しき後家のおたよという女商人、白き餅の中へ塩あんを入れて売始めたるが、一両年過ぎて外にて砂糖あんを入れ腹太餅《はらふともち》と呼替て売出したり。寛政の中頃よりは其餅を又大福餅と呼替、あたためて売しが今に専ら行はる。昔はつぶあんに塩ばかり入れたるが、近頃はこしあんに砂糖を入る。

御茶の子売　安永年中までは毎朝「御茶の子〳〵」とて売歩行しは、今の鶯餅のごとく、あんを入れ上へきな粉を付たるものなり。利勘の人は朝茶のときに、これを食いて朝飯をひかえたり。専ら町々の裡家又は山の手を売あるきしが、其の後この商人いつとはなく来らずなりぬ。

雛菓子売　安永の中頃までは「雛の菓子や菓子袋」とよびて売歩行たり。是は、いやしき落雁にて大きさ三寸より六七寸の鯛、又は松竹梅の形などに製し、台へのせ、大なるは三枚七十二文、小なるは三枚二十四文、三十二文にて一と通りの初雛の祝義に遣わしたり。其後、此菓子売見えず。

蜊売《あさり》　天明の頃までは正月末より三月末までに限りて売来たるものなり。其期に至れば蜊子持となるゆえ宜しからずとて人々食わず。それゆえ蜊は春に限りて売しなり。子供遊びに春は貝打とて、蜊貝をふせて上より下の貝を打て遊びたるものなり。近頃は蛤蜆の如く蜊も年中売来るなり。

はぜや　天明年中までは正月元日未明より、「はぜや〳〵」と呼て売来る。これは餅米の玄米をいりて、其はぜたるものなり。これを正月買初にして喰積えのせ置、年礼に来れる人に喰積を出せば其人これを、つまみて食う。当年の豊作を祝したるものなり。近頃ははぜ売見えず。

七色茶漬　天明年中、下谷大音寺前町の出はずれ今吉原西河岸《かし》の外なる葉畑のある所へ茶漬店を出せしは小日向荒木坂上の原田何某とて、八百石取る御旗本の嫡子、女房は同じく浅利坂上なる牧何某とて千二百石の息女なり。然るに此人仕官の望みなく此所へ茶漬見世を出し、七色の香物をいかにも手際よく附て売弘めける。又年頃俳諧を好みて其道に委しく吉原通りの人々、立よる中に俳諧をするものなどありて、

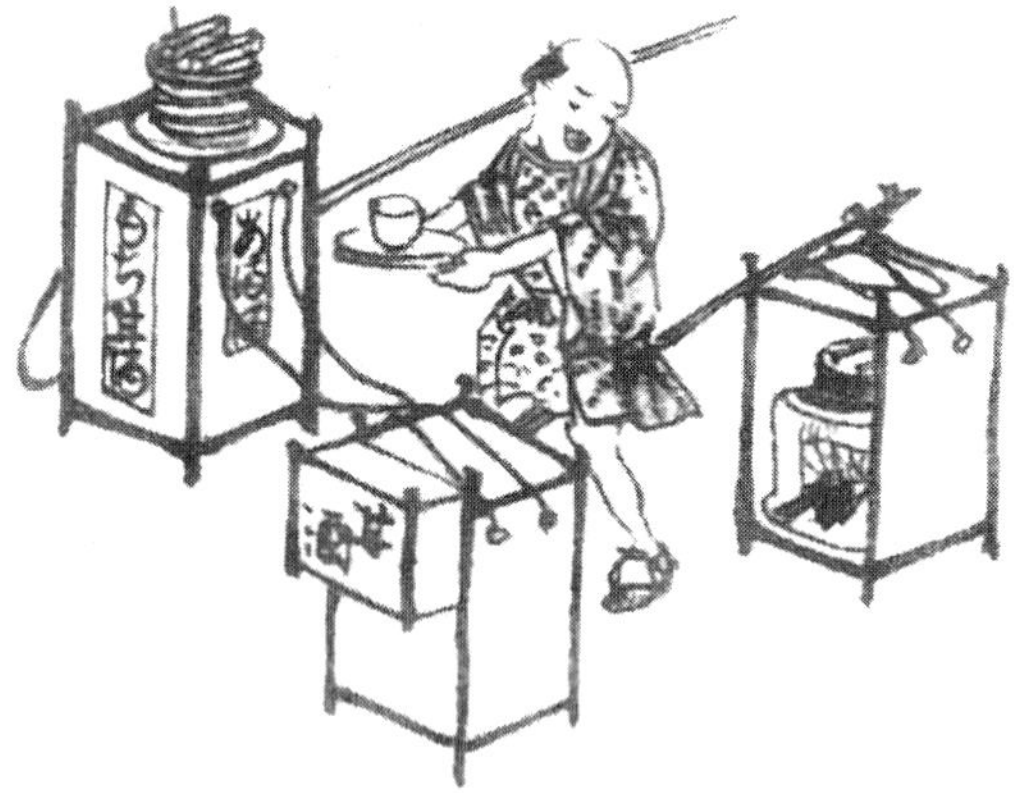

甘酒売り(『守貞謾稿』)

白酒売り(『守貞謾稿』)

納豆売り(『守貞謾稿』)

ゆで豆売り(『守貞謾稿』)

焼き芋売り(『金儲花盛場』)

折々は其相手ともなりしが、やがて茶漬見世をやめて江戸座の宗匠ともなり。名を島得器と改む。女房も同じ道にて女宗匠となり、諸侯の奥向などへも立入しなり。其後寛政四年に、何人か芝露月町へ七色茶漬の見世を出し、一膳毎に札を附替ることを始めけり。是より処々に、さまざまに名を替えて茶漬見世多くなりしか。七色茶漬の元祖はかの原因なり。

納豆売　寛政の頃までは九月末より十月に入って売来るものなりしが、今は土用の明くを待って売来るなり。時に応ぜぬゆえ買人も多くあるまじ。近頃はかくのごとく暮のごまめを秋より売り、ひやかし数の子を年中売るようになり、何品によらず取越商いのみ多くなりぬ。

芋を焼て売る　寛政五年の冬、本郷四丁目の番家にては八里半という行燈を出し売り始めたり。其以前は蒸芋《むしいも》ばかりなり、八里芋は栗に及ばぬを、わずか半道という謎なりとぞ。其後小石川白山前の町家にて十三里という行燈を出し、同じ焼芋を売る。これは九り四り味《うま》いということなりとぞ。今は町ごとに焼芋ばかりとなり。むし芋はなくなりし。

茹豆売《ゆでまめうり》　寛政年中より専ら流行せり。これまでは両国辺など盛り場の家台見世にて売しが、往来を売歩行くことは寛政以来なり。誠に無益のことなり。此豆を豆腐の方に用いなば昔の如く豆腐一丁四十文、小半丁十文に売るは、やすかるべきことなり。

種柿　というは昔よりありしが、種をいい当て勝たるものは其柿を持帰るまでなりしに、文化の頃より勝負は銭にて取引し、その柿をば又人に売るなり。

赤冬瓜　文化年中より赤冬瓜とて売出せしは越瓜《しろうり》の大なる形にて、色は唐茄子の如く肌も同じく赤し。又文政元年の秋より白西瓜を売出す。皮のみ白くして肌は常の西瓜に替ることなし。初は両国の朝市に二ツ三ツずつ見えしが、後には何方にもありける。

茶筌《ちゃせん》　安永天明の頃までは老人朝茶を飲むに茶筌にて立、泡の立を好みて飲たるものなり。今はさることなければ、田舎の老人などには適《たま》にあるなり。其頃浅草観音地内の楊枝見世には、家毎に茶筌を売しが近頃は余り見かけず。

醴《あまざけ》　天明の中頃まで醴一杯六文は定値段なりけるが、其頃七文に上る。それに付て、おかしき咄しは其頃、余は二十才ばかりのことにて三人づれにて、いかがわしき方より朝帰りの時、朝飯を食わんとて互に嚢中を探り見るに、三人にて小銭二十文ならではなし。かくては食事もならず門跡前の醴を一杯ずつやらんとて、立寄て見れば、一杯六文を七文に上げたり。因て一人は湯ばかり飲て帰りしことありき。其後七文は又八文に上げたり。

衣服髪飾調度の類　明和六、七年までは蝙蝠《こうもり》羽織とて短き羽織流行す。坐して折返らぬほどなり。武家町人の別なくこれを着せしが、安永の中頃より少しずつ長くなり。天明二、三年の頃長羽織はやりて丈ケ二尺七八寸、前下り二、三寸にて、長《せい》のひくきものは裲襠《かいどり》の如くなり。是は寛政の中頃までのことなりし。今六十、七十の老人に羽織の長きを好みて着るものあるは其余波《なごり》なり。

綿帽子売　安永の初頃までは正月初めより二月末まで売歩行しものなり。小さなる革籠を背負い「綿ぼうし〳〵」と声を引きて呼びたり。其頃までは武家町人の別なく、婢女の一人もつれたる人は此ぼうしを着て、年始に出ず。富める町人には今も見ゆれど武家には見えず。却って田舎には此風残りて折々長《おさ》百姓などに見ゆるなり。

木綿売　の高荷とて明和の頃までは、いかにも荷を高く積上げて背負て売歩行たるが、其後は両掛にして細《こま》物売の如くなり、高荷は止たり。当時は木綿一反五、六匁より十一、二匁を上品とす。最も単物地などは多く、片面染にて両面染は少なかりしに、天明の頃より猫も杓子も片面染を着ぬ如くになりぬ。

手拭　安売三十八文と呼んで売来りしは、安永の頃までなり。近頃は安売六十八文と呼び来る。昔より地合あしく、僅か二尺五寸の上にて三十文も高値となる諸色とも近来は皆かく高値となりし。

足袋売　明和より天明の頃までは九月末より二月中頃まで売歩行く。其呼声「袋足袋、さし足袋」とて声を長く引く年の暮に至れば、両掛の葛籠を荷わせ、自分は財布を肩にかけて来る。是もいつ止むとなく来らずなる。

被布　は享和の初より流行す。此頃は女子或は諸宗の所化など法衣は着ず。隠者の如く被布を着て晴れ晴れと歩行くものあり。抑此被風というは公家の野服にて平人の用ゆべきものにあらずと聞く。往年官医多紀永寿院の一つ橘家より拝領して着せしを、余始めて見たり。其品は白き毛織のように覚えたり。

野羽織　は俗にぶっさき羽織という。遠足又は弓馬稽古の節に限りしものなるが、近頃は袴勤の人は御城内へも此野羽織を用ゆるものあり。寛政の度よりかくなる。

女の髱《たぼ》さし　明和の頃までは、鯨にて銀杏の葉の如くに製したるを用いて髱を釣上げたり。其茎の様なるをさし込んで開きたる方にて、髱を釣なり。其頃の髱は御守殿風のものにてありし、今はその髱差見えず。

女の髷紐《まげひも》　とて明和安永の頃までは紅《もみ》の切にて、くけ紐を製し、其両端へ絹糸にてあやしき総を付て、島田髷の中ほどを結たり。されど平日は用いず、正月五節句又は物見遊山などに出るとき十四、五歳までの女子、これを結びたり。それも皆紅にかぎり、縮緬とてはなかりし。最も常には羽元結とて白き紙を裁たるにて島田の上を結びたり。

女の鬢《びん》さし　とて、安永中までは竹にて製し鬢へさし入るもの始る。其後は竹にては、そげやすきとて鯨にて造る。又後には銀又は鼈甲などにて造りしが、寛政の頃より鬢を出す髪の風すたれて今行わるる、ぐるり落しとか唱える惰弱の風となる。何事もそれにつれて帯を〆るに、只一重結びて前も合さぬる如き、見苦しきさまとなる。

鬢水入　明和中までは女の櫛箱には必ず入置しなり。其器は瀬戸物にて長さ四、五寸、広さは一、二寸、深さも同様にて水を入れ、美男蔓を五、六寸に切りて漬置、その水にて髪のそそけたるを付け、又は光沢を出すものなり。其頃は、鬢《びん》出し油などいうはなく、すき油とて今行わるる貝詰のみなり。其余はみな此水を用いしなり。此器今は見えず、大家の奥向などにはあるか、下方には絶てなし。

白髪元結　とて、安永の始より流行る白紙を白髪の如く細く裁て売る。これにて島田髷の中を結いたるが夫より、さまざまの色紙を細く裁ち白髪元結と同じく髷を結いける。是より前のくけ紐は止みけり。

かったい眉毛　疫病本多、首縊り帯とて天明中よりおろかなる若輩もの眉毛を細く、髪を薄く帯を細くすること流行る。皆軽き御家人、小家の供侍、又は町方は職人の弟子などの致せしことなり。天明の末、松平越中殿御役を被られし頃より是等の風俗も改りしが、文化の頃より又かかる見苦しき姿に戻り、眉毛を抜き髪を減するものあり、恥かしきことなり。

女の櫛箱　安永の頃までは高さ一尺余、横も大方同様にて見込は六、七寸、かぶせ蓋、引出上に一ツ下に二ツ黒のかき合塗にて鏡立は別に用い、塗も同じくかき合わさり、外に畳紙《たとうがみ》四ツ折あり。女の髪結うときの道具此三品に限れるものなり。安永後に至りて今行わるる所の箱となり、鏡立を刎蓋《はねぶた》の裡へ仕付け、塗もかき合なく皆呂色、又は木地呂色となる。かかる品、昔は中人以下には用いるものなかりしなり。

針箱　安永の頃までは右櫛箱の少し小さなるにて高さは五、六寸、横八、九寸にて是もかぶせ蓋、引出三ツ塗かき合なり。今時の品の如く刎蓋にて物差まで箱の内に入る様の品はなし。昔は上下とも大方かくの如くなりしに、天明寛政の頃より右針箱も次第に巧みを加え、引出の鐶までも様々に細工を尽くしたり。昔は鉄の蕨手の外はなかりし。

地紙売　明和七、八年頃までは毎年四月より七月中頃まで扇の地紙を売歩行く好み人あれば、直に折て骨をさすなり。此男の風俗は至てやさかたにて羽織を腰に挟み、白足袋をはきし若きものにて老人はなし。其頃は地紙売の一枚絵さえ出たりき。浅き扇形の組箱を肩に載て「地紙〳〵」と声を引て売来りしが、安永の頃にいつとなく止めたり。

団扇売《うちわ》　寛政の中頃までは本渋うちわ、奈良うちわ、さらさうちわ、反古うちわとて細篠竹に通して売来る。四月上旬より六月中売歩行く役者絵の新版板もの一本十六文その外一通りの絵は十二文、十四文くらいにて今行なわる。一本四十八文、三十六文など売る様のものはなし。

銅網の繕い　此商人寛政四年より来る。これは甚だ調法なり。此以前にはなかりし。

らうのすげ替　安永の末より来る。最初は隠密なりというものありて、心支う人もありし。此商人らうすげ替える間、ゆるりと内へ入ておりし故、右の沙汰ありしならん。

瀬戸物の焼継　寛政三年に本郷二丁目東側にて初て此商売を弘めたるが、今もその店あり。その後処々に出来たり。

古ものと瀬戸物を取り替える商人　は寛政二年の頃より来る。古着類又は諸道具、何品にても不用なるを遣せば、その品に応じ瀬戸物と替ゆるなり。荷い瀬戸物商人の業なり。

白張の日傘　文政九年の夏より間々見掛けしが、翌年に至りては武家町人に至るまで此の日傘を用ゆるもの多くなる。同十一年の六月に平人此傘を用ゆることを停止せらる上方にては昔より用いたれと当地にては医又は僧の外には用ゆるものなし。陪臣などにや近頃又用ゆるもののあるを見たり。

傘の古骨買　天明中より来る。近頃は古骨と小児の手遊と取替るものあり。

足駄の歯入　昔より来る商人なりしが、文政三年の頃より下駄の歯入替ゆるもの来る。下駄は皆挽木の儘なるものなるに、此頃より下駄の歯をも替ゆるを始りたり。

提灯の張替　文政三年より其商人来る。直に紋印し等を写入れ、油をも引き、速やかに用立て、価を僅か百文なり。是は調法なる商人なり。

年の暮の飾藁売《かざりわら》　天明の頃までは「飾藁〳〵」と呼んで二十日頃より売歩行しなり。此藁を買って自ら、

古傘買い（『守貞謾稿』）

団扇売り
（『今様職人尽歌合』）

羅宇屋（『守貞謾稿』）

瀬戸物の焼継（『守貞謾稿』）

提灯の張替（『守貞謾稿』）

しめ飾丸飾までも製したるに、今は直に製したるを売る故、件の藁売いつとなく止みたり。

又棚板売　天明年中までは歳神棚の板を削り釣木をも添て売来りしが、是も寛政の頃より止みたり。

飾物売　明和安永の頃までは十二月十七、八日頃より売り歩行しが、是もいつとはなく止む。其呼声「橙《だいだい》ところ、ほん俵、榧《かや》、かちぐり、伊勢海老、根松、藪かうじ」と声を引て売来れば、何となく年の暮めき賑かにてよかりしが今は来らず。

扇売　安永年中までは元朝より「扇々」と呼んで正月十四、五日まで売来る。天明年中に此商人止みて払扇箱買うと呼んで元日より来る。昔の商人は扇を売るばかり。今の商人は買たり売たり、扨々いやしき風儀にはなりたり。

柳売　安永天明の頃は正月三日頃より「柳よ〳〵」と呼んで売来るを求めて、自ら削掛を製す。是は細き柳の枝のままなるを束ねて一本三文、四文ほどに売りけり。此柳を買いそこなえば飾松の枝を以て削掛としたり。寛政の始より削掛に製したるを売り来るゆえ、柳の枝売は止みたり。

雛売　明和安永の始までは二月中旬より「乗物ほかい雛の道具」と呼んで葛籠の両掛にして売来る。大抵は、おやま人形とて長《タケ》四、五寸より八、九寸までなる汐汲、或は石橋の類にて価は三十二文より八、九十文を限りとす。懇意のものへ贈る節句の祝義は是にて済したり。又其頃は禿《かむろ》人形にても価二匁以下にて、錦の上下着たるなどはなく、皆縮緬《ちりめん》の衣裳に縫をしたるなり。其後、天明の初頃より五人囃子人形を造出したり。今は前の雛売来らず、おやま人形も田舎などに残れるを見るのみなり。

五月の鎗売　明和より安永二、三年の頃まで四月中旬より「鎗や〳〵」と呼んで売り来る。此鎗というは五、六寸ほどにて十文字、或は縄打など皆張抜又は木削屑《かんなくず》なるへ灰墨をぬり九尺斗の竹の先へさしたるものなり。価は十六文、二十文ほどなり。又「纒や〳〵」とて売り来る。是も鎗の如く製し唐紙の極めて下品なるを幅一寸斗《ばかり》に裁ち、五、六寸の竹の輪へ張って馬蘭とす。大方の祝義は是にて済したり。又其頃の菖蒲刀は今の品に替ることなければど、価は三十二文より百文を限りとす。昔の売物はかく何品も皆手軽なりし。

台笹立傘売　安永の中頃まで売り来る。是も鎗の如く張抜又は木削屑を灰墨にてぬり、細き竹の長さ八尺斗なるべし。一対三十二文より四十八文までなり。其頃、内幟というはなく、皆外幟なれば、是を飾りしものなり

内幟　は天明の頃末に始り寛政の初頃より専ら行わる。もとは手軽の工夫なりしに次第に奢りて立派を尽し、今は外幟よりも高価なるが有るとなん。

七夕短冊売　享和年中までは短冊紙や色紙とて全紙の儘、売り来りしが、近頃はさまざまの形ちに裁て売り来り。終には其裁屑をも交ぜて十枚三文四文に売るなり。此末十年も過ぎなば、五月の柏餅も月見の団子も家ごとには、せまじきなり。

太鼓　寛政三年の頃までは、夏ごとに盆太鼓とて手遊びの太鼓を売り来る。径り五、六寸なる竹の輪へ西の内紙を張り、阿膠《にかわ》を引き、あやしき公家の絵を画き、長さ五寸ほどの柄を付け、箸にて打ちながら「盆太鼓〳〵」とて売り歩行く。価は一ッ十文なり。女児の盆歌をうたい歩行くとき是を打て音頭を取ることなりしが、今は此商人来らずなりて盆歌にも音頭を取るなどということなし。夫のみならず歌い歩行く女子供のさま、とかくあらあらしきのみにて、昔の如くやさしからず。

太鼓売り
（『今様職人尽歌合』）

精霊の膳　寛政享和の頃までは精霊の膳とて「片木や、ひ打や、かんなかけ」と呼んで売り来りしが、今は草市にて売るのみ。呼売の商人は来らず。

精霊さまお迎え　寛政三年の頃より「精霊さまお迎え」と呼んで七月十六日の朝に彼苞《つと》へ十二文ずつ添

遣すを、舟へ積み沖へ流したるが、後には銭のみ取って苞は往来の少なき明地などへ捨去るもの出来しゆえ、文政七年七月に町触出て、これを停止せられたり。

かわらけ鳶　安永の中頃までは、かわらけ鳶という凧あり。紅がらにてぬりたる鳶凧なりし、其後は見かけず。

奴凧　同じ年頃より奴凧というを製す。是今行わるる奴凧なり。其頃までは土器鳶、四谷鳶とて口嘴の付いたる又すほうにて染たるなど、さまざまの鳶凧ありしが、今はいずれも見えず。

角凧　寛政の頃までは四枚張ほどまでは横骨二本、筋違二本、立骨一本、都合骨五本にて張たるが、今は一枚張にても骨多く、糸目も昔は一枚張は三ッ糸目、二枚張以上は四ッ糸目にて済たりしが、今は糸目もことごとしく多くなりし。

むくろんげ　安永年中まで子供遊びに、むくろんげというあり。むくを、互に出し蹴て中《あた》りたるを取る。その蹴る時に「むくろんげしょうろんげ」というて蹴る。此戯れ今はなし。其後は地上へ茶碗ほどの穴を掘り、むくを投げて入たるを取る。又其後は、むくを地上へまき、別のむくを投げて中りたるを取る。近頃は其むくをやめて銭の大さに土をつくね箔などおけるを番屋等にて売れと、是はいかがする戯れか、余は未た知らず。居士按にむくは木患子《むくろじ》なるべし、是面打《めんち》の沿革なり。

子供の扇子　安永五、六年の頃までは黒塗の骨にして武者を画き、あやしげに彩色したるが一本十六文二十四文なり。これを節句又は盆中などに持歩行きたりしが、今は此扇子見えず。

さございさござい　天明の末、寛政の初までは正月元日より往来にて「さござい、さござい」と呼んで童子を集め、宝引とて細き綱五、六本を一束にし、其中の一本へ分銅とて橙を結付、五、六本を一文ずつに売り、童子に綱を引せ、分橙の付たるへ当れば、草双紙又は硝子簪など、さまざまの物を取らするなり。賭事には類すれど、往来は是にて殊に賑わいたり。後には銭など取らする様のこともありしか、厳にこれを禁ぜられ、歳末毎に辻々へ宝引無用という張出しあり。

鬼燈《ほおずき》　天明寛政の頃まで秋毎に鬼燈売り来れるが今とは様かはりて、十ずつ串にさし竹箒の如く造りたる藁苞《わらづと》へ挿て荷い来る。今は此商人目笊《ざる》へ入れて売り来るなり。

（原題「桂翁襍記」、抄録、『江戸会誌』二―二～七、明治二三年）

床屋と町内の廻り髪結

有山　麓園

江戸時代の髪結床《かみゆいどこ》は多く風呂屋の隣り、もしくはその附近にあったもので、浮世風呂と浮世床は戯作者の筆に依って、当時の人情風俗を能く描出せられたものであるから、今更ここに言わずもがなであろうと、それらに洩れたる髪結床の話と、町内の廻り髪結のことを少しく述べて見たいと思う。

私の知れる人に嘉永四年生れで、ことし七十九歳の老人がある。その人は十一歳の時から髪結職になって、七、八年前に若い息子に世を譲り（但しその職ではない）、今では楽隠居の身となったが、自身が約六十年間従事しておった髪結業の変遷を、ある時私に物語られたことがあった。幸い書付けておいた備忘録を見出した故、なお私が幼児から岡目ではあるが、それらについて見聞したことをも取雑《ま》ぜて、いささか録して見ることとした。

床　屋

江戸時代には言うまでもなく、吉原が一大社交倶楽部ならば、市中に散在する髪結床は、その町内における一小倶楽部であった。然ればどこの床屋にも、その二階にも碁盤もあれば将棋盤もあり、数多の貸本も備えてあり、客に退屈させずに番の来るのを待たせるようにしたものであったが、風呂屋に二階番と唱えて美形の女をして香泉湯を客に供し、媚を售《う》るようになって、床屋にも小綺麗な娘などをして、客の機嫌を迎えるようにしたのは、風紀の漸次堕落した江戸の末期にはチョイチョイ見かけるようになって来た。

葵の紋の末だ幅を利かした徳川の末葉、嘉永時代に芝赤羽に瓢簞床《ひょうたんどこ》というがあった。それは随分古い家だったそうで、土屋采女正時分（いつの頃か年代不詳）創めて髪結床を開き、その頃その業者間での草分けと云われた。店も住居も同じ所にあったが、その地は拝領地で、店の目標には五三の桐に瓢簞がついていたというが、それには何か深い由緒のあったことと見える。嘉永時代のそこの親方の名は平野吉兵衛と言った、髪結銭は二十八文で随分流行った床屋であったという。

髪結床は町内に一軒と限られたもので、それが即ち株であったから、床屋の株はかなり高いもので、とりわけ湯屋の傍などのは特に高く譲渡され得るものだった。髪結銭は二十八文（嘉永時代か）で、之が一番長くつづいて、段々諸式が高くなるにつれて後には二百五十文くらいになったのである。

このほか、名高い床屋では日本橋の南詰に久床《ひさどこ》というがあってかなり大きい床屋で、子方（弟子）も多勢あり、一名大床《おおどこ》と称えられた。又青物町に珊瑚珠床というがあった。これは久床（大床）の弟子が出したので相応に繁昌し、永年継続して

床屋の外観　☆

おったが、癸亥の大震災前に廃業してしまった。

元来髪結床なるものは、江戸開府以来浪人者のたつきとして創められたものであって、夏時になれば店先へは長暖簾《のれん》をかけた。これは客の顔の見えぬ為だともいうが、浪人の始めた業とて多くの人に面体を曝さぬようにとの為だとも言われる。この長暖簾を許《ゆる》されたのは、紺屋に呉服屋に髪結床とこの三つだけだったとのことである。床屋の親方は道中一本差（帯刀）を許された。そして渡船場などは無賃ときまっておった。

武家方の髪を結うのは、その屋敷によって元結《もとゆい》のかけ方が違った。一番多いのが十三巻、これはたが元結と称えた特に太く結んだのである。それから九巻、七巻、五巻、三巻で、この三巻が町人の髪の結い方であった。武家方の髪結銭は先方の家格で特に心付けでもあるは別として一般の規定としては変らなかった。

武家の髪結で巧手《じょうず》といわれたのは九段の中坂にあった（名は記憶せぬが）。その後絶えてしまった。

床屋の店の造り方といっては浮世床などいうてむかしの戯作本や絵草紙にもあって人の知る所であるが、多くは二階家で、店の入口には二間四枚くらいの腰障子があって、その障子には種々の画が描いてあった。店の入口は多く土間になって、入ると台付の流しの上に小さな盥《たらい》が二個くらい並べてあり、この盥でお客は月代《さかやき》や髯《ひげ》などを湿したのである。正面突当りは主に板の間で、その中央の処に台箱というのが据えてあり、この台箱に剃刀、櫛、油、元結など一切の用具を乗せておく。板の間にはしりしと云うて小さな板で布団代りのものがあり、それをお客の代るたびに裏返しては用いたものだった。

お客は毛受《けうけ》というて扇面状《じがみなり》の板の裏に桟《さん》がついており、その桟のところを持って剃落す毛を受けておるのだが、今時考えたなら、随分不器用な、しかも暢気《のんき》然たる態度と言いたくなるだろう。

剃刀は照降町のなご屋のを一番ヨイと言われておった。櫛は池の端の十三屋のを多く用いた。油は日本橋両替町（現今三越の横手、三井銀行前の辺にある南側）下村の鬢付油《びんつけあぶら》と漉き油の二種を遣ったものだ、その名はたしか松金香といったと覚える。白元結は男が用い、黒元結は女が用いるものとなっておった。もちろんその頃女髪結（一旦天保度の改革にやかましかったが再び行われており）はどこにもあった。

弟子の年期は、まず十年としてあった。弟子を親方が仕込むに取かかりは、焙烙《ほうらく》へ頭髪の形状を描き、それを剃らせてソレが仕上ると向脛《むこうずね》を剃らせる。焙烙の方は頸や額際《ひたい》の剃付を覚えさせる為で、向脛の方は痛いか痛くないかを自ら感じさせて、剃刀の遣い方を覚えさせる為だという。又髪を結う稽古には徳利の口へ髢《かもじ》を結びつけて、膝へ挾み、それで髪を結うことを覚えさせる。

町内の廻り髪結

主なる商家の多い町々には床屋の外に廻り髪結というがある。日本橋通り、本町、石町、堀留、伊勢町河岸とか、神田の青物市場、米河岸、深川の木場、佐賀町辺、まず大ていの町にはあったもので、問屋というような商家の多い処では、各戸に番頭、丁稚など店員がなかなか少なくない。その人々が一々髪結に床屋へ行っていては時間も費え、商売の差支えもあり、且つ若い者等の取締上にも関係がないでもないというところから、大概はこの廻り髪結が何日目毎かに来ることにきめてあって、誰でも手のあいているものから、髪を結いたい、髯を剃りたいと思えば、スグ用が足りる。随分大店向きの旦那方でもこの廻り髪結の方が平素から気心も知れているし、自由が利くので、時には奥へ上げて、自分も顔剃りなどやらせ、偶には御内儀の頸《えり》あしぐらいはつけて貰うというようなことさえある。

この廻り髪結は町内に一人だけとしてあったもので、他から猥《みだ》りに入ることは出来ぬことになっておった。もちろん新まい（新きの競争者）が入ろうとしたところで、方今と違って世間一般の気分が違うから、誰も相手にしないだろう。もし都合あってその株を譲られたとすれば、チャンとそのことを前以て披露してであるから差支えはない。廻り髪結はスベテ昼飯は出入先で刻限時になれば振舞われるから、その用意は要らない。廻りに出る時は髷棒《まげぼう》を自分の頭髪へさして縁に真鍮の金具の着いた髪結道具の箱を片手に下げて歩いたもので、その日の仕事が済むと道具は町内の床屋へ預けておき、自分の方が早く仕舞えば床屋の方を手伝ったものだ。

町家の廻り髪結の料金は、各家大概月極めで、臨時の迎いでも受る外、出入りの店へは五日目、六日目には必ず廻って行くのである。出入先の御店《おたな》に祝儀、不祝儀でもあれば必ず手伝いに行かねばならぬものとなっており、その他花見の催し、稲荷祭などといえば、仕事は休んでも、手伝いやらお燗番《かんばん》やらには廻り髪結か出入りの職方、番太の親爺の内、いずれか顔の見えないことのないのが、江戸商家の一つの行事のようになっておって、自然三百年間泰平の情調を漲《みなぎ》らしたものであった。

廻り髪結 ☆

お店の丁稚といえば少年どきは糸鬢奴《いとびんやっこ》、即ち蛇、蜂、蜻蛉から、段々年を経て前髪を落すようになれば、若衆といわれ男の一人前になるのであるが、「長松もようよう角《すみ》を入れやアがった」などいわれたのは、その前髪を、やがて落さんとするときの前に、まず前髪の両側へ剃刀でチョットその落すところへ印を当てた。これが角を入れるというのである。それから暫くして本元服となるので、その時は前髪をソックリ剃落してしまう。之を俗にすっぺがしといったのである。それは大抵十五、六歳頃としてあった。

武家方は額へ指二本をさし込むくらい剃ったものだ。それは兜を被るときの為に、然様為なければならぬのだという。

「総角《あげまき》といふことに就て」いつぞや某俳誌に、角を入れるということと総角との説を幾回か掲載せられたが、その見解は区々であったように思われた。総角ということは前髪を割って、後へ二本鳥の尾のように出したのをいったのであるとは、三、四年前八十八歳の高齢で逝かれた、根岸の松の翁、辻暁雨老人が嘗て私に話されたことがあったを、ふと思い出した故、参考の為めここに添記す。

ならび床

神田筋違見附の広場や、両国の橋詰等には、ならび床と称えた、露天の髪結床がたくさんあったものだ。その床店は油紙で張った障子に奴頭《やつこあたま》が多く描いてあったもので、これらには別に厳ましい組合ようの制裁もなかったようだが、もしも御通り筋（公儀の）とでもいえば、その時スグ取掃われることを覚悟せなければならなかったまでである。

（『江戸文化』三―七、昭和四年）

むかしの魚市場

宮崎　線外

東京市で新築した築地市場は、一日千円の経費を要するとのことだが、日本橋河岸が移転したきりで、依然悶着を続けてガラ空き同様である。その解決も近いこととは思うが、市と問屋とか、仲買、小売商などの関係はなかなかむつかしいことになっている。

※

日本橋の魚河岸創始者は―一説には佃島の開祖ともいわれている―森孫右衛門であると聞いているが、

この人は徳川家康の御引立を蒙って、魚を献上していた名主で、また舟持ちでもあった。家康が舟旅の時は、その御用も勤めたもので、いろいろ御奉公をしたので佃島を戴き、そこに住って郷里と連絡をとって魚の取引を始めたのだという話。この人が日本橋河岸で市を始めたといわれている。ちなみに、森の氏は家康から戴いたのだそうだ。

孫右衛門は、ずっと幕府の御用を勤め、その家は慶応の頃まで続いていた。併し御納屋の御用というのは、幕府の衰微と共に、ただで品物を召上げられるようなもので、全くの儲けなしで納めるのだったから、御納屋勤めは困窮していた。何しろ毎日登城の武士の御膳には、必ず昼飯に魚を用いたるものであるから、つらい商売であった。併しまた、それだけに御用金を借り入れることも許されていたり、町を貰ってその地代で償うことも出来るという風な特典も与えられていた。

昔の絵に隅田川の白魚捕りの図などあるが、古くは白魚がとれたもので、佃島からあちらへ捕りに行ったそうだ。その白魚の頭には葵の紋所が付いていると言い伝えられている。現今でも三月の何日か、日を定めて佃島からは白魚を宮内省と徳川家に御納めしているそうだ。その請取証は佃島の漁師組合へ下るとのこと。

佃から市内へあさり売りが来るが、その人体《にんてい》に二通りあって、草鞋《わらじ》ばきの者と、素足の者とある。身分が異うことを示しているようだ。

※

当初の魚市は小田原町と本船町でしていたが、後には新場、芝の四日市、花川戸などが殖えた。

新場は魚の生きたものしか取り扱わなかった。今の材木町一丁目のあたりで、江戸橋のこちら側である。切身などは絶対に置かない。生きのいいのを、新場の犬のようだという諺《ことわざ》があるほどで、新しい魚しか食わないので毛が抜けているのを云ったものである。

四日市の通りは塩物、鰹節、数の子などの類を専門に取り扱う市であった。

※

市場の中にも等級が付いていて、第一等から三通りくらいあった。上物を売買する所へは、お茶屋などから仕込みに行き、値段も一番高かった。下等の方へはお総菜向きのボテつり（大道の呼売）が行くという風に、自づと区別が付いていた。

花川戸のも生きた魚でピチピチしていた。今日の浜松町辺りは芝浜といい、ここも生きた魚で取引された。

深川の板台だ。バカですれているなんて言葉がある通り、あちらは切身が専門で、今も蛤町は町名にのみ名残を止めている。

孫右衛門は播州西成郡佃村の名主であったが、天正八年徳川家康が上洛し摂津の多田神社へ参拝の折、名主で船持ちの孫右衛門が渡船の御用を承り、それからずっと魚を納めるようになったが、茶臼山陣屋へは魚御用で出入しなが

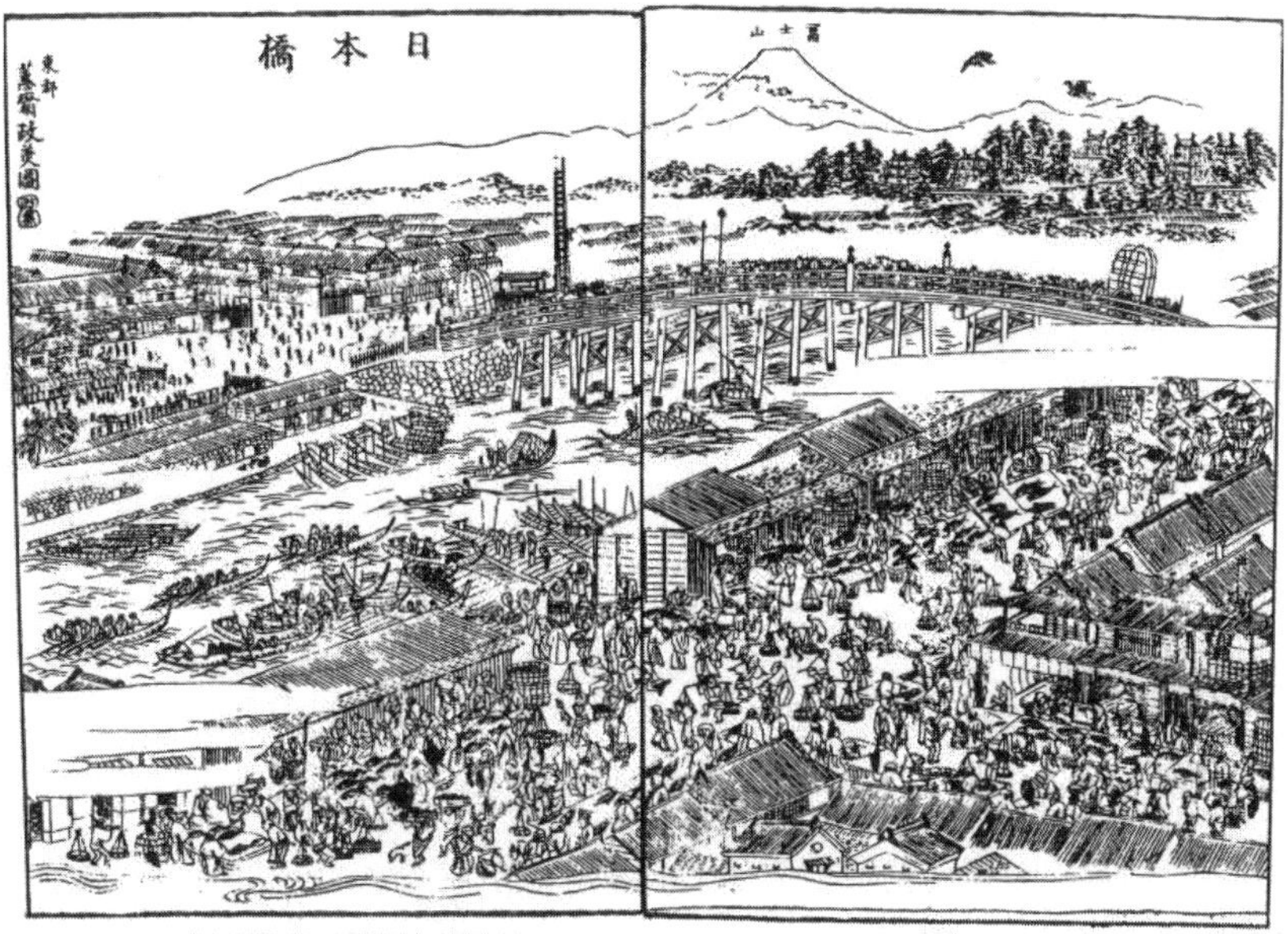

日本橋の魚市場（『東海道名所図会』）

ら、軍事探偵の役をも勤めたことがあった。それらの御奉公によって森の姓を贈り、家康の江戸城入りの時には、その一族を引連れて移住し、一生御忠心することになった。佃島を賜り、この地に郷里から漁師三十余人も移って来て御納屋をつとめた。これが佃島の起源といわれている。元和二年に、和州の桜井の商人で、大和屋助五郎という者が出府して、これは商人であるから諸方の魚の産地と連絡をとって、日本橋小田原町に市場をたてるようになった。

※

江戸の名物は浅草海苔にとどめを刺すが、それも今は半ば語り草になってしまった。海苔の権威は、故岡村金太郎博士（水産講習所技師）の研究を推すものであるが、大体その濫觴《らんしょう》を知るのに、手近の材料として拝借させてもらうこととするので、同博士の撰文は、信州諏訪神社衛立の内から、その一部を引用すると、

抑浅草海苔の由来を繹ぬるに、金龍山浅草寺付近の地が其昔宮戸川口に在りて潮水近く差上りし頃、其処の漁人等其他の海苔を採り来れるに江戸の地追々繁華となるに随い、其処にて売り出すより自然浅草海苔と呼びなせるにて、其処此処にて採りたる年代は太田道灌の江戸城を築きたる長禄の頃迄なりしならんとは余の考証する所なり。

昔は海がずっと手前だったものが、河川の落ち込む場所が漸時移動したのと、埋立地が出来たりしたので、自然と海苔の採取場所も遠退いて変って来た。元来海苔は、真水と鹹水の交わる所が一番適切な場所で、この調合加減が第一条件である。

※

陸の上の畑のように、海にもそれぞれの区画があって、持ち場持ち場に粗朶《そだ》（一般の木の枝のことであるが、海苔採集に用いるのは一定しているが、何の木か熟知しない。秩父の山から持って来ると聞いている）の、し

魚市場で働く人々（『金草鞋』）

かも若木の枝を、別の添木に結え付けて、その添木を海の中へ杭のように立てる。特に若木で、芽のふこうとしているものでなければいけないそうだ。その粗朶で作ったひびの間を、ちょうどよい工合に混合した真水と鹹水の流れが通っている間に、それに寄生して出来るのが海苔である。採取は大抵夜明け時にする習しだ。二尺五寸ほどの長さに付いても、その尖きが切れて流れる。この流れた屑のようなのが『青海苔』として用いられる。

ひびに付着したのは、わかめのように長いそれを鉈で切り、つなげてスダレにのして乾かす。ちょうど、紙を漉く方法と似ている。これも天日で干すのであるから、その日の天候の工合で、上等のも出来上るし、巧くゆかない場合もある。が、この頃ではこれの製造法も変っていることと思う。何しろ、紀州の高野豆腐なんぞも、昔は寒中作ったものだったが、今日では冷蔵庫のような仕掛けで迅速に製造出来る。干柿などもこれに類した製法をやっているとか聞くが、蕊まで腐らぬから糸を引いていけない。期節を選ばず、時間を要せず、大量にものを造る当世のことであるから何ともいいようがない。

昔のは今の海苔よりも版が大きかった。近頃は一帖四十銭、五十銭というのがあるが、昔は形が大きくって、一帖八銭といえば上等飛び切りであった。房州や信州（諏訪湖）でも海苔が採れる。山の沢でも採取出来るものであるが、品のよいのは浅草海苔が一等である。

味付海苔というのがあるが、海苔屋で破れなどにハケで醤油を塗って、火で干かし、寸法を並べて切って売るので、漉屋から出来てくるものではなく海苔の番外だ。

昔は日本橋の室町に海苔の市がたって、市としては相当大きなもので、素人には売らなかった。目方取引のものだから、売買としては高価なものであった。

※

古い地図を見ると、京橋あたりは、ほとんど陸地がないようなものだった。今私の住まっている新富町一丁目の、この近辺は、京橋から来ている流れと三原橋からの河筋とが、桜河岸へ続いていたが、現在では築地を流れている（今の京橋区役所前の川）合引橋の所が新しい川になって、一方は立退き後、埋られてしまった。合引橋の代りに三角形の橋が架せられて三吉橋という。これは木挽町、築地、新富町の三ケ町に跨っている橋である。

自分の家の裏手、つまり桜橋のあたりは、昔はもみぢ川と呼ばれた。紅葉山から流れて来る紅葉が浮んでいたからその名が出たという話てある。

新富町には、明治二年九月に、新島原が置かれたが、これはごく束の間で同四年七月十七日に廃止されてしまった。今の入舟町辺りが外国人の居留地に指定されていた頃で、当時から東京の中心、流行の源泉地であった銀座を近く控えていたから、外人はこの辺を往復に通ったものであった。大門もこの家の近くにあった模様だが、今確かに指すことは出来ない。

※

新島原は今の新富町から明石町にかけてで、その当時の町名でいえば、花園町、青柳町、松枝町、八重垣町、梅ケ枝町、千歳町、呉竹町、初音町、入舟町のちょうど十ケ町に渡っていた。後に大富町となり、今の新富町と変わった。この色街は、本田主膳、堀長門守、井伊掃部頭、松平家その他の邸跡をあてたもので、外国人居留地は、今の町名でいえば新栄町、新湊町、明石町あたりで、内藤紀伊守その他の大名邸跡を定めたものだった。

築地にも居留地があり、凡てこの時代には外国人は区画され、居留地以外には住居することが許されなかった。居留地の外国人の邸には、日本人の使用人がかなりあった。全然この一画内は治外法権であるから、往来一つ筋向うにありながら、その特権地域を乱用して、馬丁部屋などで彼等は公然と賭博を開帳したなどの話も聞く。

（『江戸と東京』二―一、昭和一一年）

食物の話

三田村鳶魚

買食いの風――煮売りの発生

今度のお話は江戸時代の庶民の食物です。皆の食物、市街地の食物、という心持で「庶民」という文字を使ってみました。

江戸時代の町家の人達は、その身分の差がいろいろありましたけれども、それには拘らず、奢りに行くといいまして、毎月一回なり二回なり、家族を連れて料理屋へ行く、という仕癖がありました。これは旦那株の人でも、半纏《はんてん》を着ている人でも、奢りに行くといえば必ずこういうことをやったものです。その他にも自分の家で出来るものばかり食っていないで、料理屋なり何なりについて食物の供給を受ける。またそれを好む様子があった。これは相当な台所を持っていないからそういう風が起ったかといいますと、そうではない。町家でも家によっては我儘《わがまま》な生活の出来る人でも、やはりそういう傾向がありました。それがまた一々に料理の沿革というものになってゆくわけであります。

大体この食物を買って食うということは、旅からきている――旅行によって起ったことなので、本来はめいめいの家で、自ら供給しているのですが、旅へ出るとどうしても他の供給を受けるより仕方がない。そこで路銭・旅入用というものには、必ず貨幣を持って出なければならない。世の中の一般が物々交換であった時代から、貨幣が主な働きをしかけたのは、旅ということがあったためでありまして、それは食物の供給を他に仰ぐことからきています。それは旅ということからいえば必至の事柄で、旅であるから日々のことが変ってゆく。別にたくらまないでも、不断受用していた食物とは違ったものに出っくわすことがある。自分のうちでものを食うのでないということが、珍しい変ったもの、という方にひろがってゆく。それから先はまた善尽し美尽すという風に発達していったのでありますが、そういうことから考えると、旅の食物ということと後来の料理屋、その他の食物とは、かかり合いがあるように思われます。

そんな古い話はおいて、近い寛永度になりましても、海道の立場《たてば》のほかは食物の供給をする場所がなかった。それどころじゃありません。江戸の中でも、享保の半ばまでは、丸の内から浅草観音までの間に食物屋がなかった。四谷成子《なるこ》辺りには安永頃までなかったそうです、金竜山に五匁料理が出来たのが享保の末で、それがたいそう珍しいことのように思われていましたが、宝暦度にはもうなくなっていました。この五匁料理の最初はどうであったといいますと、明暦の大火災後に奈良茶飯というものが出来た。豆腐汁・煮染《にしめ》・煮豆といったようなもので、これは奈良の旅籠の仕方を学んだものだそうです。旅ではないけれども、明暦の大火後に、その風をうつしたものが出来た。菜飯の茶屋といって、享保に名高いものが出来たのは、この系統に属するものであります、

元禄十三年の地震火事の後には、焼け場に田楽《でんがく》売りが出ました。一串三文ずつでしたが、何しろ震災後ですから、町人ばかりじゃない、士衆もこれを食べた。その翌年飢饉で皆が困った時、江戸の端々へ煮売り小店が出た。昔の飢饉は物がないので飢饉がくるので、今の飢饉とは違いますからどうしてもこういう風になる。この時初めて往来で食物を売るようになったので、屋台店が出るようになったのは、天明五年の飢饉の時からです。こういうこともやはり自分の家で物を食う都合にゆかぬため、他から食物を仰がなければならぬ事情を生じて、こういうものが発達したのであります。

そこで注意してみなければならぬのは、煮売りとい

奈良茶飯の店（『江戸名所図会』）☆

うことです。煮売りには行商する者と、辻売りといって人の大勢寄る所へ持ち出して売る者と、場所を動かずに店を構えてやるのと、おおよそ三通りありますが、これが江戸の市街地で食物を供給する最初のものでありました。このうち一番早いのが行商・煮売りで、いつからというよりどころはありませんが、寛文元年十二月二十三日に、煮売りの夜商《よあきない》をしてはならぬという禁令が出ておりますから、この頃既に行商のあったことが察せられる。それ以前どのくらい遡っているかというと、何ともわかりません。寛文十年七月には、午後六時以後の商を禁じておりますから、この頃は店舗のあったことを認めることが出来ます。けれども、この時分の煮売屋なるものは、どういう人々がそれを利用したかといいますと、これはごく低い階級に限られておった。武家はもちろん、商家でも手堅いうちでは、テンヤ物といって、他から供給する食物を嫌う風がある。料理屋からものを取ることさえ、嫌う家がありました。後々までも買食《がいぐ》いというのは、ごくいけないことになっております。町家の堅い家では、武家の風を真似てそうなったのです。後にはそうばかりもゆかなくなりましたが、それでも大きな町家では、外へ出る時には弁当を持って行く、あるいは先々へ申し付けておいて、どこどこで昼食するから、といって仕度させて置く、という風になっている。延宝三年の『吉原大雑書』にいろいろ風儀の悪くなったことを挙げて、

今の女郎はあさましや文庫の蓋に花鰹いと、あら〳〵しく手づからかき、小夜更けがたに蕎麦切を待ちかね玉ふ体たらく、焼蛤に立つ烟、真垣の内にみち〳〵て鼻持ちならぬ其内に哥や連歌に引かへて、饂飩《うどん》、田楽、酒を好み、お茶挽き、お敵のあらざれば、から酒盛のちやわんのみ、かゝる風情を見るからに、思ひかけたる常陸帯、むすびしえんもきれはてゝ、飽かぬ別をし玉ふぞや、たしなみ玉へ。

と書いてある。この時代までは遊女でさえ、そういう買食いをすることをいやがった。買食いがいい風俗でないという風に考えられていたのです。一番先に吉原にそういうことが言い出されたのは、あそこはああいう場所柄だけに、他の場所よりも食物の供給が盛んであったことが考えられる。ものを食うことを下

卑るという。「下卑蔵《げびぞう》」なんていう言葉もあります。後々までもそういう言葉を使った根っ子をなすものは、延宝度の吉原であったように思われる。吉原でもそうだとすれば、他の場所ではもちろんだということがわかると思って、この『吉原大雑書』の文章を抜書きしてみました。

茶屋のいろいろ――正食と間食

行商や辻売り、あるいは店を構えているにしても、煮売屋よりもたちまさったのは茶屋であります。茶屋というものにもいろいろあって、出茶屋や掛茶屋は居つきでない。朝出て晩には引っ込む。これは腰掛茶屋とか水茶屋とかいわれるやつです。ついでだからここで言っておきますが、引手茶屋というのは案内するのが本職なので―引手茶屋の名は後に起ったのだけれども、しばらく吉原の話で言いますと、その中に出茶屋でなしに居付になっているのがある、それと、寄合茶屋の化けたのと船宿とがゴッチャになって今の待合になったのです。寄合茶屋には食物の設備がありませんから、前もって言っておかなければ御馳走は出来ない。そこでいつ行っても何か食えるようになっているのを料理茶屋という。これは料理の支度が出来る茶屋です。その面影が残っているのは、即席料理という言葉で、普通は前もって言っておかなければ料理が出来ぬから、一方にこういう言葉を生じたのであります。

在合料理というのは立場《たてば》の風で、これは前から言わないでも用が足りる。江戸の町方にあります茶屋及び料理茶屋は、在合料理ではなかったのですが、後には板をもってきて、そのうちから望んでもらうようになった。これは立場風なので、両方がゴチャゴチャになったのです。立場風というのは海道筋の茶屋の趣向で、その他に一膳飯を売る飯屋というのがあり、芋酒屋なんていうのもある。これは享保以来のものです。居酒屋は宝暦以来、茶漬屋も随分はやったもので、江戸の市外になりますが、安永度に成子の婆々の茶屋というのがあって、これが一番早かったということになっています。江戸の方々に茶漬の店が出来るようになったのは天明以来で、寛政以後、特に盛んになりました。

その他にまだ弁当屋・仕出し屋・炊き出しなんていうのがある。弁当屋は前もって命じなければいけないので、これは一食だけの供給をするものです。仕出し屋は主に御馳走だけ拵え《こしらえ》て、入用なところへ運ぶので、これも前もって言わなければ出来ない。炊き出しは大勢臨時に人が集まるような場合、そこへ食物を配給するので、例えば見附などを固めることがある。これは大名衆が代り番こに勤めるのですが、その人数に対して三度といえば三度、二度といえば二度持って行く。それが炊き出しなので、大概は三度ときまっておりました。それが弁当屋と違う。弁当屋は一遍一遍の立て前ですが、炊き出しは一日分として引受けるのです。

それからすぐ食べられるものを供給する店―これは酒屋・肴屋・八百屋のような、すぐでなく食べられる物に対していうのですが、それには鰻屋・蕎麦屋・汁粉屋・団子屋・天ぷら屋・菓子屋・水菓子屋等がある。この中に間食のためにあるものと、正食のためにあるものとありますが、何れもすぐ食べられるものばかりです。

（抄録、『江戸読本』一―四、昭和一三年）

〔後　略〕

飲食三昧の江戸

斎藤　隆三

江戸初期は居住に贅奢を致した時であった。金碧燦爛二層三層の矢倉門を建て、金襖《きんぶすま》金張付《きんはりつけ》の書院に豪華を尽くした大名屋敷の壮観は言わずもあれ、町家までが二階建、三階建の店舗に串窓《くしまど》を明けたものの江戸の要所に列なったと伝えられる。初期に続く延宝から元禄にかけては又美服礼讃の時代であった。金糸銀糸五彩華やかなる縫取模様《ぬいとりもよう》に古今の意匠を尽くした模様小袖の数々はこの時に作られた。京も江戸も、花見の折には小袖幕ひきはらかして樹上の花よりも美しく、派手な女房は京と江戸とで衣裳競べをさえしたといわれる。而してこれ実に京都の文化の発達の絶頂に達した時であった。

安永天明は江戸の世の中である。江戸ッ児の気を吐いた時代である。過去百何十年、江戸名物の火事に悩まされた身には、一朝の火に遭えば忽ちにして一片の灰と化する居住の美を競う気持は已に失せ去った。衣裳の美に身を装うて自ら得たりとするも、上方ものの境地、特に之を多く蔵して財産視して楽しむというが如きに至っては、江戸生れのものの堪うる所ではなかった。

江戸ははきて町の人心不敵なる所、後日の分別せぬぞかし

とは、早くも元禄の世に『日本永代蔵』に言われた所、性急で、気楽で、清廉で、金に執着がなく、今日を今日と過ごして昨日も顧みざれば明目も測らず、江戸ッ児の往く所唯喉元三寸端的の美を味う美食競望に赴いたのは、甚だ理の在る所とせなければならぬ。蓋し衣食住三者の中において、その必要なことからいえば、もちろん食を第一として、衣がこれに次ぎ、最後に住が来るべきであるが、必要以上の文化生活の発達の上から観れば、何時もこれが反対の現象をなして、住が発達の先駆をなし、衣がこれに続き、最後に食が到ることになっている。奈良朝にしても平安朝にしても、また鎌倉室町の世にしても皆そうであった。江戸時代においても、まず居住の時代が到り、次に美服の時代が続き、愈々飲食の時代が至ったのである。安永天明に他の何ものをも圧倒しての飲食三昧の時代の出現を観た所以とする。

食物の贅奢は当然美食にある。この気運に促されて料理法の発達ともなった。明和以来料理の書籍の刊行が相次ぐようになったのもその表われの一つであろう。あるほどの美食に飽いては只管《ひたすら》に人の得がたき

もの、珍物希物の要求ともなった。期節はずれの初ッ物賞玩の風なども愈々盛んになった。魚鳥疏菜ともに一体に初ツ物を賞美する風は、江戸初期已来あったことで、古くは已に寛文五年に令を以て魚鳥疏菜期節ものの売出し期節を定められ、貞亭・元禄の頃にも、これに幾分の修正を加えて二たび三たびその令を繰返されたのであったが、この頃になってはそれらの法令も当然空文と化して、極端なる初ッ物賞玩が翕然として一代の風潮をなすに至ったのであった。初ッ物くさぐさの中にも初鰹に至ってほとんど江戸を狂せんばかりにこれが賞玩に熱せしめたものがあった。

　江戸に生れ男に生れ初鰹

の一句これを示すが如く、男子生れて初鰹の刺身を口にするを得るは、一代の幸福と信じた所であった。要望の急なる所、値亦尊く、時に十金二十金を唱うることもあったが、高ければ高いほどにこれを要望するの声また強く、苟《いやしく》もこれを口にするにあらざれば江戸ツ児たる能わざるを感ぜしめたるほどにもなった。さればこれを得んが為めに敢えて一張羅

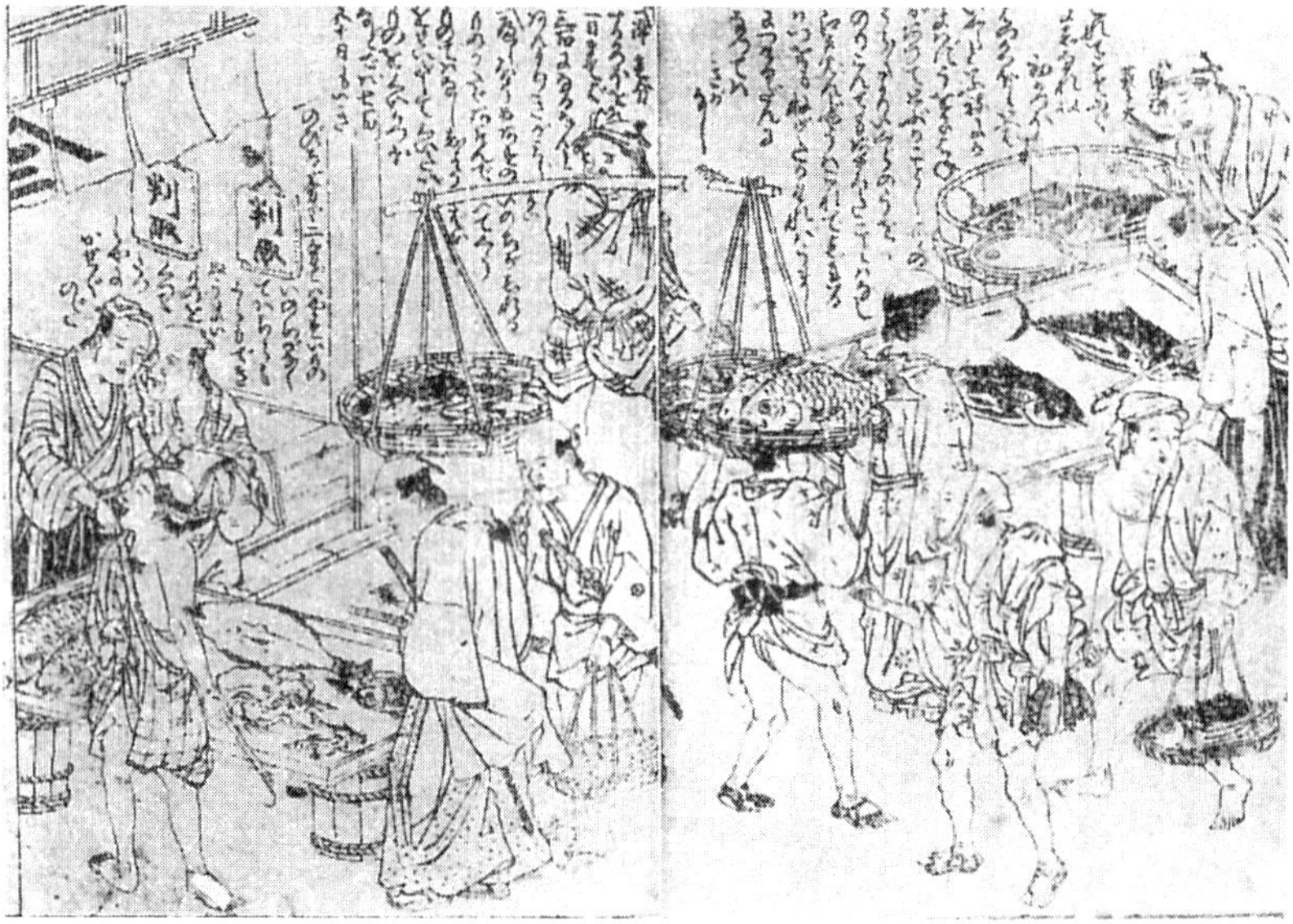

初かつお(『江戸じまん』)☆

の褞袍を典するもののあったのを観ることも珍とせない。黄表紙『江戸じまん』に
　これでこそふぐに死なれぬ初かつほ
の蓼太の句を載せて、更に次のように説いているのは当代の初鰹に対する観念を示すものである。
初かつをといへばいくらといふ値にかまはず魚に羽があって飛ぶがごとく、所々の浦々よりはいくらの魚をのりこんでも余ったことはなし、江戸繁昌これで知れる、かつほも値が高ければうまし、煮つけるだんになつては気がなし。
　要するに珍希を争う江戸ッ児の気前の一つの発揮とも見るべきものとする。かくて初鰹は川柳狂句の上に遂に絶好の題目となった。安永天明に出た狂句の二、三を次に挙げて見る。
　初鰹くすりのやうに盛りさばき
　初鰹家内のこらず見たばかり
　初めには歯のたちかねる堅い魚
　初鰹ふとい奴だと猫を追ひ
　初鰹々々とてまだ食はず
　葬礼を見て初鰹値が出来る
　初鰹搗屋呼びつぐはかりなり（搗屋は米つき男、越後より来る）
　初鰹下女は目で見て鼻で嗅ぎ
いずれも初鰹の珍貴視されて、その値の尋常ならず高価なるの意を寓せるもの、所詮初鰹は当代の江戸に離れがたきものであったと見なければならない。概して初物賞玩は当代の好尚であったというべく、
　郭公ばかりではなし寵茄子《かごなすび》　かつほにはねがはへて飛ぶ江戸
の一首は即ち独り初鰹といわず、夏を待つまでもなく早期結実の籠に盛られて市に出る茄子の競うて賞美

されたることを見るべきもの。初茄子に続いては初胡瓜、若鮎も賞せらるれば、初秋には初茸もまた珍味として挙げられた。

初茸はほめて居る間に末になり

初茸の値の卑しくなるを待つ間に、早くも期節の経過することを言いたるもの、要するに何はあれ金を噛むほどに初物の珍重されて、高価なる間を味うて誇りとすること、まさに江戸ッ児の意気地でもあったのである。

（後　略）

（抄録、『江戸のすがた』昭和一一—一一）

料理屋の今昔

宮川　曼魚

茶漬見世

単に料理屋といっても、これは、所謂日本料理のお茶屋さんのことである。

およそ料理屋という売買が、いつ頃から起ったか。東都に於けるその元祖は、何処のなんという家であったかということは、正確な記録がないので、まったく判らない。

例の『嬉遊笑覧』によると、「江戸にて料理茶屋というものむかしはなし、寛文の頃迄もすくなかりし」と見えているが、寛文どころか、元禄から宝暦のはじめ頃を通じてさえも、著名な料理屋などは、一軒も伝えられていないようである。

元禄六年に刊行されている『西鶴置土産』に「近き頃金竜山の茶屋に、一人五分（フン）づつの奈良茶をしだしけるに、器物きれいに色々とゝのへ、さりとは末々のものゝ勝手のよき」とある他に、越智偽久の『反古染』にも、江戸にまだ外出さきで簡単に食事の出来る家などがなかった頃、浅草辺のような四時に人通りの多い道筋に、極めて質素な茶屋で有合せの魚菜を售《う》るようになり、それが五匁料理と呼ばれたということが見えている。

これは、今日の簡易食堂の起源であり、徳川中期以後に流行した「茶漬見世」の因になったものだが、これを見ても料理屋というものは、まず大衆向の実用を主として出発したことが知れる。

高級な所謂会席料理茶屋が勃ったのは、明和頃のこととおもわれる。

多人数で会合

それまでは、永い間の慣習で饗宴の場所と社交の中心が吉原に限られていたから、此処を異常に発達させたが、行届いた設備をもち多人数の会合が出来るような規模の大きい料理屋は極めて稀であったというよりも、ほとんど絶無だった。こうした時に明和になって深川の洲崎へ升屋の大建築が出現したことは、当時として確かに驚異だったに違いない。

京山の『蜘蛛の糸巻』にも「都下繁昌に連て、追々食店多くなりし中に、明和の頃深川洲崎に升屋祝阿弥といひし料理茶屋、亭主は剃髪して阿弥といふ名をつけしは、京都丸山に倣いたるなるべし。此者夫婦人の機を見る才あって、しかも好事なりし故、其住居二間の床高麗椽長押作り、側付《つばつき》を広敷として、この間三の間に座敷を囲ひ、中の小亭又は数寄屋鞠場まであり。庭中は推して知るべし。雲州の御隠居南海殿、同じく御次男雪川殿、屡々爰に遊び給へり――升屋祝阿弥件の如き大家ゆえ諸家の留守居者の振舞という事皆升屋を定席としたり。其繁昌今比すべきなし」という記述がある。

これを見ても、美を尽した升屋の構いと、鞠場まで設けてあったという豪華な設備や、常に権門が駕を枉《ま》げられた全盛の態を窺われるが、升屋がその繁昌比すべきなしといわれたのは、啻《ただ》に善美を極めた家屋調度や海岸の勝地を占めた点ばかりでなく、京山もいっているように、その経営者祝阿弥宗助の機才と、都下の文墨の士に交友が多かったのでその好意による宣伝がかなり役立っていたに違いない。

御留守居茶屋

松平不昧侯の父君南海侯や御次男の雪川侯などの貴紳が、巷間の料理茶屋へ屢々駕を枉げられたということは、当時にあってはおよそ異例に属することらしいが、南海侯は聞こえた派手者であり、雪川侯といえば、当時江戸の芸人達がこの人から贈られる「川」という字の紋をつけた羽織を著ることを無上の誇りにした程の通人だったといわれている。

諸藩の大名の外交係であったところの御留守居役達の、御入用お構いなしの豪奢な饗宴が、所謂「御留守居茶屋」なるものをつくり、年を遂って江戸の割烹の発達と料理茶屋の向上を促したことは見のがすことの出来ない事実であろう。蜀山の『俗耳鼓吹』に、升屋祝阿弥と小石川に住んでいた布施という人が応酬した、懐石料理の献立が載せられているが、おそらくこの布施氏も、料理通の御留守居役の一人であろうと想像される。

升屋の名は、その頃通客の間で流行した音読にされ「しょうおく」と呼ばれていた。明和以後に頻出した洒落本などに、こと食味や料理茶屋の話となると、きっと願にかけたように、この「しょうおく」の名が繰返されている。この家が二代続いたことは、祝阿弥と交遊のあった山東京伝が、ある洒落本の中で升屋の祝阿弥が隠居したことをいい、今の惣介さんも働き者さなどといって、その家庭のことまで書いているので知れるが、どうした事情でか、働き者といわれた二世升屋宗助も、後には経営が届かなかったとみえて、その家屋は寛政の初年に人手に移り、間もなく海粛のために流されて跡かたもなくなったということが『武江披砂』に見えている。

『蜘蛛の糸巻』で京山も書いているように、洲崎の升屋の構造なり設備なりには、京都趣味が多分に現われていたようだから、おそらく、その包丁にも、当時にあっては目あたらしい上方風の料理がとりいれられていたかも知れない。もしそうであったとすれば、明和の升屋が江戸の割烹界を風靡したのは、百数十年後の今日の斯界の傾向を暗示していたともいえる。なににしても、その頃の割烹界に於ける升屋の進出は、大掛りの家屋といい巧妙な宣伝といい総ての点で画期的なものであったらしい。

落語「ももかわ」にも登場

天明四年に刊行されている洒落本『彙軌本記』には、当時の江戸に於ける料理茶屋の名家として、前記の升屋の他に、樽三《たるさぶ》大紋屋、葛西太郎、大黒屋、浮瀬《うかむせ》、枕流、山藤庵、楽庵、百川、四季庵などが挙げられている。これで尽くされていたものでもなかろうが、その尤なものであったらしい。

以上の中でも、日本橋呉服町に在って、通称を樽さぶと呼ばれていた樽屋は、主人三郎兵衛の巧緻な庖丁で知られていた家で、所謂美味い物であったらしく、後に中洲へ移ったと伝えられている。百川も、ながく日本橋浮世小路に在って繁昌を続けた家で、先代柳家小さんの得意とした、例の権助がきんとんを呑みこむ「ももかわ」という落語にまで残った店である。

寛政度の御趣意は、多少は料理茶屋に影響したろうが、それも一時のことであって、文化から文政頃となると、今更こと新しくいうまでもないが、鐘ひとつ売れぬ日のない大江戸の繁昌は、この時に極まった観がある黄金時代であり、同時に料理茶屋の黄金時代でもあった。

浅草の山谷に八百善、深川の土橋に平清が勃り、互に庖丁の精妙を誇って江戸割烹界の双壁と謳われた。この頃著名な家には、以上二軒の他、深川八幡境内の二軒茶屋と呼ばれた松本と伊勢屋、向島の大七、武蔵屋、平岩、小梅の小倉庵、今戸の金波楼、大七支店、川口。橋場の柳屋、尾花屋・甲子屋、千束の田川屋。柳橋の梅川、万八。玄治店の杉坂。青物町の讃岐屋。下谷の浜田屋、鍋屋。王子の海老屋、扇屋。雑司ケ谷の茗荷屋。浅草の年万屋などあった。以上の中で深川二軒茶屋の松本は、抱一と親交のあった画家松本交山を出した家であり、伊勢屋は、大津絵で知られた石井仏心を出し、現洋画界の大家石井柏亭氏の宗家である。王子の海老屋と扇屋の創業は寛政十一年の春だという記録がある。

料理茶屋の格式

明和の升屋に貴紳の庇護があったように、文化の八百善の客筋には当時の名流が網羅されていた。抱一、鵬斉、蜀山をはじめとして多く文雅の士に愛顧と指導をうけたことは、此家を第一流の料理茶屋として、その風格を築きあげたばかりでなく、料理といえば八百善に限られるようになった。まったく、一時代の江戸の料理茶屋の格式は八百善によって完成されたものであり、代表されたものといって差支えない。

料理と料理茶屋に就ての逸話なども、八百善ほどそれを豊富にもった家は稀である。その頃の所謂食通なるものの味覚が、いかに洗練されていたかという例として、ある時抱一が、此家の刺身を一口食べて、料理人に、研ぎたてで濯《すす》ぎの足りない包丁の移り香のあることを咎めたなどという尤もらしい作り話などは、あまりに屢々繰返されている。

作り話といえば、あの『寛天見聞記』などに見えているお茶漬の話も頗る念がいっている。

酒も飲み飽きたから、これから山谷へ行って極上の茶を煎じさせ香の物で茶漬を食べようということになって、二、三人伴れで八百善へ行き、それを所望した。と、暫くお待ち下さいと半日あまりも待たせてから、走りの瓜と茄子の粕漬を刻んだ香の物と煎茶を出した。さて食べ終って勘定となると、金一両二分だったので、客も興ざめて、いかに珍しい香の物とはいえ、あまり高価ではないかというと、亭主が、香の物はともかく、茶はいくら佳い物を用いても土瓶に半斤とは入らない。高価についたのは茶に合う水を早飛脚を仕立て玉川まで汲みに遣わしましたからと答えたというのである。これは、八百善が客の注文に

深川八幡宮前の料理茶屋(『金草鞋』)

高輪の料理茶屋(『絵本吾妻抉』)

対していかに忠実であったかというつもりかも知れないが、この話などはもっと贔屓の引倒しの形がある。

ハリハリ漬がおよそ一両

八百善の香の物では、こんな話もある。幕末の名士栗本鋤雲の兄にあたる喜多村香城の友人に、曽谷士順という医師があった。ある日この士順が、舅にあたる長崎奉行の高橋越前守に招かれて饗応にあずかった。

かずかずの料理が出たあとで御飯の時に、ハリハリ漬の香の物があった。それを食べたところがすばらしく美味かったので、何処でお求めになったかと訊くと、八百善だというので、士順は、つぎの日五寸ばかりの蓋物を使に持たせて、その漬物を山谷まで購いに遣った。

すると、その代金が三百疋（金一両の四分の三）だったので、ちょいと驚いてその製法を訊くと、手前どものハリハリは、尾張から取寄せた一本選りの細大根を、辛味の出るのをおそれて水で洗わずに、はじめから味淋で洗って漬るので高価につくといわれたというのである。「八百善が、需に応じて作る料理は其価を顧みざる往々比類なりき」と、この話を『五月雨草紙』に書いた香城が、いっている。

町芸者の発展と時を同じくする

『五月雨草紙』には、また八百善に就いてこういう記述もある。

文政の末頃に、御本丸の奥御祐筆組頭で殊の外勢力もあり世に聞えた船津勘左衛門という人があった。この船津氏が、ある人から八百善の料理の切手を贈られたので、用人を浅草辺へ使に出した時、「帰りにはこの切手があるから八百善へ寄って支度をしてくれるが宜いといって無造作にそれを投げ与えた。

用人は悦んで、倖に同僚の一人も今日は非番で遊んでいるから一緒に伴れて参りましょうと勘左衛門の許を得て同伴し、用向をたしてから八百善へ立寄り、主人から貰った切手を出して酒食を命じた。すると、つぎつぎに佳肴が搬ばれるので、両人は充分に飽食し、いざ帰ろうとすると、帳場から切手の御料理は、まだあとを追々調理して居りますが、なにしろ品数が多いので一時には出来かねます。お帰りとあるならば既に出来あがった物だけをお土産とし、残りは代金でお返しすることに致しましょうといって、やがて御膳籠に一荷の料理と金子十五両を添えて出した。

用人達は呆れながら、邸へ帰ってそのことを主人の勘左衛門に話すと、これも、あきれて、それ程の物とも思わずに、お前達に遣ったのだが、贈られた先方に対して気の毒なことをしたといった。どう考えても、この切手は、金五十両ばかりの物であったらしいということである。普通の切手ならば金高が記入されているはずだが、役向の者へ贈るのでわざとそれを明記してなかったのであろう。

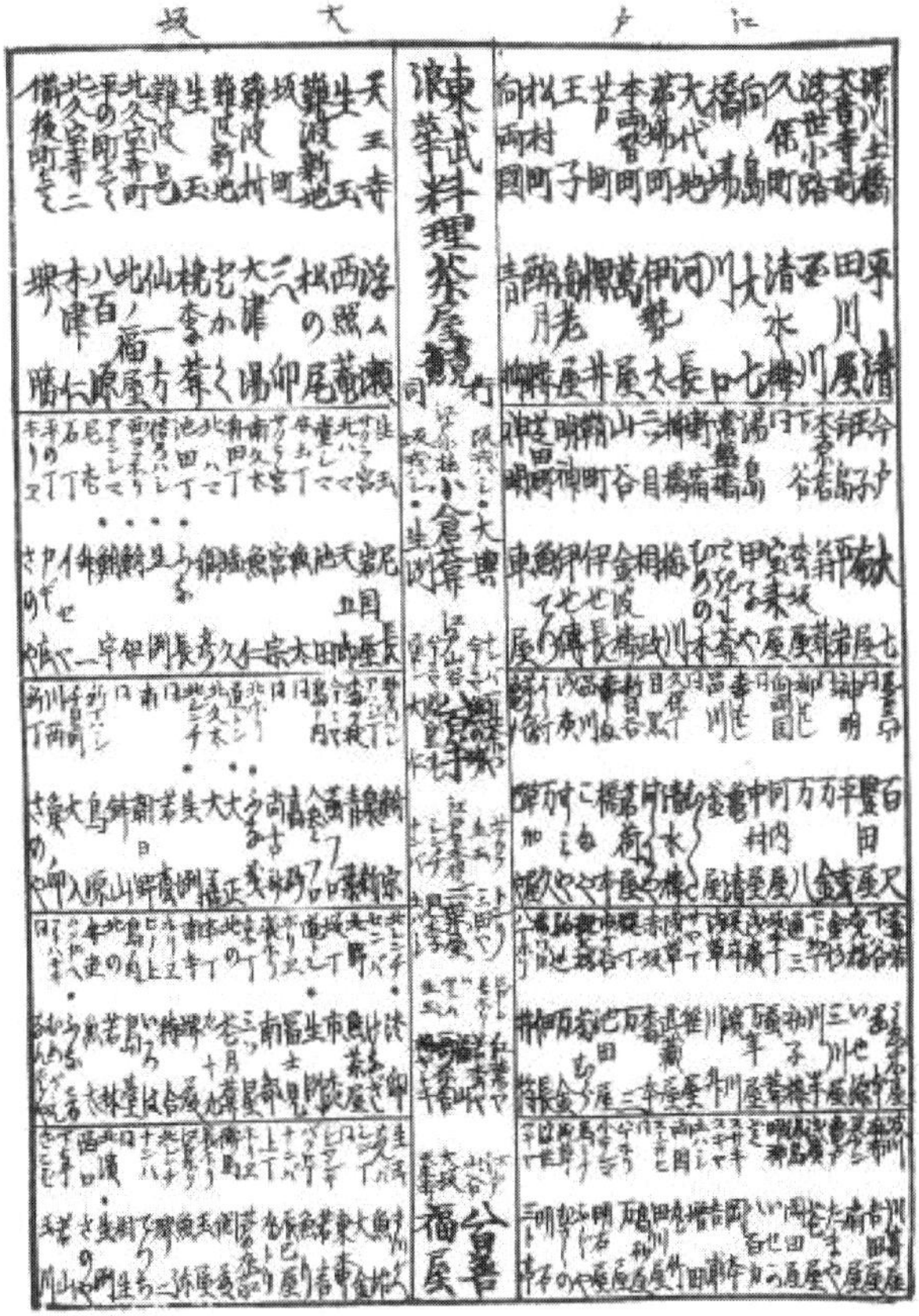

東武浪華料理茶屋競(『守貞謾稿』)

世の好い時分のことであるから、こんな話もまんざらあとかたのない事ではないかも知れない。こうした逸話が残っているのを見るにつけても、当時の世柄と八百善の繁昌を知ることが出来る。

明和から文政と時を逐って

栄えた江戸の料理茶屋の過程は、当時の軟文学の洒落本から人情本への過程と時を同じくしている。吉原に限られた遊蕩が、漸く町芸者時代に遷ったわけで、いいかえれば江戸の料理茶屋の発達は、町芸者の発展と時代を同じくしているのである。これは決して切りはなして考えることの出来ない唇歯の関係をもつもので、これまで挙げた記録に残っているような著名な料理茶屋は、いずれも、江戸の町芸者の出先なのである。

神前挙式場と安物時代

天保の例の水野越前守の峻烈な御改革は、当時の高級な料理茶屋と町芸者にとって、およそ手きびしい打撃であったに違いない。がまたある店にとっては都合が宜かったようで、時代に順応することを表看板にして、繁昌した店がある。いつの時代にも、かなり利口者がいたようだ。

その頃、日本橋の江戸橋際に「なん八」という小料理屋が出来た。この店では、なんでも一品八文均一なので「なん八」と呼ばれていたわけである。また同じ頃、江戸の街々に座敷廻りを小綺麗にし、器物もあまり粗末な物を用いずに、やはり均一制の三分亭という店が各所に出来て、これが諸事御倹約の時好に投じたとみえて、すばらしく繁昌したということが、茂蔦庵の忘れ残りに見えている。元禄の五匁料理は、一人分の膳部の値段だったが、天保に出来た「なん八」と三分亭は、料理一品の値段である。

なんにしても、この天保から明治十年頃までの約半世紀は国情と世相に影響されて、一般の料理茶屋にとってはかなり受難時代であったらしい。

明治十年以後には、新橋、赤坂、柳橋などの発展につれて、宴会を主とする大構えの料理茶屋が増え、東都の割烹界は遙に文化文政の昔を凌ぐ興隆をみせた。八百善、平清は依然として斯界の王座を占め、浜町の常盤屋、赤坂の三河屋。向両国の中村楼、亀清、柳光亭、深川亭、新橋烏森の湖月、竹川町の花月、神田明神の開花楼、連雀町の金清楼、柳島の橋本、向島の八百松、浅草の一直、草津亭などは、明治期の料理茶屋を代表するものであった。

その後多少の変遷があり、大正を経て今日に及んでいるが、躍進日本の相は、料理茶屋にも反映して、かなり華やかなものになって行くようである。

一例として、ある家の新聞広告文をあげれば「燦然たる偉容、七千余坪の大〇〇園は、一大美術殿堂にして、其独創的壮大優美なる建築様式と、それに映ゆる苦心をこめた数万坪の大庭園と相俟って、東京新名所として東洋一を誇る超豪華版であります。御宴会場は約一千名様を容るる大広間を始め、其他大小二百数十室に及び、宛然王宮の観があります」というのだから豪勢なものである。

また、こういう料理屋では、近頃「神前挙式場」というものを設けるのが普通で、相当の料金をとって結婚式を行うようである。直営の美容部、写真部はもとより、御引物売場なるものまであって「華客本位に特選の鰹節、御菓子等を何処よりも良品を安く御利用願って居ります。鰹節二円より御菓子一円五千銭よりと」いうのも料理茶屋の広告であってデパートのそれではないのである。

近頃流行の蝦蟹式の安料理屋の氾濫は、互に宏荘なあまり良い趣味でない建物を競って御膳部といえば、七品金二円から一円五十銭。更に進んでは御料理三品御酒大一本つき金一円也なんというのまで現われて、それぞれ繁昌しているのは、まことに聖代の慶事といえよう。

東京の東と北に偏していた料理茶屋の分布が、最近著しく西と南へ展びて行くのは、注目に価する現象である。

（『歴史公論』四―一二、昭和一〇年）

おけいこと手習

原　胤昭

昔、と云った所で文久年間。わたしども侍の子供が、けいこと云えば剣術。女の児が、おけいこと云えば三味線。どっちも同じに呼んだのは、手習であった。まずここには、娘たちのおけいこの事を、現在達者でいるわたしの姉《ね》えさんと、同じ年頃の親類の阿媼さんたちの話を纏めて云うてみましょう。

茅場町と山王様のお祭り

八丁堀の組屋敷。わたしども江戸町方与力の仲間、また同心衆の家庭では、大概女の児には三味線を習わせた。与力の家庭では琴も、男の子には謡曲も。

わたしどもの家は日本橋茅場町、北の町を表と裏の二つに呼んだ。北側は川岸に副うて納屋庫が建ち並び、南側は大きな問屋の表店が並んでいた。この通りの東は霊岸橋。西は海賊橋、明治年代になって海運橋と改名した橋。今の鎧橋通りまでで、表茅場町と云った。いずれも豪勢な商店、堂々たる店構えで、屋根と云えば、瓦葺で二、三尺もある大きな鬼瓦が、頂上棟瓦の両端を押え、厚い厚い平瓦で葺いてある。家の周囲は、八、九寸もある厚壁を三、四分くらいの厚みに、幾遍も幾遍もコテを当てて塗り込み、黒漆で塗ったように、ピカピカ光沢を現わした立派な建造物であった。それが江戸自慢の一つである。山王権現の祭礼には、店の畳を新しく代え、赤毛氈を敷きつめ、太い青竹で手摺りを結い、金屏風を立て廻し、素晴らしい飾をしたものだ。

裏茅場町と桜川

表茅場町の南、裏通りの狭い往還、ここが裏茅場町、この町内は小売商店ばかりで、往来人も繁く賑かで、ちょうど牛込辺の勤人を控えた神楽坂、番町の屋敷を控えた神保町と云ったように、組屋敷一廓を控えた売物町であった。

裏茅場町と組屋敷の境に細い六、七尺幅の小川があった。この川が素敵な美名の持主で桜川と云った。併しわたしの子供時代には既にドブッ川、それでも矢張り桜川と呼んでた。桜川の故事哀話は、家兄佐久間が、細かにその伝説を書き綴っておいてくれました。

わたしの生れた与力佐久間の屋敷は、桜川に掛った小さい橋を渡り通る道路の、トバックチ四辻の角、その東隣が実母の里方、わたしの養嗣家原定太郎の屋敷で、今の市電茅場町停留場の東方の位置であった。

長唄のおけいこ

姉えさんの稽古に往ったのは、裏茅場町に往んでいた長唄の師匠吉住べんで、富本節の師匠は、佐久間の地借にいた保原検校《けんぎょう》であった。保原の家は佐久間の表庭の南隣で、ケンネンジ垣一重で、琴の音も能く聞えた。母は聞き分けて姉えさんの稽古が始まると、わたしどもに知らせて下さったものだ。

長唄の稽古の手解《てほど》きには何を教えたか、「よいはまち」。それから「黒かみ」、次が「もみじば」なんぞであった。姉えさんは七歳から稽古にあがった。毎日もりの下女が付添うて通うのだ。家庭では母や大きい姉えさんたちの、おさらいを聞いてたから唄うことは何程か出来ていたと云う。わたしたちは、男五人女五人同胞のどちらも末子であった。

つけとどけ

授業料は、年初の弾き初め、年に二、三度ある大ざらい、その時に普通には二朱金一つだが、姉えさんは別段で一分銀一つであった。一分は一両の四分の一、二朱は八分の一の価だ。一分を百匹、二朱を五十匹と称した。

月ざらいは、毎月あって糸代を百文ずつ払った。月ざらいには、皆のおさらいが済むとお菓子が出る。せんべい、らくがんが常例であった。と、この所で姉えさんは一段力を入れた語調で、「おまえ、おせんはたったの二枚なのだよ」と。

富本と琴

富本は保原検校に教えられた。手解きには「おかざきじょろしゅ」かなんぞであった。琴は山田流で、検校の師匠と云っては大したもの、大威張《いば》りなものであった。琴の手解きは、最初が「ひめまつ」、次が「さくら」であった。

わたしの母は、琴三味線は中々の堪能であった。それで姉えさんも能く仕込まれたものと見えて、昔とったきねづかで七十八歳のこの頃まで、某地方高女の教席に列しており、宅へも二、三十人の弟子が参ります。

師匠が足を運ぶ出稽古

姉えさんは、通い稽古だけでなく、月六さいに師匠をこちらに呼び寄せて、おさらいをさせた。それは大層謝礼も掛かるし、ごく贅沢な稽古方法だったのだ。月六さいと云うのは、今の七曜のように一ケ月を五日ずつ六つに割って一六、二七とやって一つが六度、それで六さいだ。

稽古に往く着物

わたしどもの家庭では、子女のふだん着には、絹、ふとり、トビ八丈、銘仙、絹中なんぞ、男の帯地は、博多、小倉、呉呂など、女には天鵞絨、厚板も使った。種々な色の呉呂、多くあったのは緋呉呂、この時代に新渡りと云って紅金巾《べにがなきん》、金巾ではあるが大層地厚で、紅がかった緋で、能く染めてあって、幾ら洗っても色は褪せない丈夫な地合のものがあった。町方の者のような半襟を掛けず前垂を掛けず。雨降には合羽を着た。

お揃いの着物

師匠の家の紋形などを、同形に染めさせる。長唄では杵屋に因んだ杵の崩し形とか、富本では家元豊前太夫の家紋に倣えて桜の花、又は小桜の束ね形などを染出したものだ。併しお揃いの着物は堅気向きでないから、真面目な家庭では、連中に加わらせなかった。姉えさんも家庭で許さないので、泣いたものだったと、残念そうに噺された。

八丁堀の一廓

八百八丁の江戸の真ン中、日本橋の辺り近くに、旦那衆の住居となった八丁堀の一廓には、医者、儒者、手習師匠、国学者、書家、画家、歌人、俳諧師、茶の宗匠、能役者、狂言師、謡の師匠、又は盲人検校勾当、座頭の坊、按摩鍼医。それから浪人もの、剣術、柔術、槍術、炮術、馬術の指南者、金銀座の役人、殊に面白いのは相撲取り、その頃横綱で名高かった響潟は、わたしの屋敷の北隣にいたので、わたし共は毎日稽古相撲を見ました。おたつさんと云った、姉えさんと同じ年くらいの娘があって、手習傍輩仲よしの友達で、互いに往き来して遊んだものだ。

わたしの説明を俟たれるまでも無い。世間周知の如く八丁堀の一廓には、史上有名の名士が多く住んでいた。ひそかに思う、あるいはこの一廓は時の智識階級、文武精進の湧泉では無かったか。どうしてこんな変態の一廓が、市街の真ン中に起き立ったものであろうか、いささか云うを免して下さい。

〔中略〕

八丁堀の七不思議

ここに住居を許された業種の人々には、山の手住居と違って出入りにも、日常の生活にも便利、而して町方のような武家屋敷であったから人気も上品だ。そこで八丁堀に住んでるのは名誉であり誇りであり、且つ身分の確保ともなっていた容子である。左様であったろう。ちょうど今で云えば、警視庁の官舎横町に住んでいるようなものであったから。

サアこれで、七不思議の一つ「八丁堀に、たんとあるものは、儒者、医者、犬の糞」の意味が半分解ったでしょう。犬の糞の解は別にして。

わたしどもの手習

お話が脱線したのは、八丁堀に儒者、医者、書家、手習師匠がウヨウヨいたことを説明しなければなるまいと思った、遣りそこないです。

わたしどものお師匠さんは、高橋玉斎、純粋な寺子屋であった。姉えさんは年頃になって下がった。わたしは十歳から唐様《からよう》の先生雪庵。文久版の『八丁堀細見絵図』に、「儒茅野」と出ている茅野熊之助で、佐久間の北隣表門の脇、高橋の並び南へ三軒目の家、ここに上がって四角な字ばかり習った。

手習とは習字

科業は字の形を習うだけのものであった。大きくなった弟子で、希望者があれば、漢籍の素読を教えた。実語教、童子教、今川、それから進んで『孝経』『大学』『中庸』ぐらいで、本を教える、本をおそわると云った。

字の大きさ。最初は半紙判へ一字、次が二字、次が四ツ、六ツ、八ツ、十二と段々小さく書くように習う。

双紙。半紙一帖を竪に帳面綴じにして作る。毎日書いた上へ上へと重ねて書く双紙は真黒になる。黒い双紙へ書く時代はおくろ級だ。次がおしろ級で、おくろを進級して白紙へ書く。四桁六桁と小さい形に進む。

始業、罷業は、師匠の座席から張り扇を叩いて知らせた。師匠は、稽古場の中真に大きな机を構えていた。

おそわりといって、五、六人ずつ師匠の前に並んで書き、まずいのはお直しを受ける。お廻りとは、師匠が折々弟子の席を歩いて、勤怠を見、あるいは手を持ち筆の軸を握って教える。おあらため。罷業の告示を受けると、習い了えた双紙を携えて、師匠の検閲を受ける。清書。おくろ級は月に三回、おしろ級で六回、検点は丸一ツ、次が二ツ、次が丸の中へ上、又は上々を朱書する。

習字手本。男はいろはから数字。十干十二支。『名頭』(源平藤橘)。『都路』(東海道の宿駅名)。『国尽し』(五畿内)、順に進んで手紙の文など。女はいろは。数字。十干十二支はなし。次はそれ人の『都路』『女今川』『おふみの文』などであった。

筆は、ふとふで。最初に用いる筆、軸竹の径四分、毛の長五分くらいの水筆。次がしいのみふで。軸竹の径三分、毛の長五分くらい、その形椎の果実の如き水筆。次はほそふで。各種類あり、毛の真を紙にて包み毛先のみを用ゆ。当時とても水筆真書きの類ありたれども、手習には用いなかった。

墨は、白木屋の柱墨《はしらずみ》、大丸の角墨など多く用いた。

おとりかえ。おしろ級になると、習いおえた反古を白紙に引替える。半減損で反古十帖が白紙五帖になる。

修業期間。稽古初めは正月の十七日、稽古納めは十二月の十七日であった。

お書き初めの席書は、正月の五日。前年末に手本を貰い、年末の休中に習い、当日衆人環視の席上で書く。随分気の張ったものだが、面白い競技であった。

御席書と云って、年に三、四回の定期試験があった。

つけとどけ。授業料は席書の度毎に一朱乃至二朱、わたしどもは一分であった。お書初めには、お年玉として、銭百文を粘入れ紙に包み、紅白の水引を掛けてあげる。

お師匠さんの御馳走。書初めにはあべかわ餅二片。常のお席書には赤飯、にしめ、せんべい、らくがん。賞、罰。優良な古席者へ半紙二帖。罰は、男で一番軽いのが止められ、その他女にも止められ、筆くわえ、その他あったが、被罰の現況は記憶しない。

天神様と手習。手習の御本尊様である菅公を尊敬し、天神様を信心しないと、字が上手に書けないと云って、無闇に天神様を拝まされた。江戸中に多い神社は稲荷に次いで天神であろう。わたしなんぞも梅の木の真で彫った天神様の像を恭しく両親から授けて頂いた。

手習師匠では、天神講と云うを立てて弟子一人より五文ずつ出させた。紐をつけた名前札へ銭をさして、毎月二十五日に師匠様へあげた。その御利益で、わたしもこんな立派な、わけもわからないことが、書けるようになりました。

（『江戸時代文化』一―五、昭和二年）

艶本と洒落本との交叉点

尾崎 久弥

既にいった人があるかも知れない。が私は私として、この頃この問題に就て、時々頭の中に再燃作用を起している。先ず私としてだけの感じを、今端的に披歴しておく。項目に分ける。

外題の附け方

これは、艶本の方が歩みよったか、又は洒落本の方か。何れかの模倣か、又は両者の暗合か。私は、唯直感的に洒落本の方が模倣したようにも思える。がどうともいえない。唯、数の上からは、艶本は殆どであり、洒落本はその一部分であるからである。その外題の附け方というのは、青楼又は情事を暗示又は直示するかの如き漢字を宛てて、それを音訓ごちゃまぜにして、しぜん一種の意味ある発音を考え、そうしてその本の外題とするのである。無論この外題の附け方が、艶本の全部でもない。が管見では、勝川春章・北尾重政ぐらいに始まる半紙本青表紙本の艶本外題から、これが始まっているように思う。

年代は安永頃からである。春信頃には比較的真面目な外題かと思う。この宛字書きの外題が、寛政の初代歌麿頃までは続いている。大抵、艶本又は会本の二字を頭にして、漢字で一二の美又は妃又は婦の字を入れて五字ぐらいで、判読して意味を為すように作られている。艶本の方は、一々外題の実例を挙げる事は省くが、これに似たものが洒落本に折々見当る。例えば、天明八年版の『まわし枕』は、中味には、この艶本流に、『双床満久羅』とある。なお、天明七年摺の『新士遊来望妓婦』と書いて、新宿蒙求の音を負わせたのなど、凝り過ぎた感じがある。寛政二年頃の『面美多通身』然り。宛然、艶本化の外題である。寛政末享和への洒落本外題には、別してこれが多いように思う。例えば、『鄽数可佳妓』と書いてみせすががき。『松登妓話』の松の常盤。『青楼真廓誌』のすががき本調子。『青楼惚多手買』の青楼帆立貝。『面美知之娌』の紅葉海苔。さては文化版の『妓娼情子』の起請誓紙など最も露骨なる例である。洒落本の全部とは限らない。が、眼につくのは天明期から享和期へである。勿論情事の連想なきもので、この宛字の例は、古く安永版の『真似山気登里』の、にたやまきどり。天明版の『多佳余宇辞』の高揚枝の例もあるが。此等は何から起ったのか。このにたやまやたかようじの例は、今の私の考えに当て嵌らなくとも、天明以後の、ちょいちょい見かける外題はどうだろう。艶本と交渉する所全くあるのか、但しは無いのであろうか。或は、直接よりも間接の提示を好む、洒落気沢山な、江戸人の好みより来たので、—或は、当時これが流行もして—艶本も洒落本も、別働隊としてこれを真似たので、偶然二者相通のように見えはするが、全くは別々のものかも知れない。が我々読者からは、殊に『双床満久羅』の如きは、艶本外題の感じが、多量にその作者にも働いていていたように思う。

内容について

洒落本の寛政期までの物のうち、折々、本によっては猥描写の一抹二抹を見受ける（享和期以後、それが酷い事は無論であるが、姑らく論外）。極めて暗示的の筆致で、それも会話で想像させ、その場面描写の文―即ち地の文は、あるか無きかである。これと、当時の艶本の絵画に附記した（詞書とも謂うべき）数節の会話体と酷似しているのがある。洒落本のこの種のものを切り離して名づけたら、即ち絵を挿まざる艶本である。そうして艶本（主に青表紙の半紙本時代の）の、口絵終っての末尾の文章（附文とも謂うべき）には、往々洒落本と同一筆致なのを見かける。文体、行き方、凡て洒落本に似て、唯猥描写の挿入、甚しきがあるか無きかの差である、勿論これには、その艶本類の作画者又は、附文の執筆者には、洒落本の作画者又は作者と同一なのが偶々ある事からも来ていよう。即ち北尾政演（京伝が事）画作の洒落本と艶本とは、当然この気分があるはずである。

艶本にも、二代歌麿の画などの文化期のものを界して、英泉や国貞の画又は画作のものになると、小説界の人情本の臭が烈しくなる。即ち艶本にも、此の文化頃を堺として、洒落本式から人情本式への移動があるように思われる。これにも、本格小説界の移動や、又はその小説の推移が拠って起る所の、当時江戸人の好尚の推移が影響しているように思われる。―唯、類似の内容、その一節はあっても、洒落本と艶本とに於ては、その大体に於ては違っている。即ち洒落本は、遊びの教科書であり、従って遊里がその主調であり、殆どその描写範囲の全部である。偶々、その人物（主に男の客。偶々には、女の敵妓の出生譚などに）に就て、家庭の挿話があるものはあるが、が、これは多く末期―（寛政より享和）本であって、少くとも、天明頃までの物には極稀である。享和期のものになると、客の家庭を覗かせて、客のその妻を点景として、客と、それをとりまく妓と、客の妻と、此の三角に及び、中には、義太夫の筋を採って、客の妻が妓に逢って縁切を頼み入る、などもある。こうした遊里から市井への移動は、享和期前後のものに多い。これは、洒落本が漸く人情本に移ろうとした兆候を示したものであるから尤もである。寛政二年の『傾城真之心《かたぎ》』、既に然りで、これには、妓の出自譚―貧家で、親の薬餌のため身を売る話で、一節を為している―の細々《こまごま》したのがある。すっかり人情本である。―が、これらの例外は措いて、洒落本という全体の感じが、遊里一方であり、即ち蕩児遊びの教科書であった事は勿論である。

　艶本は、これとは違って、遊里が勿論そのことの首座にはなっていたが、その他市井の生活をとり入れて、遊びの一局所の描写描画を試み、その一局所の教科書たらんとした。それだけ、取材範囲は、広く、但し遊びの一局所の描写に於て、場所と人物とは違うものの、文章本位の公刊の洒落本と、一縷の相通点はあった。艶本でも、各階級を一冊ずつに分ったもの、例えば、勝川春章（歟）画と思われる五冊本の或る外題物の、廓中の部の如きは、その一冊だけを切り放せば、慥かに洒落本式艶本である。或は艶本化洒落本と謂うべきものである。

　畢竟、洒落本は遊里中心江戸人生活の縮図であり、描写態度は暗示、寧ろ狡猾なる態度を執ったもので、艶本は、遊里その他市井一般の色情的江戸人生活の縮図が露骨に提示されている、との相違があるのである。つまり洒落本は、雰囲気に低徊して、その中心を暗示。艶本は、直ちにその堂奥を示したものである。

作者について

　前節で、一寸政演（京伝）に触れたが、この作者に於ても、洒落本と艶本とは相通のものがあったように思う。春信描くの明和頃から、二代歌麿描くの文化頃まで、その艶本に描いた画家は、無論浮世絵師の覆面（又は、むき出しの）画であるが、その序又は附文又は全冊の趣向などは、或は他の小説家の協合又は作があったかと思う。政演の如きは、無論自画自作であるが、画才あって文才なきものは、文に於て、又は画中の詞書に於て、作者（小説家）に、智恵又は作を借りたはずである。そうとすれば、艶本の明和―文化期のもので、作者に相談するとなれば、当時の作者には、成程黒本作者、青本・黄表紙作者もあり、又は初期滑稽本・読本の作者もあったが、最も近いのは、性質相牽く関係もあって―洒落本作者ではなかったろうか。この洒落本作者を他にしては、狂歌師又は狂詩の作者かと思える。右のうち、洒落本作家にして艶本作家（寧ろ作画家）を兼ねたものは無論政演が筆頭、その他古い所で確実なのは恋川春町（初代）である。狂歌に遊び狂詩に遊び、又洒落本数作も残した蜀山人の如き、随分、その序のものは見受けられる、が作の内容の干渉までには至らなかったろう。洒落本作家と艶本作家と共通なのは、私は、作にして画を兼ねた男に最も多いように思う。即ち洒落本作家の本筋からいえば、恋川春町とか政演（京伝）といった人々。逆に、艶本作家から謂えば、北尾重政や初代歌麿などは、自然と洒落本その他の呼吸を飲込んで、自画の他自作までの伎倆も養いえていたかと思う。

然しこの項、まだ考を重ぬべき事が多い。

（『江戸文学研究』二―四、昭和四年）

黄表紙というもの

森　銑三

久しい間上方文化の支配下に置かれていた江戸の民衆は、安永天明度に至って、始めて自分達の文化を持ち、自分達の芸術を楽しむに至った。そこに錦絵が生まれ、川柳が生まれ、天明振の狂歌が生まれた。

そしてまた黄表紙も生まれた。それらの芸術は何れも江戸の文化を背景とし、江戸人の趣味に立脚している点に特色を有する。

黄表紙は、一口に赤本、黒本の成長して大人の弄ぶものとなったのだというが、ただそれだけでは、まだまだ説いて尽さない。その持味が軽快で、洒落で、機智をほしいままにしているのが喜ばれたのは勿論のことであるが、ただそういっただけでも徹底を欠く。黄表紙の黄表紙たる所以は、江戸の市井語をそのまま使用し、いかに架空的な題材を取扱っているにもせよ、当時の江戸の市井生活をそのまま作中に反映せしめている点にあるのである。そうした用意のあるかないかに依って、黄表紙と黒本その他とは、截然区別せられるのである。

当時の江戸語というものは、上方語に較べて甚しく粗野な、洗練を欠いたものだった。訛りや片言も多かった。然もそれがそのままに作中に用いられる時、そこにいうべからざる「をかしみ」が生じた。作の筋は自由奔放で、空想をほしいままにしていながら、その中に当時の市井生活を織込ませて、時代をわざと錯誤せしめたりするところからも特有の「をかしみ」が生じた。そして量的、外形的にもいうに足らない片々たるものであっても、黄表紙は江戸の生んだ江戸自体の文芸として大いに歓迎せられ、それがまた江戸人の趣味生活を豊かにしてくれた。

しかしながら、黄表紙の盛期は永く続かなかった。黄表紙はその奔放な性質から、社会の新しい出来事や流行をいち早く作中に取入れることに拠って新味を盛り、それに依って読者の喝采を博そうと心懸ける。そうした折りも折り、松平定信の寛政の改革のことがあり、文武が奨励せられ、これまで遊惰な生活を事としていた武士が、俄かに経書を読んだり、武芸の稽古を始めたりした。機を見るに敏なる黄表紙作家達は、そうした社会的変革を見逃さなかった。春町も、喜三二も、京伝も、三和も競ってこの御新政を扱った黄表紙を公にし、それがまた大いに世人の歓迎するところとなった。

尤も寛政の改革を扱ったといっても、その中に辛辣な諷刺や、深刻な時代批判などがあるわけではない。ただその改革を拱手傍観して、これを茶化しているというに過ぎず、その点に黄表紙本来の面目があったのでもあるが、それに対して当局の目が光った。忽ちにして弾圧の手が下された。黄表紙作家達は、爾後作中に時事を取扱うことを絶対に封ぜられてしまった。時代に触れられないというのは黄表紙に取っては正に致命傷だった。ここに於て黄表紙は、実質的に滅びてしまったといってもよいのである。

しかしながら読者の要求に応じて、当時の江戸戯作界の人気を一身に背負うて立っていた京伝は、流行の心学を取入れた教訓的な黄表紙を作った。それが多少は目新しくて、一時行われもしたけれども、もと もと教訓的な黄表紙などというものが、黄表紙の本質から離れていることはいうまでもない。それは文芸作品としての使命を没却したものであり、作中に何等の詩趣もなければ、清新味もなかった。かくして京伝の作も、見るに足りないものとなってしまった。

その他の作家達も致方なしに、血腫い敵討物などを公にしたが、これらは黄表紙の生命には一層遠ざかったものだった。初期の作家のものを焼直して、僅かに茶を濁している作品も出たが、そうしたものの内容に、溌剌味のあるわけがない。黄表紙はついに自滅するに至った。安永に興り、天明に栄え、寛政に衰え、文化に滅びた。その間僅かに三十年、思えばはかない運命であった。

然もその三十年間に版になった黄表紙の数は、二千部を超えるらしい。二千部の数は少くないが、しかしこれは外形上の黄表紙の総計で、単なる絵本や、笑話本や、怪談その他などをその内から除去すれば、軽い「をかしみ」を主とした茶気の文学としての黄表紙は、その数が半減せられてしまう。そしてまたその本質的黄表紙の中でも、真に鑑賞に値するものといったら、一割あるなしになってしまう。私は数年前から優秀な黄表紙の鑑賞的な解題を、俳句中心の雑誌『谺』に連載しているが、書くこと四、五十篇にして、漸次取上ぐべき作品の乏しくなって行くのに、心細さを感じている。黄表紙と称せられるものは多いが、真の黄表紙として味わうに足る作品は意外に少いのである。然もその限られた若干点の作品に依って、黄表紙は不朽の生命を有する。

　黄表紙の作家としては、まず第一に恋川春町に指を屈しなくてはならない。春町は黄表紙の創始者としての栄誉を担う人であるが、ただ創始者というのみではなく、その作品の持つおおらかなよさには、他の作家の断じて企及し難いものがある。作品の数は多くはなく、出来栄にも多少のむらがあるにもせよ、私は敢えて黄表紙は春町といい、また品格は春町といいたいと思っている。春町を喜ぶ人にして、始めて共に黄表紙を談ずべきである。黄表紙を読んで春町のよさを解せざる者は、ついに共に黄表紙を談ずるに足らぬ。その『無益委記《むだいき》』の一部を以てしても、黄表紙の醍醐味を味わうことが出来ようが、その他にも春町の妙作としては『猿蟹遠昔噺《さるかにとおのむかしばなし》』『通言神代巻』『宝船福正夢』『吉備能日本智恵《きびのよいにっぽんのちえ》』『万載集著微《ちょび》来歴』などの数部が数えられ、その何れもに、春町の作品の持つよさは現れている。

　春町につぐ作家には山東京伝がある。これはまた作品の数が極めて多く、従ってまた妙作も多いが、寛政の転向後の作品は取るに足らぬというよりも、どうしてかような作品を公にしたか、腹立たしくなって来るものすらもある。京伝の作品は、その味が細かで、神経が隅々まで行届いていて、よいものには寸分の隙もないが、それだけ作品の持つ感じが小さく、せせこましくなって居り、放胆なよさには欠ける。それは京伝の人物の現れでもあるが、春町は余技として黄表紙を作ったのに、京伝は職業として作っているという相違も、考慮に置かれるであろう。京伝の作品には、そつはなくても、職業作家的意識が附いて廻っているのである。代表作としては『江戸生艶気《うわきの》樺焼』を挙ぐべきこと、何人も異議のないところであろうが、ついでは出世作の『御存商売物』があり、それにつぐものに『天慶和句文《わくもん》』『明七変《あくしちへん》目景清』『狂言末広栄』『時代世話二挺鼓』『艶哉女僊人』『玉磨青砥銭』『世上《よのなか》洒見絵図』『先開梅赤本』『新板替道中助六』その他、一々は挙げ切れない。数に於ては京伝といってもよいであろうか。

朋誠堂喜三二、芝全交など、作家として聞えてはいるが、その実質は落ちる。無条件でいただかれる作品などは、二人共に一つもない。強いて拵えた「をかしみ」に終始して、自らなるものがないのである。殊に喜三二は古風で、新味に乏しい。全交は大味で、痒いところに手が届きかねている。

黄表紙作家として立たなくても、二三の妙作を出している人に四方赤良がある。その『源平総勘定』『此奴和日本《こいつはにっぽん》』など、共に黄表紙らしい黄表紙として、推称に値する。

力量があって一向に閑却せられている作家に、奇才縦横ともいうべき唐和三和がある。三和とその作品とに就いては、往年一文を草したが、その『再会《めぐりあう》親子銭独楽』など、「をかしみ」の裡に一脈の哀愁の漂うものがあって、めでたい作品を成している。

ただ一つだけ佳作のある作家に、『通増《とおります》安宅関』の岸田杜芳があり、『花見帰鳴呼怪哉』の深川錦鱗がある。そしてその他の作品が、急に見劣りするのは何故であろうか。それが疑問とせられる。

その外にも、ただ一通りの作品を書いている作家は

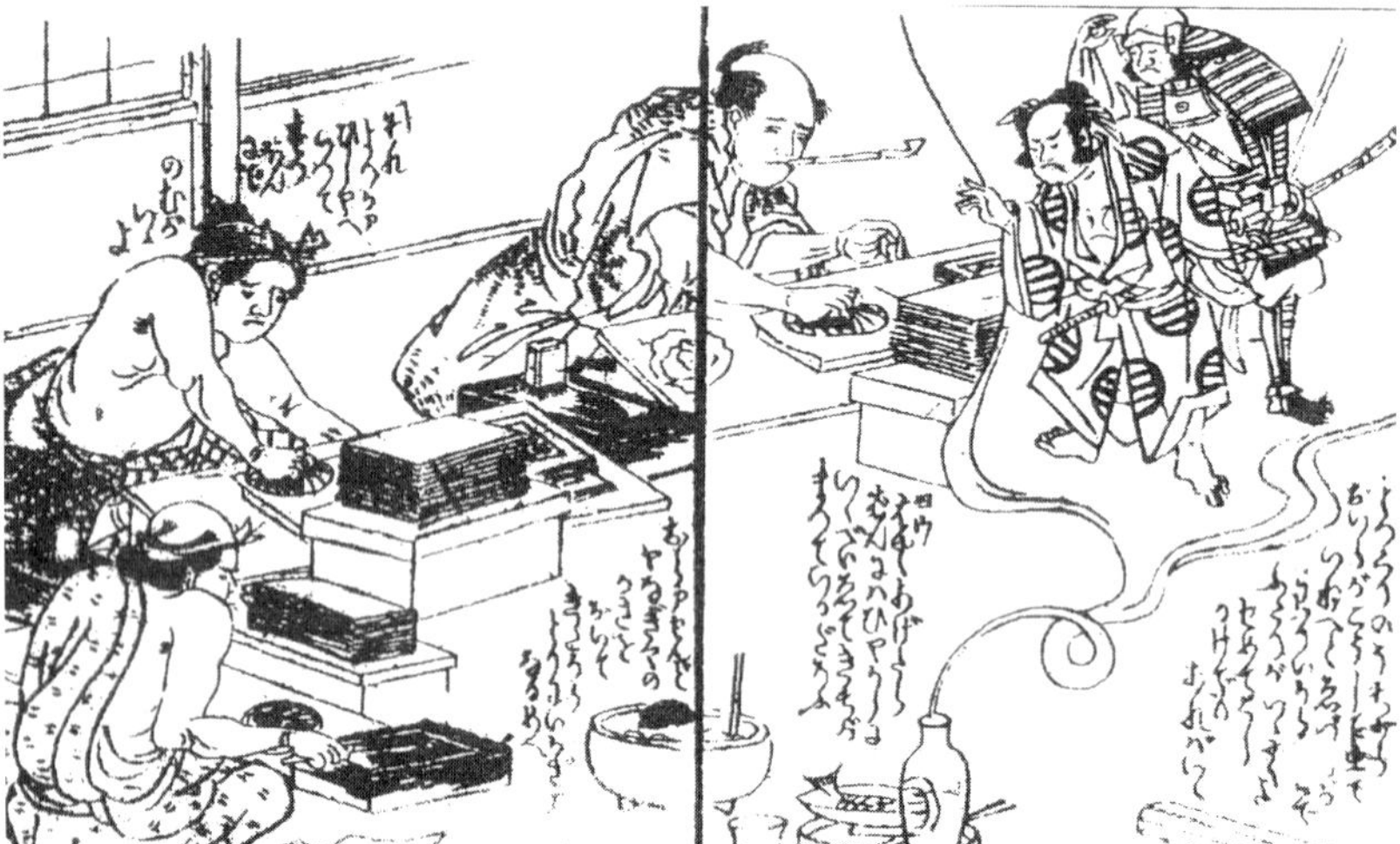

黄表紙を印刷(『的中地本問屋』)
徳利から出てきているのは黄表紙の登場人物

相当にあるが、今一々に挙げてはいられない。なお無名の作家で、意外によいものを出している人はないかと心懸けているが、それは存外にないらしい。安永期のものであるが、作者未詳の『果物見立御世話咄』は、果物を擬人化した騒動物で、筋は極めて単純であるが、そこにまた単純のよさがあって、童話風の趣向がかわいい。私はこの作品を愛する。

曲亭馬琴や、式亭三馬や、十返舎一九なども、相当に多く黄表紙を書いているが、取るに足るものは一つもない。黄表紙作家としては、どうにもならぬ人達であった。

三馬といえば、その選ぶところの名作二十三部は杜撰極まるもので、作者を幾つも間違えていることなどは、既に先人に拠って指摘せられている。喜三二作『虚言《うそ》八百万八伝』は四方屋本太郎作の同名のものの誤とせられるが、『万八伝』はもともと本質的な黄表紙ではないし、四方屋本太郎が四方赤良だという、いい加減な推定にも従われぬ。右の『虚言八百万八伝』は、恐らくは喜三二の『太平記万八講釈』を、三馬が書誤ったのであろうと私は考えている。しかし何れにもせよ、この名作二十三部の選定は取るに足らぬのを、古本屋の方で特別に担いで、それらの値を高くし、それを江戸文学の専攻家が受入れて、何か権威のあるもののように考えたりしているのは、不見識な次第で苦々しい。第一その二十三部中に京伝の作品を一部も加えていない一事よりしても、その片手落なことが知られるではないか。黄表紙を味わうという人は、そうした既成概念に捉われずに、自分の眼で真の名作の判定を試むべきである。

明治以後の叢書で、黄表紙を収めているものは数種に及ぶが、続帝国文庫の黄表紙百種その他の挿絵を省いているものでは、その面白味が半減する上に、筋の通らぬところすらも出来ている。有朋堂文庫の『黄表紙十種』、『日本名著全集』の『黄表紙二五種』は、その点はよいけれども、やはり原本の感じは損ねられている上に、作品の選定が宜しきを得ていない。『黄表紙二五種』に春町の作品を、僅かに『金々先生栄華夢』の一部に止めているのなどは、編者の黄表紙を広く見ていないことを、自ら告白しているものとも見られる。黄表紙の選集に、黄表紙作家中の第一人者たる春町が安く取扱われるのでは、お話にならない。

黄表紙の選集によいものを、新たに作って見たいものである。それに就いては、多少の案がないではないが、しかしさような計画に乗出してくれる書肆が、あるかどうかという一事からして覚つかない。

歴史は繰返すというが、昨今のわが国には、行過ぎやら、本末顚倒やら、黄表紙的な事象が多い。新しい黄表紙が生まれてもよいところであるが、そうしたものの出ないのが寂しい。この非常時に、何をのんきなことをいうかと叱られるかも知れぬが、非常時だけに、なおのこと黄表紙のような特殊な文学作品を楽しむ心のゆとりが欲しいと、いってもよいのではないかと思うのである。

（『書斎と読書』昭和一六年一〇月号）

戯作者の原稿料と出版部数

饗庭　篁村

江戸には狂言作者の外、作者を以て家をなす者なく、安永天明の黄表紙、洒落本も皆通人の慰みのみ。当り作多き作者も、出版書肆よりその書の幾部と、同書肆より出版の錦絵や小冊を贈るに過ず。寛政三年の春、蔦屋重三郎より出版せし、京伝作の『娼妓絹篩』に、蔦重〔編者註／書肆蔦屋重三郎〕より潤筆料《じゅんぴつりょう》として、京伝へ金千疋（二両二分）贈りしが、即ち作料の始めなり。その前は当り作ある時は、その作者、画工を吉原又は料理屋、芝居等へ案内して饗応するに止まりて、しかもそれが招請歓待にあらずして、多くは本屋の取巻の形にて、京伝、豊国などは、年々西村与八より紋付の羽織を贈らるるを以て、名誉と誇りたる程なり。尤も紋は京伝、豊国の紋を染しなり。さてこの『娼妓絹篩』の千疋も、それ一部に対してならず、その前年同作の『繁千話』『傾城買四十八手』等、当り作ありたれば、それ等をも含みてなり。

寛政二年洒落本は風教に害ありとて、幕府より出版を禁ぜられたにも拘らず、蔦重利に迷いて京伝をそそのかしたるにて、忽ち禁に触れてこれらの書は絶版、京伝は五十日の手鎖《てじょう》に処せられたり。されども是より作料の名目定まりて、作者と版元と出版前後に遣取りはありしなり。多くは作者前借なり。後に絵入読本五冊物、六冊物、或は前後両編十冊など出るに及びては作者の労力も一朝一夕の事にあらず、本屋の仕入金も嵩ばれば、其交渉も精細になりしならんが、五冊物五両、十冊物十両ぐらいより上には出じと思わるるなり。是等の事は作者版元双方に懸引《かけひき》ありて、あらわに世間に知らせざりしものか。今確に知らざれど、馬琴の『弓張月』卌冊大に行われたれば、版元平林堂平林庄五郎、定めの作料の外に金十両を贈り、且為朝の像を北斎に画かせてそれに添えたり。これ文化八年の事にて、作者版元の間に珍しき礼儀なりと云囃《はやし》したり。推して思えば十冊十両ほどなるべきか、馬琴は稿料の事などあからさまに自記しあれば慥かなり。文政天保時代、馬琴に『八犬伝』の作料一篇五

書肆の店先（『鸚鵡返文武二道』）

冊二十五両、版元丁字屋平兵衛（文渓堂）より払いたり。馬琴は他作家の如く作料を決して前取せず、稿本成りて初めて作料と交換するという風にて、版元の為を思う事切なれば、作料も安きに甘んじたるなるべけれど、一篇五冊二十五両は、文化文政度の作家の中には取高なるべし。されば作料の取始めは京伝の二両二分、取納めは馬琴の二十五両とも仮に定めいうべきか。

これに因みてそれら著作の発行部数は如何にというに、黄表紙、草双紙、蒟蒻本《こんにゃくぼん》の類は価も卑《ひく》ければ、一万部以上売れたるもあらんか、絵入読本類に至りては、直《ね》も高くして貸本屋の仕入の外には、左のみ多くは売れざれしが、千二百部ぐらい出しを上の部とするが如し。

四谷塩町の貸本屋住吉屋政五郎……この頃は貸本屋にて版元たりし事多し。蒟蒻本など殊に然り……馬琴の作『盆石皿山記』と『括頭巾縮緬紙衣』を出版して、九百部ずつ売りたるに味を覚え、馬琴の作にて尚斯の如くなれば、京伝の作ならんにはその上にも売行かんと、京伝に頼みて『浮牡丹全伝』四冊を刊行し、馬琴の作の例もあればと、内端につもりて九百部摺り出したるに、わずかに五六十部より売れず、八百余部を持て余して、身上をはたきたる事あり。『八犬伝』は幾部出たるや、あまり大部物なりしゆえ、末には六七百部に止まりしが、天保八年の春、馬琴が知己の許へおくりたる手紙に、

（前略）八犬伝九輯下帙の上五冊正月二日に売出し候、去年巳年貸本屋共困窮いたし候ところへ現金売に致し候故多くは捌けまじきと版元かねてより了簡致し、わづかに弐百部製本いたし候て売出し候所、意外の勢ひにて中々弐百にては売足り不申、二日の八ツ時に売り終り候処、買人四五十人其夜まで追々丁字屋へ詰かけ、版元大きに困り、夫より両三日昼夜のわかちなく製本いたし、六日に追かけ本百部出来いたし、正月廿八日迄に四百部売出し候よし、廿八日八犬伝版元丁字屋平兵衛病気に付、駕籠にて拙宅へ参り候節はなしに御座候、世の中むづかしく諸商売不如意に候へ共、八犬伝のみ売出しの勢ひ平時にかはらず候故悦しく存候よし申候（下略）

これ江戸の売出しのみ、上方送りは是より積のぼす事にて、二百部ぐらいは捌けしならん。また後に注文ありて摺増もありしなるべし。馬琴の作は焼版とならざる限りは、後年も摺り足し摺り足して発行したるが多く、殊に『夢想兵衛』は長く多く発行なしたりという。

（『江戸趣味』五、大正一五年）

■執筆者・座談会出席者　プロフィール（五十音順）

饗庭　篁村（一八五五～一九二二）
小説家、演劇評論家。下谷龍泉寺町生まれ。読売新聞の編集記者となり、小説、劇評、江戸文学研究などを発表。後に根岸に住み「根岸派」と呼ばれた。本名與三郎。

赤堀又次郎《生没年・経歴不詳》
『日本文学者年表』などの著作がある。

芥川龍之介（一八九二～一九二七）
小説家。京橋生まれ。子供の頃、徳川家に仕えた御用部屋坊主の家柄である芥川家の養子となる。

有山　麓園《経歴不詳》
神田佐久間河岸生まれ。実家は米問屋。

伊川　梅枝《生没年・経歴不詳》

今泉　雄作（一八五〇～一九三一）
美術史家・美術鑑定家。父は旧幕臣今泉元長。東京美術学校教授、帝室博物館美術部長などを歴任。

植木　万里《生没年・経歴不詳》

漆山　天童（一八七三～一九四八）
漢文学者。山形県生まれ。幸田露伴の弟子として古典の注釈や『露伴全集』の編纂に従事。本名又四郎。

大槻　正二《生没年不詳》
小説家。

岡村金太郎（一八六七～一九三五）
水産学者。芝新幸町生まれ。理学博士。帝国大学理科大学卒業。日本海藻学の開拓者として知られる。

岡本　綺堂（一八七二～一九三九）
小説家・劇作家。高輪生まれ。父は旧幕臣。東京日日新聞入社。日露戦争では従軍記者。作家に専念後は、新聞連載小説をはじめ多数の作品を発表。「半七捕物帳」など江戸情緒あふれる作品は人気を博した。本名敬二。

尾崎　久弥（一八九〇～一九七二）
浮世絵・江戸文学研究者。名古屋生まれ。個人雑誌『江戸軟派研究』の刊行で知られる。國學院大學講師、名古屋商科大学教授も務める。

河竹　繁俊（一八八九～一九六七）
演劇学者。長野県生まれ。河竹黙阿弥の養子。歌舞伎を中心とした演劇史が専門。早稲田大学演劇博物館館長。文化功労者。

佐井田安伴《生没年・経歴不詳》

斎藤　隆三（一八七五～一九六一）
風俗史・郷土史・美術史研究者。千葉県生まれ。『江戸のすがた』『江戸時代の風俗』などの著作がある。

塩入　亮忠（一八八九～一九七一）
天台宗の僧侶。長野県生まれ。浅草寺で得度、後に浅草寺執事長、浅草寺法善院住職、川越喜多院住職を務める。

鈴木　経勲（一八五三～一九三八）
著述家。江戸生まれ。昌平坂学問所で学び、上野戦争では輪王寺宮警護の小隊鼓手となり、維新後は太平洋全域の探検・調査に参加。父は旧幕臣。

鈴木　南陵《生没年不詳》
浮世絵関係論稿あり。

高木　好次《生没年不詳》
江戸時代文化研究会編輯部員。『洒落本大系』全一二巻を編集した。

高田義一郎（一八八六～一九四五）
文筆業。滋賀県生まれ。医師として東京で開業する傍らエッセイ・小説なども発表した。

高見　　順（一九〇七～一九六五）
小説家・詩人。福井県で生まれ、麻布飯倉で育った。東京帝国大学在学中に左翼芸術同盟に参加。後に浅草で生活した。

高村　光雲（一八五二～一九三四）
彫刻家。下谷生まれ。仏師高村東雲の養子。代表作は『老猿』（東京国立博物館）、『西郷隆盛像』（上野公園）。

西原　柳雨（一八六五～一九三〇）
古川柳研究家。元久留米藩士。

野見　濱雄《生没年・経歴不詳》

原　　胤昭（一八五三～一九四二）
クリスチャンの実業家。江戸生まれ。江戸南町奉行所与力。維新後は東京府職員、キリスト教書店開業、浮世絵商など。また教誨師として囚人保護の社会事業に尽力した。今泉雄作は義弟。

樋口　二葉（?～一九三〇?）
樋口一葉没後に読売新聞紙上に現れたといわれる。本名は樋口久。東京絵入新聞記者（『明治新聞雑誌関係者略伝』）。

平井　蒼太（一九〇〇～一九七一）
風俗文献研究者。名古屋生まれ。豆本の製作者としても知られる。江戸川乱歩の実弟。

平塚　正雄《生没年・経歴不詳》

広田　星橋《生没年・経歴不詳》

松本　亀松（一九〇一～一九八五）
舞踊評論家。東京生まれ。能、日本舞踊の研究や評論に活躍した。『能から歌舞伎へ』などの著作がある。

三田村鳶魚（一八七〇〜一九五二）

江戸文化・風俗研究家。八王子千人同心の家に生まれる。日清戦争の従軍記者、報知新聞記者。江戸学の祖と呼ばれたが、森銑三は鳶魚・三村清三郎・林若樹を「江戸通の三大人」としている。

壬生　雄舜（一八七七〜一九五〇）

僧侶。浅草生まれ。一七歳で浅草寺誠心院住職となる。仏教教育財団天台宗理事、財団法人比叡山専修院評議員などを務めた。

三村清三郎（一八七二〜一九五三）

書誌学者。京橋生まれ。号竹清。日露戦争では看護長として従軍。森銑三は「江戸通の三大人」の一人と評価している。残りの二人は林若樹と三田村鳶魚。

宮川　曼魚（一八八六〜一九五七）

随筆家、江戸文学研究家。日本橋生まれ。生家は鰻屋を営む。後に深川の鰻屋「宮川」を継いだ。本業を持ちながら独学で江戸文学を学び、黄表紙・洒落本の蒐集家としても知られる。本名は渡辺兼次郎。

宮崎　線外《生没年・経歴不詳》

宮武　外骨（一八六七〜一九五五）

ジャーナリスト、世相風俗研究家。香川県生まれ。反骨精神にあふれた筆致で権力批判の論稿を数多く発表した。また『頓智協会雑誌』『滑稽新聞』などを自ら発行し、たびたび発禁処分を受けている。なお「外骨」は号ではなく本名。

森　銑三（一八九五〜一九八五）

歴史学者、書誌学者。愛知県生まれ。独学で資料の発掘と研究活動を進め、とくに江戸・明治期の風俗研究や人物研究分野で多大な業績を残した。

山崎　麓（一八八三〜一九四三）

国文学者。横浜生まれ。國學院大學教授。『洒落本評釈』をはじめ多くの著作がある。

山下　重民（一八五七〜一九四二）

編集者。幕臣の長男。日本初のグラフ誌『風俗画報』の編輯主幹。

山中　共古（一八五〇〜一九二八）

民俗学者、牧師。旧幕臣の次男として四谷に生まれる。和宮内親王の広敷添番。明治期は日本メソジスト教会牧師。

山本　錬蔵《生没年・経歴不詳》

渡邊　幸《生没年・経歴不詳》

綿谷　雪（一九〇三〜一九八三）

作家、時代考証家。和歌山県出身。『江戸名所一〇〇選』『考証江戸八百町』など著作は多数。

■底本文献

『彗星　江戸生活研究』

春陽堂発行の月刊誌。大正一五年～昭和五年。三田村鳶魚らが行った江戸文学の輪講会をきっかけに発刊。輪講のほかに江戸研究の随筆も多数掲載。

『江戸時代文化』『江戸文化』

江戸時代文化研究会発行の月刊誌。昭和二年創刊。『江戸文化』と改題し昭和五年まで発行。江戸の風俗や制度に関する記事が多い。

『江戸文学研究』

尾崎久弥の個人雑誌。月刊。昭和三年～昭和四年。大正一一年創刊の『江戸軟派研究』は前身誌。

『江戸趣味』

江戸趣味会発行の月刊誌。大正五年～大正六年。朝倉無声が主宰し、洒落本や川柳などの記事が多い。

『江戸読本』

三田村鳶魚らが中心となり発行した雑誌。昭和一三年～昭和一五年。

『江戸会誌』

江戸会発行の月刊誌。明治二二年～明治二三年。幕府の沿革・制度や風俗などの記事が掲載。『江戸会雑誌』は前身誌。

『江戸と東京』

江戸と東京社発行の雑誌。昭和一〇年～昭和一五年。石角春之助のほぼ個人雑誌。

『日本の風俗』

田村栄太郎編集の雑誌。昭和一三年～昭和一五年。

『日本及日本人』

日本及日本人社発行の総合雑誌。明治二一年創刊。

『歴史公論』

雄山閣出版発行の月刊誌。昭和七年～昭和一四年。戦後の昭和五〇年に復刊。

『変態知識』

宮武外骨の個人雑誌。大正一三年。古川柳の記事が多い。

『心の花』

佐佐木信綱編集・発行の短歌雑誌（竹柏会）。明治三一年創刊。

『木太刀』木太刀社発行の雑誌。

『旅と伝説』三元社発行の雑誌。

※

『江戸ばなし7市井の風俗』三田村鳶魚著、青蛙房、昭和三二年

『江戸のすがた』斎藤隆三著、雄山閣、昭和一一年
『江戸時代のさまざま』三田村鳶魚著、博文館、昭和四年
『日本地理大系』第三巻、改造社、昭和五年
『隅田川』朝日新聞社、昭和四〇年
『言語遊戯考』綿谷雪著、発藻堂、昭和二年
『奇態流行史』宮武外骨著、一人社、大正一一年
『賭博史』宮武外骨著、成光館出版、大正一二年
『書斎と読書』三省堂、昭和一六年
『週刊朝日』大正一三年四月一〇日号「江戸の民衆娯楽」

■図版出典文献

『江戸名所図会』
『江戸名所花暦』
『江戸府内絵本風俗往来』
『江戸名所百人一首』
『江都近郊名勝一覧』
『東都巡覧年中行事』
『四季遊覧年中行事』
『東海道名所図会』
『江戸大じまん』
『絵本吾妻抉』
『絵本世都時』
『絵本駿河舞』
『絵本池の蛙』
『絵本子供遊』
『金草鞋』
『金儲花盛場』
『笑話御臍茶』
『骨董集』
『吾妻余波』
『四時交加』
『浮世くらべ』
『文字ゑづくし』
『和国百女』
『金持曽我』
『大学笑句』
『的中地本問屋』
『鸚鵡返文武二道』
『憎口返答返し』
『守貞謾稿』
『人倫訓蒙図彙』
『歌舞伎年代記』
『戯場訓蒙図彙』
『今様職人尽歌合』
『見世物研究』
『風俗画報』

編者
江戸の記憶編集工房
「江戸と東京」をテーマに、文献記録や諸資料の収集・研究を行っているグループ。研究者、編集者、クリエーターなどで構成。

明治《めいじ》の文人《ぶんじん》が語《かた》った「江戸《えど》の名残《なごり》」

2025年 1月31日　第1刷発行

編　者
江戸《えど》の記憶編集工房《きおくへんしゅうこうぼう》

発行者
奥村侑生市

発行所
㈱芙蓉書房出版
〒162-0805東京都新宿区矢来町113-1　神楽坂升本ビル4階
TEL 03-5579-8295　FAX 03-5579-8786
http://www.fuyoshobo.co.jp

印刷・製本／モリモト印刷

Printed in Japan
ISBN978-4-8295-0893-0